后福特制生产方式下的流通组织理论研究

The Research on Circulation Organization Theory in the Post-Fordism Production System

宋宪萍 著

经济管理出版社
ECONOMY & MANAGEMENT PUBLISHING HOUSE

图书在版编目（CIP）数据

后福特制生产方式下的流通组织理论研究/宋宪萍著. —北京：经济管理出版社，2013.5
ISBN 978-7-5096-2494-4

Ⅰ. ①后… Ⅱ. ①宋… Ⅲ. ①商品流通—组织管理—研究 Ⅳ. ①F713

中国版本图书馆 CIP 数据核字（2013）第 121657 号

组稿编辑：宋　娜
责任编辑：宋　娜　刘广钦
责任印制：黄　铄
责任校对：超　凡

出版发行：经济管理出版社
（北京市海淀区北蜂窝 8 号中雅大厦 A 座 11 层　100038）
网　　址：www. E-mp. com. cn
电　　话：(010) 51915602
印　　刷：北京银祥印刷厂
经　　销：新华书店
开　　本：720mm×1000mm/16
印　　张：16
字　　数：262 千字
版　　次：2013 年 7 月第 1 版　　2013 年 7 月第 1 次印刷
书　　号：ISBN 978-7-5096-2494-4
定　　价：72.00 元

编委会及编辑部成员名单

序　一

博士后制度是19世纪下半叶首先在若干发达国家逐渐形成的一种培养高级优秀专业人才的制度，至今已有一百多年历史。

20世纪80年代初，由著名物理学家李政道先生积极倡导，在邓小平同志大力支持下，中国开始酝酿实施博士后制度。1985年，首批博士后研究人员进站。

中国的博士后制度最初仅覆盖了自然科学诸领域。经过若干年实践，为了适应国家加快改革开放和建设社会主义市场经济制度的需要，全国博士后管理委员会决定，将设站领域拓展至社会科学。1992年，首批社会科学博士后人员进站，至今已整整20年。

20世纪90年代初期，正是中国经济社会发展和改革开放突飞猛进之时。理论突破和实践跨越的双重需求，使中国的社会科学工作者们获得了前所未有的发展空间。毋庸讳言，与发达国家相比，中国的社会科学在理论体系、研究方法乃至研究手段上均存在较大的差距。正是这种差距，激励中国的社会科学界正视国外，大量引进，兼收并蓄，同时，不忘植根本土，深究国情，开拓创新，从而开创了中国社会科学发展历史上最为繁荣的时期。在短短20余年内，随着学术交流渠道的拓宽、交流方式的创新和交流频率的提高，中国的社会科学不仅基本完成了理论上从传统体制向社会主义市场经济体制的转换，而且在中国丰富实践的基础上展开了自己的伟大创造。中国的社会科学和社会科学工作者们在改革开放和现代化建设事业中发挥了不可替代的重要作用。在这个波澜壮阔的历史进程中，中国社会科学博士后制度功不可没。

值此中国实施社会科学博士后制度20周年之际，为了充分展示中国社会科学博士后的研究成果，推动中国社会科学博士后制度进一步发展，全国博士后管理委员会和中国社会科学院经反复磋商，并征求了多家设站单位的意见，决定推出《中国社会科学博士后文库》(以下简称《文库》)。作为一个集中、系统、全面展示社会科学领域博士后优秀成果的学术平台，《文库》将成为展示中国社会科学博士后学术风采、扩大博士后群体的学术影响力和社会影响力的园地，成为调动广大博士后科研人员的积极性和创造力的加速器，成为培养中国社会科学领域各学科领军人才的孵化器。

创新、影响和规范，是《文库》的基本追求。

我们提倡创新，首先就是要求，入选的著作应能提供经过严密论证的新结论，或者提供有助于对所述论题进一步深入研究的新材料、新方法和新思路。与当前社会上一些机构对学术成果的要求不同，我们不提倡在一部著作中提出多少观点，一般地，我们甚至也不追求观点之“新”。我们需要的是有翔实的资料支撑，经过科学论证，而且能够被证实或证伪的论点。对于那些缺少严格的前提设定，没有充分的资料支撑，缺乏合乎逻辑的推理过程，仅仅凭借少数来路模糊的资料和数据，便一下子导出几个很“强”的结论的论著，我们概不收录。因为，在我们看来，提出一种观点和论证一种观点相比较，后者可能更为重要：观点未经论证，至多只是天才的猜测；经过论证的观点，才能成为科学。

我们提倡创新，还表现在研究方法之新上。这里所说的方法，显然不是指那种在时下的课题论证书中常见的老调重弹，诸如“历史与逻辑并重”、“演绎与归纳统一”之类；也不是我们在很多论文中见到的那种敷衍塞责的表述，诸如“理论研究与实证分析的统一”等等。我们所说的方法，就理论研究而论，指的是在某一研究领域中确定或建立基本事实以及这些事实之间关系的假设、模型、推论及其检验；就应用研究而言，则指的是根据某一理论假设，为了完成一个既定目标，所使用的具体模型、技术、工具或程序。众所周知，在方法上求新如同在理论上创新一样，殊非易事。因此，我们亦不强求提出全新的理论方法，我们的最低要求，是要按照现代社会科学的研究规范来展开研究并构造论著。

我们支持那些有影响力的著述入选。这里说的影响力，既包括学术影响力，也包括社会影响力和国际影响力。就学术影响力而言，入选的成果应达到公认的学科高水平，要在本学科领域得到学术界的普遍认可，还要经得起历史和时间的检验，若干年后仍然能够为学者引用或参考。就社会影响力而言，入选的成果应能向正在进行着的社会经济进程转化。哲学社会科学与自然科学一样，也有一个转化问题。其研究成果要向现实生产力转化，要向现实政策转化，要向和谐社会建设转化，要向文化产业转化，要向人才培养转化。就国际影响力而言，中国哲学社会科学要想发挥巨大影响，就要瞄准国际一流水平，站在学术高峰，为世界文明的发展作出贡献。

我们尊奉严谨治学、实事求是的学风。我们强调恪守学术规范，尊重知识产权，坚决抵制各种学术不端之风，自觉维护哲学社会科学工作者的良好形象。当此学术界世风日下之时，我们希望本《文库》能通过自己良好的学术形象，为整肃不良学风贡献力量。

中国社会科学院副院长

中国社会科学院博士后管理委员会主任

2012年9月

序　二

在21世纪的全球化时代，人才已成为国家的核心竞争力之一。从人才培养和学科发展的历史来看，哲学社会科学的发展水平体现着一个国家或民族的思维能力、精神状况和文明素质。

培养优秀的哲学社会科学人才，是我国可持续发展战略的重要内容之一。哲学社会科学的人才队伍、科研能力和研究成果作为国家的“软实力”，在综合国力体系中占据越来越重要的地位。在全面建设小康社会、加快推进社会主义现代化、实现中华民族伟大复兴的历史进程中，哲学社会科学具有不可替代的重大作用。胡锦涛同志强调，一定要从党和国家事业发展全局的战略高度，把繁荣发展哲学社会科学作为一项重大而紧迫的战略任务切实抓紧抓好，推动我国哲学社会科学新的更大的发展，为中国特色社会主义事业提供强有力的思想保证、精神动力和智力支持。因此，国家与社会要实现可持续健康发展，必须切实重视哲学社会科学，“努力建设具有中国特色、中国风格、中国气派的哲学社会科学”，充分展示当代中国哲学社会科学的本土情怀与世界眼光，力争在当代世界思想与学术的舞台上赢得应有的尊严与地位。

在培养和造就哲学社会科学人才的战略与实践上，博士后制度发挥了重要作用。我国的博士后制度是在世界著名物理学家、诺贝尔奖获得者李政道先生的建议下，由邓小平同志亲自决策，经国务院批准于1985年开始实施的。这也是我国有计划、有目的地培养高层次青年人才的一项重要制度。二十多年来，在党中央、国务院的领导下，经过各方共同努力，我国已建立了科学、完备的博士后制度体系，同时，形成了培养和使用相结合，产学研相结合，政府调控和社会参与相结合，服务物质文明与精神文明建设的鲜明特色。通过实施博士后制度，我国培养了一支优秀的高素质哲学社会科学人才队伍。他们在科研机构或高等院校依托自身优势和兴趣，自主从事开拓性、创新性研究工作，从而具有宽广的学术视野、突出的研究能力和强烈的探索精神。其中，一些出站博士后已成为哲学社会科学领域的科研骨干和学术带头人，在“长江学者”、“新世纪百千万人才工程”等国家重大科研人才梯队中占据越来越大的比重。可以说，博士后制度已成为国家培养哲学社会科学拔尖人才的重要途径，而且为哲学社会科学的发展造就了一支新的生力军。

哲学社会科学领域部分博士后的优秀研究成果不仅具有重要的学术价值，而且具有解决当前社会问题的现实意义，但往往因为一些客观因素，这些成果不能尽快问世，不能发挥其应有的现实作用，着实令人痛惜。

可喜的是，今天我们在支持哲学社会科学领域博士后研究成果出版方面迈出了坚实的一步。全国博士后管理委员会与中国社会科学院共同设立了《中国社会科学博士后文库》，每年在全国范围内择优出版哲学社会科学博士后的科研成果，并为其提供出版资助。这一举措不仅在建立以质量为导向的人才培养机制上具有积极的示范作用，而且有益于提升博士后青年科研人才的学术地位，扩大其学术影响力和社会影响力，更有益于人才强国战略的实施。

今天，借《中国社会科学博士后文库》出版之际，我衷心地希望更多的人、更多的部门与机构能够了解和关心哲学社会科学领域博士后及其研究成果，积极支持博士后工作。可以预见，我国的博士后事业也将取得新的更大的发展。让我们携起手来，共同努力，推动实现社会主义现代化事业的可持续发展与中华民族的伟大复兴。

王晓初

人力资源和社会保障部副部长

全国博士后管理委员会主任

2012 年 9 月

摘 要

随着生产力的发展，全球生产能力严重过剩，以利润率下降为特征的“价值增殖危机”被“价值实现危机”所取代，阻碍资本主义积累进程的不再是利润率的低下，而是产品的实现。在这种情况下，长期被忽略的流通组织充分利用现代信息技术改造传统的交易模式，不断扩大市场空间，获得了前所未有的发展，掀起了一场流通革命。沃尔玛等跨国流通组织的骄人业绩使人们对流通组织的经济学研究不断升温。

就目前文献而言，大致分为马克思主义流通组织理论与西方流通组织理论两大类。正如唯物辩证法是马克思主义经济学研究人类社会经济发展的科学方法，唯物辩证法同样也是马克思主义流通组织理论研究的基本方法。唯物辩证法可以具体化为系统方法与发展方法。在严密而科学的方法论基础上，马克思对流通组织理论的考察并不是单纯建立在对流通组织的分析上，而是把生产组织和流通组织有机结合起来，在生产组织与流通组织的动态结合中来展开分析，在社会化大生产的有机系统与发展中来研究流通组织。相比较而言，尽管西方流通组织理论的研究经历了一个从无到有、从静态到动态、从简单到复杂、从抽象到具体、从个体到系统、从同质到异质的发展历程，不同的学派都各自提供了一种分析的视角，但由于没有一个科学合理的方法论指导，在很多方面还有待商榷。因而，研究流通组织的演进，发掘流通组织的性质，需要以马克思主义的方法论为指导，并结合现代流通组织的具体实践来展开分析。

遵循马克思主义分析流通组织的思路，研究流通组织的演进，首先必须对流通组织的内在规定性进行界定。在执行流通职能的过程中，速度的经济性与空间的拓展成为流通组织存在的两个必要维度，因而流通组织是时间与空间的对立统一体，时间与空间的矛盾在时间不断消灭空间的过程中，使时间与空间的载体——流通组织也在发生着不断演进，因此流通组织的时间与空间的对立统一过程也就是流通组织的演进过程，时间消灭空间，现有空间不断被消灭，新的空间又不断产生，现有空间与新的空间时间上继起，格局上完全不同，新的空间是流通组织新的竞争力量主导的结果。

流通组织在福特制生产方式与后福特制生产方式下的表现是不同的。在福特制生产方式下，流通组织与生产组织一体化为一个大型企业，企业规模的扩大，使前向、后向一体化的大企业采用科层制的组织结构，在这样的组织结构中，劳动的异化相当严重。信息化技术的发展与市场的个性化需求使后福特制生产方式下的流通组织不断向更高的方式发展，精益流通与敏捷流通成为流通组织在后福特制生产方式下新的表现。为了适应市场需求的变化，流通组织越来越灵捷，在后福特制生产方式下，流通组织与生产组织是垂直分离的，是一种动态联盟，这种动态联盟使组织结构层次减少，向扁平化方向发展。在这种动态联盟中，雇佣劳动本身的特点依然存在。

随着后福特制生产方式的深化，流通组织的利润不仅来源于产品零售这一个环节，更重要的是在利用对销售渠道控制力的基础上，对产品设计、生产制造、物流配送、订单处理等价值链其他环节形成了逆向控制，进而从这些组织外的环节获取高额的利润，从而形成买方市场势力。生产力、生产方式以及生产关系一直是马克思主义经济学研究围绕的核心，根据“生产力—生产方式—生产关系”原理来分析流通组织买方市场势力是一种创新思路。生产力的分工作用引致了信息技术的提升和市场规模的拓展，生产方式目前发展为后福特制生产方式，生产关系的资本属性引致企业垂直分离，通过价值链的整体控制及企业关系重构，实现了买方市场势力的增强，垄断利润得到快速提高，这又使得反映规模经济、范围经济和垄断利润的当代生产力—生产方式—生产关系系统不断深化。这是一个正反馈和自增强路径，在生产力—生产方式—生产关系系统中，流通组织买方市场势力得到不断加强。跨国流通组织买方市场势力对本土生产组织、消费者、流通组织及农业组织都具有反竞争效应。

跨国流通组织买方市场势力的研究必须联系资本的逻辑，从当代垄断资本积累的角度来深入分析跨国流通组织买方市场势力的实质。跨国流通企业作为垄断资本价值实现以及再辖域化过程的主要推动者，其空间生产意蕴突出。全球价值链在地理空间上的碎片化与功能集约化的辩证统一过程，事实上就是资本积累模式不断调整的过程，就是资本全球化深度与广度、实体与虚拟扩张的过程。福特制生产方式到后福特制生产方式的转变，实质上是资本积累方式的转变。在后福特制生产方式下，资本的策略不仅表现在宏观政策上国家的共谋，在微观上也突出地反映了资本的霸权。在全球生产网络的拓展中，发达国家大型流通组织纷纷在发展中国家开设新店，利用全球采购系统，整合全球市场空间，把不计其数的国外劳动力纳入到劳动市场的竞争当中，建立了一个结构化的劳动控制网络，形成工人阶级的分裂和分散化。在资本关系与劳动关系的解构和重构中，资本的逻辑并没有发生变化。后福特制生产方式中流通组织的网络交易发展迅速，然而网络空间并不是超越资本与劳动、市场与政府、公共与私人的中性的第三空间，它只是这些不同力量、制度和领域之间斗争展开的新领域。

2005 年以来，跨国流通组织在华投资的扩张速度加快，不仅店面增速快、数量众多，而且逐步加大了对二、三线城市和中西部城市的投资，加快了在中国的整体战略布局。我们应该理性看待跨国流通企业的买方市场势力，客观、全面地认识跨国流通企业对中国经济的影响，正确区分什么是客观地使用买方市场势力、什么是滥用买方市场势力，制定合理的规制，应对跨国流通组织的买方市场势力。

关键词： 后福特制生产方式　流通组织　买方市场势力

Abstract

With the development of productivity, there is a grave plethora of production capacity from a global perspective. The "value-added crisis" that is characterized by the decrease of profit margin is replaced by "value realization crisis". In other words, the process of capitalist accumulation is not impeded by the low profit margin but by the product realization. In this condition, the circulation organizations, which has been long ignored, make full use of the modern information technology to transform traditional exchange model, enlarging the marketplace and making unprecedented development. The remarkable achievements made by those transnational circulation organizations such as Wal-Mart attracts the people to do more and more researches on the economics of circulation organizations.

Now, the previous economic theories of circulation organizations can be divided into Marxism circulation organizations theories and western circulation organizations theories. Marxism economics has only the materialistic dialectics as its scientific method to study the economic development of human society and materialistic dialectics is also a basic method to study circulation organization. It can be classified into a systematic approach and developmental approach. Based on strict and scientific methodology, Marx's investigation on circulation organization theory is not solely based on the analysis of circulation organization but combines production organization and circulation organization to make the analysis of the dynamic combination of these two. He also investigated circulation organization from the perspective of the development of socialized production, thus made an objective and scientific illustration of the theory on circulation organization. The study on circulation organization in western economic theory has a developmental process from static to dynamic, from simple to complex, individual to systematic and homogeneous to heterogeneous. Although different schools of thoughts have their own perspectives, they leave many problems unsolved for lack of rational methodology guidance. Therefore, to explore the evolution of circulation organization and investigate its nature we need to have Marxism methodology as guidance and take into consideration of the practice of circulation organizations. Following the ideas of the Marxist analysis of the circulation organization to study the evolution of circulation organization, we have to primarily define the intrinsic stipulations of circulation organizations. In executing circulation organization's function of circulation, the efficiency of speed and the extension of space are the two essential dimensions. Thus, a circulation organization is a unit of opposites between time and space. The contradiction between time and space makes the evolution of circulation organization—the carrier of time and space, became possible through the process of time replacing space. Therefore, the contradicting process of time and space of circulation organizations namely, the evolution process of circulation organizations is a process in which time eliminates space, the existing space is eliminated and new space comes into being. New space follows existing space but they have completely different patterns. New space is the result of the competing strengths of circulation organizations.

Circulation organizations in the performance of Fordism production system and post-Fordism production system are different. Under Fordisms' production system, circulation organizations and productive organizations are integrated into a major enterprise. The expansion of the enterprises calls for the integrated major enterprise to adopt bureaucracy as an organizational structure. The development of informationization technology and individualized market needs made circulation organizations under the production mode of post-Fordism advanced even further. The fine profit circulation and prompt circulation have become new features under the post-Fordism mode of production. In order to adapt itself to market demand, the circulation organization is becoming more and more active. Therefore, under post-Fordism mode of production, circulation organizations and production organizations are parallel but with a dynamic alliance. This kind of dynamic alliance made the organizational structure less complicated and develops in a horizontal direction.

Now, part of the profits of the circulation organizations still comes from the retail. But above all, with the intensification of the post-Fordism system production mode, most of their profits result from the control of the distribution channels. On the basis of such control, the reverse control of product design, manufacturing logistics and order processing comes into being. Thus, the circulation organizations are able to make high profits from these outside segments and form the buyer market power. The productivity, the mode of production and the relations of production are the core of the Marxian Economics' study. To analyze the buyer market power on the basis of the "productivity-mode of production-relations of production" principle is an innovative approach. The division of the productivity has lead to the enhancement of the information technology and the enlargement of the market scale; the present mode of production has been developed into the post-Fordism system production mode; the capital property of the relations of production has resulted in the corporate vertical disintegration. These factors allows the total control of value chain and the reconstruction of enterprise relationship. Through such control and reconstruction, the buyer market power has been strengthened and the monopoly profits have rapidly increased. And such phenomena, in return it continuously deepen the modern "productivity–mode of production–relations of production" system which reflects the economies of scale, the economies of scope and the monopoly profits which is a positive–feedback and self–reinforced path. In other words, the buyer market power of the circulation organizations is continuously reinforced. The buyer market power of the transnational circulation organizations has anti–competitive effects on local organizations like production, circulation, agricultural organizations and on local customers.

The study of the buyer market power of the transnational circulation organizations must be linked with the logic of capital. In other words, the essence of the buyer market power of the transnational circulation organizations must be thoroughly analyzed from the perspective of the modern monopoly capital accumulation. As the main promoter of the realization of monopoly capital value and the process of re–territorialization, the transnational circulation organizations have outstanding spatial production significance. The dialectical unity of the fragmentation of geological space and the intensification of the functions are process of the continuous modification of the mode of capital accumulation and a process of the expansion of the depth and width of the capital globalization. The essence of the transformation from the Fordism system production mode to the post–Fordism system production mode is the transformation of the mode of capital accumulation. Under the post–Fordism system production mode, the capital strategy includes not only the national conspiracy of the macro–policies but also the capital hegemony in micro–concerns. Over the expansion of the global production network, more and more large–scale circulation organizations of the developed countries have open new stores in the developing countries. What's more, they take advantage of their global procurement system, integrate the global marketplace and incorporate innumerable foreign labor into the competition of the labor market. Therefore, they build a structured labor control system which leads to the division and dispersion of the working class. Over the deconstruction and reconstruction of the capital relations and labor relations, the capital logic has not changed. Under the post–Fordism system production mode, the internet businesses of the circulation organizations develop rapidly. However, the internet space is not a neutral third space that supersedes the capital and labor, the market, government, public and private space. Quite the contrary, it is just a new realm in which this different power, regimes and realms contends with each other.

Since 2005, the transnational circulation organizations rapidly increases their investments in China, establishing many storefronts quickly, enlarging their investments in China's second and third tier cities and mid–west cities step by step and accelerating the progress of the whole layout. We should see the buyer market power of the transnational circulation organizations in a reasonable way, understand the impacts of the transnational circulation corporations on China's economy through an objective and comprehensive approach and distinguish the objective use of the buyer market power from the abuse of the buyer market power. Thus, we can formulate proper stipulations to cope with the buyer market power of the transnational circulation organizations.

Key Words: Post–Fordism Production Mode; Circulation Organization; Buyer Market Power

目 录

Contents

第一章　导论

第一节　问题的提出与研究的意义

一、问题的提出

在以生产型经济社会形态为背景的新古典经济学的研究中，由于完全信息的假设，往往设定生产组织在最终产品市场上直接与分散的消费者交易，根据所处的市场结构不同而达到不同的均衡价格和均衡产量，生产组织的产量和价格决策决定了消费者购买什么以及如何购买，消费者的满意度取决于商品质量和价格。流通组织则是一个被抽象掉的因素，它根本没被纳入市场均衡分析的考虑之内。在这样一个经济范式中，流通组织在产业链中只是一个典型的贱买贵卖的中间商。伴随 20 世纪以来大型制造业公司的迅猛涌现而出现的产业组织理论，相应地也一直将重点放在对制造业的研究上，极少涉足流通组织。20 世纪 50 年代，产业组织理论开始关注制造商和经销商的纵向约束问题，并在 80 年代达到一个高潮。然而，关于纵向约束的现代产业组织研究大多假设经销商没有市场势力而集中探讨制造商对经销商施加的各种类型的限制，流通组织只能选择或者全部接受制造商的纵向契约条款，或者放弃与制造商的交易，这一假设与传统的现实是符合的。

但是近些年来，随着技术的变化和生产力的发展，社会产品极大地丰富，全球生产能力严重过剩，以利润率下降为特征的“价值增殖危机”被

“价值实现危机”所取代。阻碍资本主义积累进程的不再是利润率的低下，而是最终需求的不足。消费者的需求越来越成为企业经营的稀缺资源，尤其是在跨入服务型经济社会形态的国家（地区），企业发展过程中的需求约束“瓶颈”特征尤为明显。流通组织由于居于产业链的最后环节，可以低成本地获取大量的消费者信息，导致其在产业链中的角色和地位发生根本性的变化而有可能居于主导地位。

近10年来，全球零售业发生了巨大变革，零售商通过兼并重组规模趋于不断扩大。目前，在最新的《财富》杂志公布的2011年世界500强企业中，排名前100位中竟然有12家零售连锁企业赫然在榜，这其中便有人们再熟悉不过的美国沃尔玛（排名第1位）、法国家乐福（排名第32位）等零售巨人。在这些跨国流通企业里，沃尔玛为人们展示了一个流通组织成功扩张并取得举世瞩目成绩的成功典范。2001年，沃尔玛以年营业额2198亿美元超过通用汽车公司（General Motors）、埃克森美孚石油公司（Exxon Mobil），成为2001年《财富》世界500强中最大的企业，终于登上了世界500强第一的宝座。从这一年开始，由于油价攀升等原因，除2006年、2009年沃尔玛分别处于第二名、第三名外，其余年份都处于榜首。2011年，沃尔玛继续蝉联世界500强之首，销售规模达到4218.49亿美元。经过40余年的发展，沃尔玛百货有限公司已经成为世界上最大的连锁零售商。目前，沃尔玛在全球15个国家开设了超过8445家商场，全球员工总数超过200万人，其中美国超过140万人，国际部超过66.4万人，分布在美国、墨西哥、巴西、阿根廷、德国、波多黎各、英国、加拿大、中国、尼加拉瓜、日本、洪都拉斯、危地马拉、萨尔瓦多、哥斯达黎加15个国家，每周光临沃尔玛的顾客近2亿人次，说沃尔玛富可敌国一点儿都不过分。

随着零售商规模的扩大，零售市场集中度提高，零售商掌握了大量的消费者信息，可以利用规模经济和范围经济降低消费者的购物成本，并能够有效地管理存货，这些优势使得他们对生产商的议价能力不断增强。生产商与零售商在产业链中的主导地位发生置换，最为直观的反映就是零售商在中间投入产品市场上的买方市场势力越来越强。就供应链而言，过去是制造商做“链主”，上游企业整合下游企业；现在是流通商做“链主”，下游企业整合上游企业。在整个供应链中，过去是大生产、小流通，流通成为生产的一部分，现在是大流通、小生产，生产成为流通的一部分。就价值链而言，在厂商主导模式下，其业务流程为：研发→制造→销售（顾客）。这里，销售位于价值链的末端环节。在客户主导模式下，其业务流程为：研发，围绕销售（顾客）从事研发；制造，围绕销售（顾客）从事制造；服务，围绕销售（顾客）从事服务。这里，销售位于价值链的先导（核心）环节。

跨国流通企业在全球市场的资源整合和加速扩张，加大了全球市场结构的不完全竞争性和市场的不确定性，跨国流通企业的买方市场势力明显增强。跨国流通企业在中国的买方市场势力的非市场化控制行为，对本土企业自由竞争形成种种限制，特别是最近一年多以来，跨国流通企业巨头沃尔玛、家乐福等与中国大大小小供应商的突出矛盾愈演愈烈。在经济的缓慢复苏中，争夺中国市场的市场势力战争却快速升温。因此，后危机时代，跨国流通企业在华的买方市场势力使中国的产业组织发展面临更大的压力与挑战。

二、研究的意义

对于马克思主义流通组织及其在后福特制生产方式中的应用研究既有理论意义又有实际意义。

1. 理论意义

（1）目前，主流文献对流通企业的研究主要置于产业组织理论的分析中，基本采用传统的 SCP 范式分析，围绕市场结构而展开市场行为及市场绩效的产业内部单向角度来进行阐述，而且在很多问题上存在分歧。社会背景不同，理论基础、实证结果将会有所不同。本书的研究将主要针对中国这样一个发展中国家，以马克思主义流通组织理论为指导，深入挖掘马克思主义流通组织理论的深刻内容，以马克思主义分析流通组织的思路，阐释现代后福特制生产方式下流通组织的现代应用。本书具体将联系跨国公司主导的以追求更大弹性为目标的全球生产网络的重塑，将流通组织的研究纳入后福特制生产方式下跨国资本的产业控制体系，不仅从价值链的整体控制角度，而且从核心—外围的分工结构、资本—劳动关系的弹性化等多个维度对跨国流通企业及其买方市场势力进行分析，从而提供一个研究跨国流通组织在后福特制生产方式中现代应用的全新理论视角。

（2）本书将“生产力—生产方式—生产关系”的分析范式引入产业组

织研究，建立了信息技术提升、市场规模拓展、后福特制生产方式、企业垂直分离四个维度基础上的正反馈和自增强路径的作用机理模型，有利于拓展与丰富跨国流通企业的研究。

（3）本书联系资本的逻辑，从当代垄断资本积累的角度深入分析了跨国流通组织买方市场势力的实质，认为在后福特制生产方式下，资本的策略不仅表现在宏观政策上国家的共谋，在微观上也突出地反映了资本的霸权。在全球生产网络的拓展中，发达国家大型流通组织纷纷在发展中国家开设新店，利用全球采购系统，整合全球市场空间，把不计其数的国外劳动力纳入到劳动市场的竞争当中，建立了一个结构化的劳动控制网络，形成工人阶级的分裂和分散化。在资本与劳动关系的解构和重构中，资本的逻辑并没有发生变化。

2. 实际意义

（1）宏观层面。后危机时代，供大于求的买方市场态势使跨国流通企业在华买方市场势力越加突出。本书以沃尔玛等跨国流通企业为例，研究后福特制生产方式下流通企业的买方市场势力行为及其反竞争效应，有利于政府了解跨国流通企业在华的市场行为现状，采取相应的规制措施，以维护我国市场秩序；有利于宏观经济管理部门了解跨国流通企业市场行为与产业发展的相互关系，从而制定合理的产业规划。

（2）微观层面。对后福特制生产方式下跨国流通企业在华买方市场势力的研究，有利于我国企业了解跨国流通企业的买方市场势力，提高我国流通企业、生产企业的应对能力和自身发展能力，提升企业的自身发展战略，摆脱国际分工体系中的不平等地位，实现中国企业在全球价值链中由“低端锁定”向“高端控制”的演进，从而促进经济的可持续发展。

第二节　研究基本思路、主要内容及研究方法

一、基本思路

本书以马克思主义流通组织理论为基础，深入挖掘马克思主义流通组

织理论的深刻思想，并沿用马克思主义分析流通组织的思路，剖析后福特制生产方式下流通组织的种种表现，尤其是对跨国流通组织的买方市场势力进行了分析，基于“生产力—生产方式—生产关系”分析范式，论证跨国流通企业在华买方市场势力的作用机理，发现跨国流通企业在华买方市场势力的反竞争效应。在此基础上，联系资本逻辑，对后福特制生产方式中资本积累的本质及流通组织的劳动关系进行本质剖析，并对中国的应对规制进行研究。

二、报告主要内容和结构

1. 文献述评

首先是马克思主义流通理论的文献述评，这部分从马克思主义研究流通组织的方法论入手，分析了马克思主义视角中的生产组织与流通组织的关系，分别具体介绍了马克思、巴兰和斯威齐、布雷弗曼的流通组织理论，认为马克思主义流通组织理论在科学的方法论指导下具有科学性。其次是西方流通组织理论文献述评，分别对新古典经济学、新制度经济学、新兴古典经济学、企业史研究、演化经济学、管理学中的流通组织理论做了一个文献回顾，并对整个西方流通组织理论进行总体评价，认为西方流通组织理论的研究经历了一个从无到有、从静态到动态、从简单到复杂、从抽象到具体、从个体到系统、从同质到异质的发展历程。尽管不同的学派都各自提供了一种分析的视角，但由于没有一个合理的方法论指导，在很多方面还有待商榷。最后是对马克思主义流通组织理论与西方流通组织理论进行比较，并在此基础上沿用马克思主义流通组织理论的分析范式，对流通组织的内涵提出全新解读，认为流通组织的本质是时间消灭空间。

2. 流通组织从福特制生产方式到后福特制生产方式的历史演进

通过生产方式的演进视角，对流通组织的企业特征进行了历史性的实证分析，认为流通组织是历史条件下不同生产方式的产物。不同生产方式下流通组织的表现不同。在福特制生产方式下，流通组织与生产组织一体化为一个大型企业，企业规模的扩大，使前向、后向一体化的大企业采用科层制的组织结构。信息化技术的发展与市场的个性化需求使后福特制生产方式下的流通组织不断向更高的方式发展，精益流通与敏捷流通成为流通组织在后福特制生产方式下新的表现。为了适应市场需求的变化，流通组织越来越灵捷，因而在后福特制生产方式下，流通组织与生产组织是垂直分离的，是一种动态联盟，这种动态联盟使组织结构层次减少，向扁平化方向发展。

3. *后福特制生产方式深化中的流通组织买方市场势力*

随着后福特制生产方式的深化，流通组织逐渐具有买方市场势力。基于“生产力—生产方式—生产关系”分析范式，本书将设计一个信息技术提升、市场规模拓展、后福特制生产方式、企业垂直分离四维基础上的正反馈和自增强路径的作用机理模型。生产力的分工作用而引致信息技术的提升和市场规模的拓展，生产方式从福特制生产方式发展为后福特制生产方式，在追求弹性的过程中，大企业从组织形式上构造了核心—外围等级制的分层关系，核心—外围的分工结构是后福特制生产方式的突出表现。在生产关系方面，资本的扩张属性引致企业间的垂直分离，这种企业间的关系形成资本—劳动关系的弹性化，是一种更结构化的劳动控制体系，它比一体化具有更强的将劳资冲突整合为劳资双方在资方控制下进行“合作”的能力。四维基础上的价值链整体控制以及企业关系的重构实现了买方市场势力的增强，垄断利润得到快速提高，这又使得反映规模经济、范围经济和垄断利润的当代生产力—生产方式—生产关系系统不断深化。在此基础上，对流通组织的反竞争效应进行分析，认为流通组织买方市场势力具有纵向约束关系，通过对本土消费者实施价格歧视，对本土流通企业采取掠夺性定价行为，对本土生产企业滥用纵向约束以及农超对接，从而实现对本土产业链的控制。

4. *跨国流通组织买方市场势力的实质*

从当代垄断资本积累的角度来深入分析跨国流通组织买方市场势力的实质。在自由竞争阶段，资本的积累主要以时间为境域。进入垄断阶段之后，随着时间的“0”度化和全球生产能力的过剩，资本的全球化空间规划日益明显，垄断资本的空间生产构成资本积累的重要境域。跨国流通企业作为垄断资本价值实现以及再辖域化过程的主要推动者，其空间生产意蕴突出。全球价值链在地理空间上的碎片化与功能集约化的辩证统一过程，事实上就是资本积累模式不断调整的过程，就是资本全球化深度与广度、实体与虚拟扩张的过程。福特制生产方式到后福特制生产方式的转变，实质上是资本积累方式的转变。后福特制生产方式中流通组织的网络交易发展迅速，然而网络空间并不是超越资本与劳动、市场与政府、公共与私人的中性的第三空间，它只是这些不同力量、制度和领域之间斗争展开的新领域。

5. 跨国流通组织在中国的扩张与中国应对规制

联系中国实际，对跨国流通组织在中国的扩张进行分析。尽管基于跨国资本国际垄断基础上的买方市场势力具有自组织的图景，然而世界各国纷纷采取必要的反垄断政策对其反竞争效应进行规制。我国针对跨国流通企业买方市场势力的反垄断政策符合国际惯例，借鉴现代各国的反垄断立法和执法实践，采取“合理推定原则”。但是，任何非市场行为都会受到根植于其中的具体社会、经济情境深刻而复杂的影响，因此在采取规制措施的过程中，必须综合考虑本土市场结构、企业行为、盈利水平、行为动机和效率抗辩等多种因素，对每种类型的买方市场势力进行具体经济分析。本部分将从治理外资、市场监管、产业互动规划、行业规制等方面来系统论述对跨国流通企业在华买方市场势力反竞争效应的规制研究，同时考虑在“合理推定原则”的基础上，增加“案例法”的元素，减少规制成本，提高规制效率。

三、研究方法

1. 系统研究方法

马克思主义经济学从生产组织与流通组织相统一的角度来研究资本主义社会化大生产，系统、全面地将流通组织置于整个社会再生产体系中进行研究，这样就深入到流通组织的本质上。本书也将贯穿这种方法，对流通组织理论的考察并不是单纯建立在对流通组织的分析上，而是把生产组织和流通组织有机结合起来，在社会化大生产的有机系统与发展中来研究流通组织。

2. 比较研究方法

对流通组织的研究建立在对生产组织的研究基础上，无论是精益生产、精益流通，还是敏捷制造、敏捷流通，都是在与生产的比较中来研究流通组织的。对后福特制生产方式中流通组织的研究，则是建立在与福特制生产方式中流通组织的比较基础上进行的，只有这样才能挖掘后福特制生产方式中流通组织的变化；对我国流通组织提高竞争力的应对策略研究，是建立在与外国流通组织竞争策略比较的基础上的，只有这样才能认清中国流通组织的差距与发展方向。

3. 生产力—生产方式—生产关系分析方法

目前，对企业组织的分析基本采用SCP研究范式，但本书对流通组织的买方市场势力的研究采用生产力—生产方式—生产关系分析范式，沿用马克思主义的分析方法，从生产力与生产关系相结合的角度，结合一定的生产方式来研究流通组织，这样有利于深入挖掘后福特制生产方式下流通组织买方市场势力的实质，能够从资本的范畴来认识流通组织的买方市场势力。

第三节　研究目标及创新之处

一、研究目标

（1）对马克思主义流通组织理论进行系统梳理和挖掘，并与西方流通组织进行比较分析，以马克思主义流通组织理论为分析框架，阐述流通组织的本质。在此基础上，沿用马克思主义分析流通组织的思路，分析后福特制生产方式下流通组织的现代应用。

（2）突破SCP范式，采用"生产力—生产方式—生产关系"范式，建立信息技术提升、市场规模拓展、后福特制生产方式、企业垂直分离四个维度基础上的买方市场势力正反馈和自增强路径作用机理模型。

（3）从微观层面的企业行为与宏观层面的资本演化之间的动态关系的角度来进行研究，不仅考虑产业内部纵向结构，而且考虑后福特制生产方式下跨国资本的产业控制体系。

（4）与以往研究不同，通过对跨国流通企业在华买方市场势力的研究，揭示后福特制生产方式下非对称性跨国生产网络资本演进过程中，跨国公司追求"灵活系统"的实质与表现。

二、创新点

1. 对马克思主义流通组织理论进行了系统梳理

由于人们对企业组织的研究重点是放在生产组织上的，所以对流通组织理论的梳理比较欠缺，对马克思主义流通组织理论的梳理更是薄弱。因此，本书着意于挖掘马克思主义流通组织理论，系统梳理马克思主义流通组织理论的丰富思想，推动对流通组织的理论研究。

2. 发展了马克思主义流通组织理论，对流通组织的内涵给予创新性界定

本书认为尽管流通组织也是企业组织，但并不能将生产组织的理论套用在流通组织上，流通组织与生产组织是不同的，本书将第一次提出流通组织的本质就是时间消灭空间，以时间和空间两个维度来分析流通组织，尤其是空间维度，本书认为流通组织的空间意蕴更突出。

3. 对流通组织买方市场势力的作用机理给予全新解释

与以往对流通组织的 SCP 研究范式不同，本书设计了一个信息技术提升、市场规模拓展、后福特制生产方式、企业垂直分离四维基础上的正反馈和自增强路径的作用机理模型，通过对这一模型的设计来揭示流通组织买方市场势力的作用机理及其不断深化的机理。

4. 对后福特制生产方式中的流通组织的本质给予独到的见解

本书认为，基于流通组织买方市场势力的后福特制生产方式中，流通组织与生产组织的纵向约束关系既不是产业链关系，也不是社会生产网络问题。这种纵向约束关系的实质在于，资本逻辑引导的资本扩张的产物是全球生产能力过剩的反应，是跨国垄断资本空间战略运作过程中的内生要素。后福特制生产方式中，跨国流通组织在全球的空间布展与控制在本质上是资本的空间修复方式。

第二章 流通组织理论：文献述评

对流通组织在新形势下的研究，首先要从理论上对其进行界定，从马克思主义流通组织理论及其西方经济学各流派中考察流通组织的理论渊源，从中发现流通组织理论的发展脉络与各种视角，甄别流通组织理论的科学内涵，挖掘马克思主义流通组织理论的丰富思想，并沿用马克思主义流通组织理论的分析思路，探寻流通组织理论的内在规定性，找出与生产组织的本质不同，为现实中后福特制生产方式中流通组织的分析奠定理论基础。

第一节 马克思主义流通组织理论

一、马克思主义研究流通组织的方法论

要研究马克思主义的流通组织问题，首先要研究马克思主义研究流通组织的方法论，这是打开流通组织问题的钥匙，只有找对了钥匙，才能深入流通组织问题的性质，才能全面、正确地理解马克思主义的流通组织理论，并能借以与其他学派的流通组织理论相区别。马克思主义历来非常重视方法论，认为现实的问题必须有方法论指导，在这方面，马克思的《资本论》已给我们提供了经典的范本。正如恩格斯所指出的“马克思的整个世界观不是教义，而是方法。它提供的不是现成的教条，而是进一步研究

的出发点和供这种研究使用的方法”。①

恩格斯指出，马克思对于政治经济学的批判是以唯物辩证法为基础的。马克思的唯物辩证法是在对黑格尔辩证法的透彻批判中创立的，虽然他承认自己是黑格尔的学生，但马克思并不是全盘接受黑格尔的思想，而是对黑格尔的辩证法进行了批判的继承，抛弃了黑格尔辩证法的不可取之处，吸收了黑格尔的精华，创建了唯物主义的辩证方法，并用于自己的研究工作之中，使它成为科学的研究方法。马克思在《资本论》第一卷第二版《跋》中曾说：“辩证法在对现存事物的肯定的理解中同时包含对现存事物的否定的理解，即对现存事物的必然灭亡的理解；辩证法对每一种既成的形式都是从不断的运动中，因而也就是从它的暂时性方面去理解；辩证法不崇拜任何东西，按其本质来说，它是批判的和革命的。”② 马克思的唯物辩证法，把事物的发展变化看做事物本身固有的属性，从事实本身的联系而不是臆想中来把握自然界、人类社会和思维的运动，从事物本身的内在联系中揭示其发展变化的规律，“这样，辩证法就归结为关于外部世界和人类思维的运动的一般规律的科学”。③ 马克思的唯物辩证法，是正确认识自然界、人类社会和思维的运动及其规律的基本方法，是科学的世界观和方法论。对这种方法，恩格斯也认为“辩证法在考察事物及其在头脑中的反映时，本质上是从它们的联系、它们的连结、它们的运动、它们的产生和消失方面去考察”。④ 在《卡尔·马克思〈政治经济学批判〉》中更是充分肯定了这个方法的制定及其应用的重要意义：“马克思过去和现在都是唯一能够担当起这样一件工作的人，这就是从黑格尔逻辑学中把包含着黑格尔在这方面的真正发现的内核剥出来，使辩证方法摆脱它的唯心主义的外壳并把辩证方法在使它成为唯一正确的思想发展方式的简单形式上建立起来。马克思对于政治经济学的批判就是以这个方法作基础的，这个方法的制定，在我们看来是一个其意义不亚于唯物主义基本观点的成果。”⑤

马克思将唯物辩证法运用于人类社会历史的考察中，发现了表面上看来是由偶然性支配的纷繁复杂的社会现象也像在自然领域一样，有其内部

①《马克思恩格斯全集》第 39 卷，人民出版社 1974 年版，第 406 页。
②《马克思恩格斯全集》第 23 卷，人民出版社 1972 年版，第 24 页。
③《马克思恩格斯全集》第 21 卷，人民出版社 1965 年版，第 337 页。
④《马克思恩格斯全集》第 19 卷，人民出版社 1963 年版，第 222 页。
⑤《马克思恩格斯全集》第 13 卷，人民出版社 1962 年版，第 532 页。

的必然逻辑联系，历史进程是受社会发展内在的一般规律支配的。因此，科学地认识人类社会发展的历史，就是要发现那些作为支配规律在人类社会的历史上为自己开辟道路的一般运动规律。马克思通过对人类社会的考察，揭示了不同社会现象间的内在联系及其发展运动规律，他指出："人们在自己生活的社会生产中发生一定的、必然的、不以他们的意志为转移的关系，即同他们的物质生产力的一定发展阶段相适应的生产关系。这些生产关系的总和构成社会的经济结构，既有法律和政治的上层建筑竖立其上，并有一定的社会意识形式与之相适应的现实基础。物质生活的生产方式制约着整个社会生活、政治生活和精神生活的过程。不是人们的意识决定人们的存在，相反，是人们的社会存在决定人们的意识。社会的物质生产力发展到一定阶段，便同它们一直在其活动的现存生产关系或财产关系（这只是生产关系的法律用语）发生矛盾。于是这些关系便由生产力的发展形式变成生产力的桎梏，随之社会变革的时代就到来了。随着经济基础的变更，全部庞大的上层建筑也或慢或快地发生变革。"① 这就是马克思运用唯物辩证法考察人类社会历史而创立的唯物史观，这一经典论述表明了马克思主义对人类社会制度分析的基本方法论，是通过对构成社会有机整体的各种关系进行科学抽象，从复杂的社会关系中抽象出反映人与人之间物质利益的经济关系，即社会生产关系。也就是说，"唯物主义历史观从下述原理出发：生产以及随生产而来的产品交换是一切社会制度的基础；在每个历史地出现的社会中，产品分配以及和它相伴随的社会划分为阶级或等级，是由生产什么、怎样生产以及怎样交换产品来决定的"。② 对此，列宁评价指出："只有把社会关系归结为生产关系，把生产关系归结于生产力的高度，才能有可靠的根据把社会形态的发展看做自然历史过程。不言而喻，没有这种观点，也就不会有社会科学。"③ 正是由于马克思把人们生产与交换过程中的社会关系归结为生产关系，即人们之间的物质利益关系，才使经济学的研究从单纯的、抽象的社会生产一般上升为对具体的社会经济关系及其运动规律的研究，才使社会生产关系成为政治经济学的研究对象。

---

①《马克思恩格斯全集》第 13 卷，人民出版社 1962 年版，第 8-9 页。
②《马克思恩格斯全集》第 20 卷，人民出版社 1971 年版，第 292 页。
③《列宁选集》第 1 卷，人民出版社 1960 年版，第 8 页。

唯物辩证法是研究人类社会历史发展的科学方法，同样也是马克思研究流通组织的基本方法。唯物辩证法为马克思主义经济学提供了方法论基础，但它本身还不能完全具体化为经济学的研究方法。唯物辩证法有多种具体实现形式，从流通组织理论的分析角度，唯物辩证法主要具体化为以下两个方面：

一方面是系统方法，系统方法是把对象放在系统中加以考察的一种方法。具体说，就是从系统的观点出发，始终从整体与部分、部分与部分、整体与环境的相互联系、相互作用中综合地、精确地考察对象，以达到最佳目标的一种方法。在马克思看来，作为经济制度的社会生产关系的总和是社会有机体这一大系统中的核心子系统，它又包括诸多子系统，从其构成要素来看，包括生产关系、分配关系、交换关系和消费关系；从企业组织来看，包括生产组织和流通组织等各方面及其相互关系；更为重要的是，社会生产关系从层面来看包括深层的本质关系、中间层次的关系和表层关系。因此，要理解这个复杂的系统，不仅要弄清系统的构成要素、内部结构和层次关系，还要弄清楚它们是怎样有机结合在一起的，从而形成合理结构和秩序，有效地发挥整体功能。对马克思所运用的系统方法，西方的系统论专家是公认的，一般系统论创始人贝塔朗菲认为马克思是系统发展史中的“光辉的名字”之一，制度学派代表人之一的霍奇逊也承认：马克思“作为一名经济学家，他的著作所反映的系统思想却达到了其他经济学家很少达到的水平”。[①] 从对流通组织的研究角度来说，马克思认为流通组织与生产组织、消费者息息相关，在社会化大生产活动中，生产组织负责生产者利用劳动工具对劳动对象进行加工，流通组织则负责把新生产出来的产品如何转移到消费者手里，并向生产者反馈消费者的意见，没有生产组织，流通组织就是无米之炊，没有流通组织，生产组织的价值和剩余价值就得不到实现，它们的关系如图 2-1 所示。

在图 2-1 中，生产组织通过流通组织向消费者销售商品，并通过流通组织向消费者购买生产要素，正是生产组织、流通组织、消费者组成一个社会化大生产系统。

系统方法只是辩证法的一个方面，它必须与发展的方法联系起来进行

① 霍奇逊：《现代制度主义经济学宣言》，北京大学出版社 1993 年版，第 19 页。

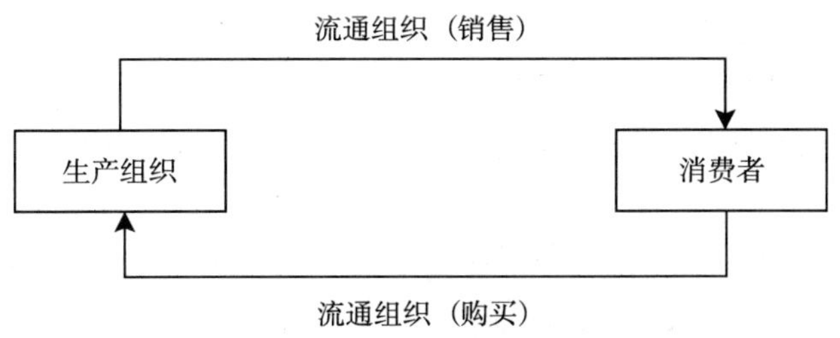

图 2–1　生产组织与流通组织的关系

考察，才能真正揭示社会现象的运动规律。马克思的科学方法论不仅仅阐明了经济制度本身是什么，而且发现了各种现象的发展规律。马克思认为，经济学的研究重要的不仅是在各种现象的完成形态以及现象内部各个部分之间的相互联系，更重要的是现象本身的变化规律、发展规律，“这种研究的科学价值在于阐明了支配着一定社会机体的产生、生存、发展和死亡以及为另一更高的机体所代替的特殊规律”。[①] 因此，马克思对系统方法运用的独特之处，在于他把系统方法和发展方法有机结合起来，在发展中考察系统。

马克思对资产阶级经济学方法论批判的一个重要方面在于，资产阶级经济学没有科学的发展观，它们不是把事物和反映它的概念看做是发展的，有其产生和消亡的过程，而是一开始就把概念看做既定的、永恒的东西，用旧概念解释新事物，这必然会阻碍人们对新事物本质的认识。同时，用静止的而不是发展的观点看问题，很容易造成只看到事物的一个方面，而忽略另一个方面。

所以，马克思的发展观就是唯物辩证法的具体体现形式，这一思想对人们理解马克思的流通组织理论具有重要的方法论意义。首先马克思主义是从一定的历史阶段去研究流通组织问题的，“商品生产和商品流通是极不相同的生产方式都具有的现象，尽管它们在范围和作用方面各不相同。因此，只知道这些生产方式都具有的抽象的商品流通范畴，还是根本不能了解这些生产方式的不同特征，也不能对这些生产方式做出判断”。[②] 对于流通组织的发展趋势，马克思和恩格斯也同样是按照历史的观点加以看待

---

①《马克思恩格斯全集》第 23 卷，人民出版社 1972 年版，第 23 页。
② 同①，第 133 页。

的。恩格斯这样说："我们对未来非资本主义社会区别于现代社会的特征的看法，是从历史事实和发展过程中得出的确切结论；脱离这些事实和过程，就没有任何理论价值和实际价值。"① 所以，流通组织与生产组织一样，总是一定社会发展阶段上的流通组织。人类社会经历了极不相同的发展阶段，不同社会发展阶段的流通组织地位、作用、形式、方式都是不同的，我们所要研究的流通组织只能是某一特定社会发展阶段的流通，不处在一定社会发展阶段的抽象的流通组织一般在现实中是不存在的。其次在马克思主义看来，政治经济学本质上是一门与不断变化的条件相适应的历史性科学，必须根据现实情况的变化而不断发展，生产组织与流通组织一样都要随着客观环境的变化而变化。对此，恩格斯曾做过这样的说明："人们在生产和交换时所处的条件，各个国家各不相同，而在每一个国家里，各个时代又各不相同。因此，政治经济学不可能对一切国家和一切历史时代都是一样的……谁要想把火地岛的政治经济学和现代英国的政治经济学置于同一规律之下，那么，除了最陈腐的老生常谈以外，他显然不能揭示出任何东西。因此，政治经济学本质上是一门历史的科学。"②

二、马克思主义视角中的生产组织与流通组织的关系

正如在前面导论中指出的，流通组织与生产组织一样，都是企业组织，它们有着企业组织的共同特性，是生产力与生产关系的相互矛盾的共同载体。企业组织本身是生产力与生产关系矛盾的产物，同时也承载着生产力与生产关系的矛盾，并随着生产力与生产关系矛盾的演化而不断进行组织演进。

同时，流通组织与生产组织又是不同的，作为不同的企业组织，一般而言，是生产组织决定流通组织，流通组织反作用于生产组织。一方面，生产组织决定流通组织，正如马克思所说："所谓企业家之间的交换，从它的组织方面看，既完全决定于生产，而且本身也是生产行为。只有在最后阶段上，当产品直接为了消费而交换的时候，交换才表现为独立于生产之外，与生产漠不相干。但是，①如果没有分工，不论这种分工是自然发

①《马克思恩格斯全集》第 36 卷，人民出版社 1975 年版，第 419-420 页。
②《马克思恩格斯全集》第 20 卷，人民出版社 1971 年版，第 160-161 页。

生的或者本身已经是历史的成果，也就没有交换；②私的交换以私的生产为前提；③交换的深度、广度和方式都是由生产的发展和结构决定的。"[①] 在马克思看来，流通组织决定于生产组织。另一方面，流通组织反作用于生产组织，马克思认为，产业资本的循环必须要做到空间上并存，时间上继起，如果商品的流通受阻，不能实现商品的价值和剩余价值，则必然影响社会经济的运行，社会再生产过程的正常秩序就会被打破，生产过程也会因此而被迫停滞下来。所以，就二者关系来说，生产组织决定流通组织，流通组织反作用于生产组织。

然而，对于生产组织与流通组织关系的理解，若仅此而已的话，是不能全面理解马克思关于生产组织与流通组织的关系的。生产组织与流通组织首先是一个社会化大生产的有机组成部分，二者的关系反映了社会化大生产的复杂性。例如，同样是在生产组织决定流通组织的前提下，福特制生产方式下的生产组织与流通组织的关系就与后福特制生产方式下的二者关系不同。在福特制生产方式下，生产组织与流通组织是一体化的，而在后福特制生产方式下，生产组织与流通组织是垂直分离的，社会化大生产在历史条件发生变化的时候，系统内部各个部分之间也会发生变化。马克思早已明确地指出，唯物辩证法的内部机制是复杂的，仅仅是从它们之间的"决定"与"反作用"关系的一般思维去理解是远远不够的。在研究方法上马克思并没有像当时的"庸俗经济学"那样，把经济学的研究机械地划分为生产、交换、消费、分配四个环节。相反，他恰恰批判这种研究方法，从《〈政治经济学批判〉导言》中可以看到，他专门阐述了对生产、交换、消费、分配之间关系的看法，批判了资产阶级经济学从个人主义方法论出发，不仅看不清各环节之间的关系，而且人为地割裂各环节之间有机联系的形而上学方法。所以，在马克思经济学的方法论中，各个环节不是单独作为独立的环节分析，而是在研究社会化大生产的有机系统中自然而然地进行分析的。就如他在《资本论》开篇介绍该巨著的研究对象时就明确指出的："我要在本书研究的，是资本主义生产方式以及和它相适应的生产关系和交换关系。"[②] 在这里马克思不仅告诉人们他的政治经济学的研究对象是社会生产关系，而且也指明了他的研究是在生产组织与流通组

---

①《马克思恩格斯全集》第 12 卷，人民出版社 1962 年版，第 749 页。

②《马克思恩格斯全集》第 23 卷，人民出版社 1972 年版，第 8 页。

织的有机统一中进行的。

马克思的《资本论》第二卷是研究流通过程，然而在这一卷里，马克思并不是就流通论流通，他一直是贯穿着唯物辩证法的方法论，在生产过程与流通过程的结合中来论述流通过程的。第二卷并不是单纯研究流通问题，在研究流通问题时是包括生产阶段的。社会化再生产过程是生产过程与流通过程的统一，是生产组织与流通组织的统一，马克思恰恰是在这一卷里对生产资本的运动进行了大量深刻的分析。所以，第二卷所研究的流通过程不是舍去了对生产过程的研究，只是对生产过程研究的角度与第一卷不同。第一卷是着重在生产过程中来研究资本主义生产的实质，第二卷则是把生产过程作为资本运动中的一个阶段来研究。第二卷所研究的流通过程虽然包括生产和流通两个方面，但它还不是马克思要研究的作为生产过程和流通过程的现实统一体的资本主义生产总过程，第二卷还只是研究资本流通的一般形式，研究运动形式本身。在资本主义社会的现实表面上，剩余价值采取了利润这种转化形式，而剩余价值到利润的转化正是在流通过程中进行的，正是流通组织的流通过程使得剩余价值蒙上了一层纱，导致剩余价值变了形，因而呈现出各种具体的表现形式。从这个意义上说，第三卷是生产过程与流通过程统一的一个整体，马克思指出："资本主义生产过程，就整体来看，是生产过程和流通过程的统一。"① 他又说:"在商品生产中，流通和生产一样必要，从而流通当事人也和生产当事人一样必要。"② 所以，从马克思《资本论》的逻辑结构来看，他是把生产组织与流通组织作为资本主义生产方式的共同组成部分来看待的。

恩格斯根据第二次科技革命后社会化大生产条件下生产与流通的现实情况，在《反杜林论》中说："政治经济学，从最广的意义上说，是研究人类社会中支配物质生活资料的生产和交换的规律的科学。生产和交换是两种不同的职能……所以都有多半是它自己特殊的规律。但是另一方面，这两种职能在每一瞬间都互相制约，并且互相影响，以致它们可以叫做经济曲线的横坐标和纵坐标。"③ 显然，恩格斯是将生产与流通看成是一个有机统一体的范畴，恩格斯的这一结论进一步丰富了马克思再生产原理中关于生产组织与流通组织相互关系的理论，同时也是对当时杜林否定流通组

①《马克思恩格斯全集》第 25 卷，人民出版社 1974 年版，第 29 页。
②《马克思恩格斯全集》第 24 卷，人民出版社 1972 年版，第 144 页。
③《马克思恩格斯全集》第 20 卷，人民出版社 1971 年版，第 160 页。

织的流通功能谬论的一种批驳。杜林认为："交换或流通只是生产的一个项目，使产品达到最后和真正的消费者手中所必须经历的一切，都属于生产。"①很显然，杜林的这一论断是脱离资本主义市场经济发展实际的。正如恩格斯批驳的那样："杜林先生把生产和流通这两个虽然互相制约但是本质上不同的过程混为一谈……他这样做只不过是证明，他不知道或不懂得正是流通在最近五十年来所经历的巨大发展。"②恩格斯如此重视流通组织，一方面与他亲自从事过商贸流通的实践有关，另一方面是他对"流通最近五十年来所经历的巨大发展"高度关注与科学研究的必然结果。

因此，对于生产组织与流通组织的关系，人们应该坚持马克思主义的唯物辩证法，坚持系统与发展的观点，生产组织与流通组织共同组成社会化大生产的有机系统，是一个不可分割的整体，应坚持静态分析与动态分析相结合，以动态分析为主的方法。生产组织决定流通组织，流通组织反作用于生产组织，二者相互制约、互为媒介，是一个矛盾的统一体，不可能脱离一方去谈另一方的作用。因此，绝不可人为地把马克思的观点分割开来，只强调、背熟其中的一部分，而忽视、"忘记"了另一部分；或者在研究方法上，只作静态分析，不作动态考察。这样做势必会导致简单化、绝对化、教条化和片面化，从而把人的认识和实践引入误区，把理论研究推进死胡同。马克思没有把（也无意把）社会再生产诸要素作固定的、永恒的、绝对的"座次"排列，也没有把生产组织和流通组织的地位与作用及其相互关系视作不可改变或转化的"无机体"。如果把社会再生产诸要素硬作固定式的"座次"排列，或者把生产组织和流通组织的地位、作用永恒化，就必然会导致思想僵化和脱离实际。

三、马克思的流通组织理论

马克思对流通组织理论的考察并不是单纯建立在对流通组织的分析上，而是把生产组织和流通组织有机结合起来，在生产组织与流通组织的动态结合中展开分析的。

首先，马克思从商品流通的内在矛盾出发研究流通组织。随着商品价值形式的发展，产生了固定地充当一般等价物的商品——货币。货币出现

①②《马克思恩格斯全集》第 20 卷，人民出版社 1971 年版，第 167 页。

以后，使商品流通分离成两个相对独立的阶段，即卖和买。卖和买不仅在空间上是分离的，而且在时间上也是不一致的。卖是商品的第一形态变化，即商品转化为货币；买是商品的第二形态变化，即货币转化为商品。对流通组织来说，商品的第一形态变化是决定性的，“是商品的惊险的跳跃，这个跳跃如果不成功，摔坏的不是商品，但一定是商品所有者”。[①] 当“每个商品的形态变化系列所形成的循环，同其他商品的循环不可分割地交错在一起。这全部过程就表现为商品流通”。[②] 马克思严格区别了商品流通与直接的产品交换，认为“商品流通不仅在形式上，而且在实质上不同于直接的产品交换”。[③] 他强调，商品流通是一系列无休止的社会性交换行为，而直接的产品交换则是一种偶然的个别的交换行为，不是商品流通。同时马克思批驳了这样一种观点：“有一种最愚蠢不过的教条：商品流通必然造成买和卖的平衡。”[④] 他认为商品流通使物的人格化和人格的物化的对立在商品形态变化的对立中取得了发展的运动形式，“这些形式包含着危机的可能性”。[⑤] 尽管“商品流通是资本的起点。商品生产和发达的商品流通，即贸易，是资本产生的历史前提”。[⑥] 但马克思的目的在于揭示资本主义生产的实质，将货币转化为资本，资本主义生产的秘密离不开流通，又不能从流通中产生，这时马克思就把资本在流通领域所经历的形式变换和物质变换假定为前提。

其次，马克思从流通本身在再生产中的职能来研究生产组织中的流通问题。由于马克思的研究目的在于揭示资本的运动过程，是从资本的运动内容来探讨资本主义的发展轨迹，因此就统一在生产组织中来研究资本的流通过程。

在这里，为了对资本的流通进行深入的分析，揭示资本的运动规律，实际上是撇开流通组织来进行分析的。但是，如果把流通组织考虑进来的话，资本流通的一些运动规律对流通组织也是适用的。因为，在马克思看来，“货币资本和商品资本，在它们以其职能作为特殊营业部门的承担者和产业资本并列出现时，也只是产业资本在流通领域时而采取时而抛弃的

①《马克思恩格斯全集》第 23 卷，人民出版社 1972 年版，第 124 页。
②③同①，第 131 页。
④ 同①，第 132 页。
⑤ 同①，第 133 页。
⑥ 同①，第 167 页。

不同职能形式由于社会分工而独立的和片面发展的存在形式”。[①] 货币资本循环与商品资本循环都是产业资本循环的一部分，只不过是由于分工，而使这两种职能由不同于生产组织的流通组织来承担而已，流通组织就是执行货币资本和商品资本职能的专业性组织，所以资本流通的原理对流通组织也同样适用。另外，从研究视角来看，马克思是本着从抽象到具体的原则来进行的，在对资本的生产过程与流通过程进行论证的基础上，马克思才在第三卷展开了对流通组织等具体的现象进行分析，对流通组织等具体现象的分析是以前两卷对抽象的资本的生产与流通为基础的，因而从马克思的研究视角来看，资本流通的原理对流通组织也同样适用。

马克思认为，资本主义现实再生产过程是直接生产过程和流通过程的矛盾统一体，《资本论》第一卷只是揭示资本主义再生产的本质，仅仅停留在这一认识上是不够的，还必须进一步考察这一本质所采取的形式，这就是资本流通过程。马克思指出，对于资本的流通过程而言，“这个过程的总体就是再生产过程的形式”。[②] 分析资本主义再生产的本质时，是把再生产形式暂时抽象掉了，《资本论》第二卷研究的是资本再生产形式本身——资本的流通过程，资本在流通过程中所经过的价值形式和实物形式的不断更替和补偿的运动，揭示资本流通的本质和规律。

资本主义的总流通过程由各个独立又互相交错和互相补偿的单个资本的运动组成，这是一个极复杂的过程。为了使问题由简单到复杂，马克思首先从社会资本中抽出单个资本，把它作为社会总资本中独立执行职能的组成部分来进行分析。马克思把单个资本的运动表现为资本形式的变化及其循环。产业资本在运动中，依次采取货币资本形式、生产资本形式、商品资本形式。和资本三种形式相适应，资本的循环也有三种：货币资本的循环、生产资本的循环和商品资本的循环。马克思在这里分析了循环形式本身，分析资本在不同阶段所具有的不同形式和所完成的不同职能，并对资本循环的内容作出了完整的规定：“产业资本的连续进行的现实循环，不仅是流通过程和生产过程的统一，而且是它的所有三个循环的统一。”[③] 正是这种特殊的运动形式显示出资本的流通过程不同于一般商品流通过

①《马克思恩格斯全集》第 24 卷，人民出版社 1972 年版，第 67 页。
② 同①，第 392 页。
③ 同①，第 119 页。

程。一般商品流通只是价值形式的变化，货币只是作为交换的媒介，而资本的流通过程则是作为能自行增殖的独立价值的资本的形式变化，它采取循环的形式，并且是一个不断的循环过程。资本运动的这种特殊形式是资本本质的必然表现形式，这是资本流通质的规定。

资本周转则是从量的方面对资本流通的研究，马克思分析了制约资本周转速度的各种因素和它们在加快资本周转中的作用，深刻揭示了资本家竭力加速资本周转的真正秘密。马克思进而分析社会总资本的再生产和流通，研究社会资本运动的目的在于揭示既定前提下社会资本运动的内在联系，社会资本运动正常进行所必须具备的条件，也即社会总资本再生产过程中，在价值上如何实现，在物质方面如何补偿。马克思认为各大部类之间，延伸开来就是要求各部门之间的生产必须要有正确的比例，资源必须在各类生产之间进行合理的配置，否则再生产的正常秩序就会遭到破坏。这样马克思从生产过程与流通过程相统一的角度，把资本主义再生产的本质与形式完整地呈现了出来。

最后，马克思从分工的视角单纯研究流通组织。这主要包括三个方面：

（1）流通组织的产生。马克思认为，由于产业资本循环经历不同的阶段，执行不同的职能，这就为不同组织之间实行分工，分别承担不同的职能，即生产组织专门负责价值与剩余价值的生产，流通组织专门经营商品的流通实现商品的价值和剩余价值，提供了可能；同时社会分工的发展与市场规模的扩大，又为流通组织的独立化提供了条件。马克思指出："商品经营资本无非是生产者的商品资本，这种商品资本必须经历它转化为货币的过程，必须在市场上完成它作为商品资本的职能；不过这种职能已经不是生产者的附带活动，而是一类特殊资本家即商品经营者的专门活动，它已经作为一种特殊投资的业务而独立起来。"① 这样，独立的流通组织就产生了，流通组织的出现缩短了资本的流通时间，节约了流通资本，加速了资本周转，极大地推动了经济的发展。马克思对历史与逻辑从来是并重的，"以上是我们从资本主义生产方式的角度，并且在资本主义生产方式的界限内，来考察商人资本的。但是，不仅商业，而且商业资本也比资本主义生产方式出现得早，实际上它是资本在历史上更为古老的自由的存在

---

①《马克思恩格斯全集》第 25 卷，人民出版社 1974 年版，第 301 页。

方式”。[①] 马克思认为从历史上来讲，商业流通比生产组织出现得更早，这是资本主义早期社会的真实写照，正是商业流通的发展壮大，才导致了资本主义大生产的推广。

（2）流通组织的运作。既然流通组织是执行商品资本的职能，是实现商品的价值和剩余价值，因此马克思认为流通组织得到的商业利润是生产组织中的产业工人创造的剩余价值的一部分。在流通组织的活动中，商人必须支付一定的商业流通费用，马克思把流通费用分为三种，第一种是纯粹流通费用，包括：①买卖时间引起的费用。资本由商品到货币和由货币到商品的形态转化，就是资本家进行交易，执行买进和卖出的职能，由此需要耗费一些费用。②由簿记引起的费用。③由货币引起的费用。第二种是保管费用。第三种是运输费用。其中，第一种流通费用不能创造价值，需要进行价值补偿；后两种流通费用可以增加商品的价值，补偿不成问题。在流通组织的运营上，马克思认为流通组织周转速度越快，它周转的商品数量就会越多，而将这一定量的商业利润分摊到单位商品上去的份额就必然越少。“商业加价的多少，一定资本的商业利润中加到单个商品的生产价格上的部分的大小和不同营业部门的商业资本的周转次数或周转速度成反比。”[②] 这也就是人们常说的“薄利多销”。

（3）流通组织的规模。马克思认为流通组织的规模要受到两个方面的限制，即生产组织和消费者，他指出，生产时间“对商人资本的周转来说是第一个限制，……商人资本的周转最终要受全部个人消费的速度和规模的限制”。[③] 处于生产组织与消费者沟通桥梁的流通组织，其组织规模并不是无限扩大的，流通组织必然要受到生产条件与消费条件的限制，生产组织、流通组织、消费者应处于一个协调的有机体内，否则就会有危机的可能性，因为马克思认为由于分工的发展，流通组织的出现本身就蕴涵着危机的可能性，正如他指出的：“由于商人资本的独立化，它的运动在一定界限内就不受再生产过程的限制，因此，甚至还会驱使再生产过程越出它的各种限制。内部的依赖性和外部的独立化会使商人资本达到这样一点，

①《马克思恩格斯全集》第 25 卷，人民出版社 1974 年版，第 363 页。

② 同①，第 348 页。

③ 同①，第 339-340 页。

这时，内部联系要通过暴力即通过一次危机来恢复。”[①] 在马克思看来，流通组织的出现本身就蕴涵着危机的可能性，如果再不与生产组织和消费市场相适应，后果将不堪设想。

四、巴兰和斯威齐的流通组织理论

巴兰和斯威齐作为“马克思主义经济学家”，[②] 对流通组织理论表现出高度的关注。他们在分析社会经济剩余的利用时，认为经济理论在传统上主要集中关注投资和消费两个领域，指出：“在新古典经济学家的理论中，由于他们集中关注市场的平衡机构，整个资本主义的长期趋势的问题在半个世纪以上实际上是完全看不见的。”[③] 就消费本身来说，他们认为在垄断条件下，要想解决消费不足的问题，不仅要注意到经济剩余的生产以及吸收方式的充足与否问题，还要注意到经济剩余的“利用方式”，即流通方式。在巴兰和斯威齐看来，流通组织所从事的流通活动在整个经济中的作用已非同小可，“原来是这个制度（资本主义制度——作者注）的比较不甚重要的特征，现在已经发展到成为它的决定性神经中枢之一。就其对经济的影响而论，超过它的就只有军国主义了。在社会存在的所有其他方面，它的无孔不入的影响是无与伦比的”。[④] 对于流通组织的地位，他们的评价是相当高的。

那么在现代条件下，流通组织是如何进行销售的呢？或者说在现代决定商品价值实现的决定因素是什么呢？巴兰和斯威齐认为，价格竞争这种传统的吸引公众惠顾的手段在作用上已经大为降低，“广告”成为经济学的不同领域越来越引起关注的手段。他们用了大量篇幅来对广告、包装等销售手段进行详细的分析，得出这样的结论：“销售和生产努力彼此相互渗透以致实际上不可分辨，这种状况的出现，引起了社会必要生产成本的构成以及社会产品本身的性质的深刻变化”。[⑤] 因此，在一体化条件下，生

---

①《马克思恩格斯全集》第 25 卷，人民出版社 1974 年版，第 340 页。

②［美］保罗·巴兰、保罗·斯威齐：《垄断资本》，南开大学政治经济系译，商务印书馆 1977 年版，第 1 页。

③ 同②，第 111 页。

④ 同②，第 113 页。

⑤ 同②，第 127–128 页。

产组织与流通组织相互融合，生产成本与销售成本是不可分的，并以汽车为例来说明销售活动和生产活动互相渗透的范围和程度，以及在表面上不是销售成本而在实际上却融合在生产成本之中的销售成本的巨大数量。可见，巴兰和斯威齐的观点与马克思也是一脉相承的，在生产组织与流通组织的关系方面他们是一致的，这也符合马克思主义的唯物辩证法思想，但是巴兰和斯威齐认为促进流通的主要方式在于广告、包装，没有进一步考察组织的作用，更没有考察生产组织与流通组织的演进历程，以及未来的演进趋势，在这方面还是有遗憾的。

五、布雷弗曼的流通组织理论

在巴兰和斯威齐的著作发表差不多10年后，哈里·布雷弗曼的《劳动与垄断资本》问世了。在此书中，布雷弗曼对垄断资本主义发展中的技术变化以及由此引起的劳动过程作了全面的分析，对应用和发展马克思的理论作出了重要贡献。由于布雷弗曼考察的是各种劳动过程在各种职业内部的演变以及劳动在各种职业之间的转移，所以他在考察了美国企业组织的变迁动力及原因后指出，流通组织的出现是分工的结果，而且随着分工的深化，流通组织的地位将越来越重要，“假如工程技术机构曾经是第一需要的话，那么，后来的销售机构在职能方面的重要性迅速超过了它”。[①] 尤其在看到现代大公司具有“纵的和横的综合趋势”[②] 后，他认为在公司内部，“销售方面考虑的问题变得如此重要，以致工程技术部门的结构本身也充满了这种考虑，而且往往从属于这种考虑”，[③] 并且指出：“由于销售在公司职能的一切领域里占支配地位，大量劳工就流入了销售系统。”[④]

这样，布雷弗曼的劳动过程理论就不仅体现在生产组织中，而且体现在了流通组织中。布雷弗曼认为：“就零售业来说，值得注意的是，虽然经营商店的‘技能’早已被分解了，并且所有有决定性的方面都归属于管理部门，可是一场变革还在酝酿之中；这种变革将使零售工作人员大体上成为类似工厂机械操作工那样的人，其类似的程度是任何人从来都想象不

① [美] 哈里·布雷弗曼：《劳动与垄断资本》，方生等译，商务印书馆1979年版，第230页。
② 同①，第233页。
③ 同①，第235页。
④ 同①，第235-236页。

到的。”[①] 也就是说，无论是生产工人还是零售工人，作为受雇工人来说，他们的劳动被分解为一般的、不断重复的各种标准化动作，流水线生产的出现使手脑的分离、概念和执行的分离达到了极为严格的程度，管理部门取得了对流通速度的绝对控制，工人的劳动强度达到了非常高的程度，劳动者成为一个工具而已，从而产生了机器对工人的专制。在这些方面，零售工人与生产工人并没有任何不同。显然，布雷弗曼关于流通组织内部工人状况的分析，是与马克思对企业组织的分析一脉相承的，丰富了马克思的流通组织理论。

第二节 西方流通组织理论

当代西方经济学源自于古典政治经济学，而古典政治经济学正是始于对流通的研究。事实上，人类发展史上很早就出现了交换行为和商业活动，最早的启蒙经济学就是“重商主义”，经济学研究的源头也是从流通领域开始的。例如，早在 1621 年，英国启蒙经济学家托马斯·孟就出版了《英国来自对外贸易的财富》的著作，当时人们曾狭隘地认为流通是财富的源泉。重商主义重视金银货币的积累，把金银看做是财富的唯一形式，认为对外贸易是财富的真正源泉，只有通过出超才能获取更多的金银财富。亚当·斯密是古典政治经济学的奠基人，在他的《国民财富的性质和原因的研究》一书中，将生产与交换联系起来，指出社会分工可以提高劳动生产率，而分工的前提是交换，交换使各种专业生产成为可能。在此基础上，亚当·斯密深入分析了分工与交换的内在规律和本质要求，并提出劳动价值论，成为后来马克思主义政治经济学的主要来源。为了说明分工与交换的原理，亚当·斯密还提出了“绝对比较优势”理论，斯密之后，大卫·李嘉图又提出了“相对比较优势” 理论，为后来的国际贸易理论研究奠定了基础。

自古典经济学产生后，西方经济学理论开始脱离古典政治经济学的研究方向，而转向对市场均衡的一般性研究，流通的概念在西方经济学中逐

① ［美］哈里·布雷弗曼：《劳动与垄断资本》，方生等译，商务印书馆 1979 年版，第 330–331 页。

渐淡化，不再作为一个单独的领域和问题，但这并不意味着流通组织理论在西方经济学中完全消失。事实上，作为社会大生产的一个重要方面，西方经济学不可能回避流通组织问题，流通组织理论依然在西方经济学中占有一席之地，并越来越受到人们的重视。

一、新古典经济学对流通组织理论的忽视

占主流地位的新古典经济学中是没有企业组织理论的，更谈不上流通组织理论了。企业仅仅被视为生产函数，劳动力同资本一样仅仅被视为生产要素。企业行为是一种投入产出的“技术”关系，并假设企业有一个人格化的行为目标——利润最大化。在这种理论模型中，人类的经济活动是被作为生产要素来分析的，组织形式的选择及组织的演进被放入企业“黑箱”中。企业的性质被视为一个专业化生产单位，其中理性的个人按照最大化原则追求自己的利益，市场则根据“边际生产力的原则”为要素提供价格。这样，企业作为生产要素的组合体，在市场机制作用下，通过供求价格的相互作用，总能使要素达到最优配置。市场是完全竞争的，不存在交易成本，要素可以自由转移和流动，这样对企业这种组织或制度本身的研究就变得毫无意义。因为企业已经变成了只不过是单纯的生产要素的集合体，根据市场条件变化的需要，它们可以自由改变其组织形式和规模。同时，在新古典经济学中，完全信息和零交易费用消除了一切代理行为所产生的问题，生产者和消费者直接见面，市场完全竞争、供求自动均衡、自动出清的假设，舍弃了客观上存在于两者之间的媒介要素——流通组织，这是理论研究的一个既定前提。基于这个前提，西方经济学理论只研究生产者行为和消费者行为，有系统的生产者行为理论、消费者行为理论、市场理论等，却没有专门的流通组织理论。这样，新古典企业理论实际上就是价格理论，在新古典经济学分析框架中，不研究企业本身，更不研究流通组织理论。

需要指出的是，由于要素可以自由流动，市场机制可以自动调节资源的使用，使之达到优化配置，新古典经济学关于市场自动实现均衡的理论假设，在一个国家内还是有可能成立的，但扩大到国与国之间，由于要素不能自由流动，供给与需求难以相互作用，流通或贸易的问题就凸显出来，成为经济学研究不可回避的一个问题。为此，在西方经济学中专门构

建了一个分支——国际经济学，将有关国际贸易的问题集中放到国际经济学中进行研究。琼·罗宾逊在《现代经济学导论》一书中明确指出："政治经济学借以获得发展的头一个问题是国际贸易。"① 国际经济学的体系继承和发展了古典政治经济学有关分工和交换的原理，阐述了流通在国际经济关系中的本质及内在规律。从传统贸易理论的"绝对优势"、"比较优势"和"要素禀赋"学说，到新贸易理论的"规模经济"、"知识外溢"和"干中学"学说，它们都试图从理论上说明流通或贸易对经济增长的作用机理。实际上，这些理论不仅适用于国与国之间的贸易，而且也适用于一个国家不同地区间的贸易，从中可以总结出流通和贸易的一般性规律。这样，西方学者对流通问题的研究主要集中在国际贸易方面，从古典经济学到现代经济学，国际贸易始终是论述的主要对象之一。但这里研究的显然不是流通组织，而是流通行为，流通行为的外延大于流通组织的外延，从事流通活动的也可以是生产组织。

二、新制度经济学中的流通组织理论

新制度经济学将市场与企业均视为一种制度，并将交易费用作为这两种制度相互替代的原因。因此，新制度经济学的核心理论也就是交易费用理论。交易费用理论研究社会交易过程，从制度安排的角度分析如何降低交易费用，从而增进社会福利，提高经济运行的效率。当然，这里的"交易"与我们理解的"流通"在含义上有很大的差异，但一般的交换和流通也包含在新制度经济学的交易中，而交易费用理论同样也能在一定程度上对流通过程及其制度安排作出解释。

对于新古典经济学没有深入探讨的企业本质问题，新制度经济学在一定程度上改变了古典经济学的一些经典的假设前提，新制度经济学家对于这个问题的回答，可以说在一定程度上解释了人们对于企业性质的一系列疑问，从理论上给出了企业的经济性分析。

科斯（Coase，1937）对于企业的认识建立在他所提出的交易费用概念之上，他提出了"交易费用"范畴，其"交易"在大多数场合是指较狭义

① ［英］琼·罗宾逊、约翰·伊特韦尔：《现代经济学导论》，陈彪如译，商务印书馆 1982 年版，第 7 页。

的市场交换（盛洪，2003）。以此为理论基石，科斯通过交易费用一般化分析，把制度因素作为一个重要的变量引入到经济分析中，论证了交易活动和企业制度的稀缺性。他指出，市场中之所以存在着大量的企业，就是因为市场中价格机制的运行存在着费用，“企业的本质特征是对价格机制的取代”。[①] 在企业的规模范围内，由于企业管理中权威的存在，使得企业内部协调的费用要低于价格机制运行中所产生的费用。尽管科斯的交易概念不够明确化，却为深入研究介于市场交易与一体化组织之间的中间性组织类型、为契约关系规制理论的发展，提供了一个必要的理论视角和观念前提。

威廉姆森（Williamson，1975、1979、1985）发展了科斯关于交易费用的概念，他认为区分各种交易的主要标志是资产专用性、不确定性及其发生的频率。[②] 威廉姆森从资产专用性和个人机会主义的假设前提出发论证了企业的产生。他认为，由于某些交易的特殊性使交易双方之间存在严重的信息不对称现象，掌握信息的一方可以通过偷懒、欺诈等手段获取个人利益，而且可以不完全履行合约。这种由交易的特殊性所带来的个人私利就是机会主义行为的收益，它能够强化个人的机会主义行为。组织的产生，作用就在于通过监督、惩罚等措施加大机会主义的成本，使之超过机会主义行为的收益，从而达到消除机会主义的目的。从资产专用性的角度，他还分析了企业为什么会发生前向一体化（生产组织与销售组织一体化）、后向一体化（生产组织与供应商一体化）。他认为，因为专用性投资有“拴住”效应，投资方没有办法防止另一方的机会主义行为。因为投资方会预期到这个结果，所以会减少投资。这样，由于契约无法达到完全规避签约方机会主义的完备程度，从而使得纵向一体化变得必要。纵向一体化可以防止市场交易中的机会主义，从而节约了交易费用。但是，威廉姆森只说了纵向一体化可以节约市场交易费用，但没有说明什么时候才发生纵向一体化；当纵向一体化发生时，到底是谁一体化谁；是生产组织一体化流通组织，还是相反。

---

① ［美］罗纳德·科斯：《企业的性质》，载［美］路易斯·普特曼、兰德尔·克罗茨纳：《企业的经济性质》，孙经纬译，上海财经大学出版社 2009 年版，第 58 页。

② ［美］奥利弗·E.威廉姆森：《资本主义经济制度》，段毅才、王伟译，商务印书馆 2002 年版；《经济组织的逻辑》，载陈郁：《企业制度与市场组织》，上海三联书店、上海人民出版社 1996 年版。

以格罗斯曼（Grossman，1986）、哈特（Hart，1986、1990）和穆尔（Moore，1990）为代表人物的不完全合约理论认为，契约是不完全的，如果存在关系资产专用性投资的情况，就必然会发生敲竹杠的行为。因此，合意的做法是，由一方将契约中难以明确的这部分“剩余权利”（剩余控制权）购买过去，企业的本质就是一组物质资产的集合，剩余控制权就是产权。获得剩余控制权的一方将因此增加投资激励，而失去剩余控制权的一方则将减少激励。如果增加的激励所提高的生产率足以弥补减少的激励所损失的生产率，那么这种权利的转移就是帕累托改进的。具体说，如果双方资产是严格互补的，那么就应当采取某种形式的合并；如果一方的人力资本是必不可少的，那么就应该获得产权或剩余控制权；如果对双方来说，人力资本都是必不可少的，那么无论哪种形式的合并都是一样的。① 不完全合约理论从产权和激励的角度重新审视了一体化的成本和收益，这相对于传统的理论框架而言，无疑是一个重大突破。

值得一提的是，丹尼尔·F.斯普尔伯（Daniel F.Spulber）在其 1999 年出版的著作——《市场的微观结构——中间层组织与厂商理论》中，利用厂商的中间层理论解释了市场中间层存在的原因和市场运行的机制。在斯普尔伯看来，“一个中间层是一个经济行为者，它从供应商那里购买产品，再转卖给买者，或者它帮助买卖双方相遇并进行交易”，② 也就是说，他所提出的中间层模型意味着要把厂商作为协调消费者和供应商的市场制造者来看待，并试图考察由组织进行的全部交易活动。显然，他的这个定义是广义的，既包括制造商的中间层角色，又包括专业化的中间层组织，即流通企业。但与新古典经济学相比，观察层次已经狭窄多了。虽然比新古典经济学的研究范围小得多，但正如斯普尔伯自己所说的：“它（中间层模型——作者注）遵循了新古典经济学的基本框架。”③

---

① Sanford J. Grossman and Oliver D. Hart, “The Costs and Benefits of Ownership: A Theory of Vertical and Lateral Integration”, *Journal of Political Economy*, Vol. 94, No. 4, Aug.1986, pp. 691-719; Oliver Hart and John Moore, “Property Rights and the Nature of the Firm”, *Journal of Political Economy*, Vol. 98, No. 6, Dec.1990, pp. 1119-1158.

② ［美］丹尼尔·F.斯普尔伯：《市场的微观结构——中间层组织与厂商理论》，张军译，中国人民大学出版社 2002 年版，第 27 页。

③ 同②，第 46 页。

三、新兴古典经济学中的流通组织理论

20 世纪 80 年代以来，以罗森（Rosen）、贝克尔（Becker）、杨小凯（Yang）、博兰（Boland）、黄有光（Ng）等为代表的经济学家，用超边际分析的方法，重新将古典经济学中关于分工和专业化的精彩思想变成决策和均衡模型。所谓新兴古典经济学（New Classical Economics），就是运用超边际分析的方法，将古典经济学复活。20 世纪 50 年代发展起来的非线性规划方法，为处理角点解创造了有效的分析工具。超边际分析要对每一个可能的角点解进行比较，也就是说要进行总效益—成本分析，从而选择最优角点解。

新兴古典企业理论认为，企业只是组织分工的一种形式，当劳动的交易效率高于中间产品市场的交易效率时，分工会通过劳动市场和企业来组织，从而产生企业。如果用来生产中间产品的劳动交易效率比用来生产最终产品的劳动交易效率高时，最终产品专家是企业的老板，反之，中间产品专家是老板。

对于流通组织的出现，新兴古典经济学认为是分工的结果，他们是这样解释的：当生产迂回链条不断加长，分工不断深化时，专业商人会出现，这时交易就出现了分层组织，专业商人在上层，专业生产各种产品的人在下层。处在分层组织下层的人只与商人打交道，而商人则与不同生产行业的人打交道。下层的专家通过上层的商人与其他下层生产专家交易。当交易效率不断改进时，会由于分工在越来越长的迂回生产链条中加深而使分工结构中的层次增加。不仅不同的行业会由于分工出现组织分层，而且在同一行业内部也会出现组织分层，“当交易效率进一步改进时，交易行业中出现了专门从事地区之间贸易的批发商和地方上直接与最终买者打交道的零售商，这使产品交易效率进一步提升，因而使生产中的分工提升……上层是批发商，他们只与零售商打交道，中层是各地的零售商，下层则是各类完全专业化的生产者。”①

对于流通组织的演进，他们认为，生产率的提升使人们可以选择较高的专业化水平，而较高的专业化水平反过来加速了经验积累和技能改进，

① 杨小凯、张永生：《新兴古典经济学与超边际分析》，社会科学文献出版社 2003 年版，第 142 页。

使生产率进一步提高。这样，便出现了良性循环，使分工演进加速进行。然而，提升的专业化水平是否能真正加速人们专业知识的累积速度，还取决于人们对最优分工水平的认识。这种认识和社会实验的效率有关。在缺乏有关组织信息的知识时，社会组织实验往往是从最简单的分工组织试起，因为简单组织的实验费用较低，这也可以解释为什么分工是一个从简单到复杂组织的渐进演化的过程。由此，杨小凯等认为可以解释何以中国在 19 世纪前经济长期停滞，"当时的统治阶级自认为他们自己知道最优的经济组织形态，推行一种重农抑商的产业政策，所以使得很多饰演不同经济组织结构的社会实验不能通过自由企业和自由价格制度进行，因此，中国人对经济组织的知识就长期停滞了"。① 他们主张政府无为而治，政府"要用自由企业制度和保护私人企业家剩余权等制度，让人民自由地利用价格制度去实验不同的组织结构"。②

杨小凯等人还利用他们开创的"超边际分析"框架，从劳动分工和专业化的角度来解释国际贸易问题，从而形成新兴古典贸易理论。按照他们的理论，分工可以促进专业化，提高生产率和贸易依存度，增加商业化和市场一体化程度，随着国内市场的一体化，国内贸易自然会延伸到国际贸易。国际贸易和国内贸易的原理都是一样的，它们都是折中专业化经济与节省交易费用之间两难冲突的结果。

四、企业史研究中的流通组织理论

钱德勒通过对纵向一体化大企业在西方主要工业国家兴起和发展的分析证明，管理型大企业崛起所创造的组织能力，是企业和国民经济持续竞争优势的源泉与经济扩张的动力，决定着企业和国家的兴衰。他所揭示的正是主流经济学的盲区：组织创新是"技术"进步的组成部分，对生产和销售中的管理系统与结构的投资是总资本形成的组成部分。

当钱德勒开始研究美国企业组织的结构变化时发现，自 20 世纪初以来，大企业组织演变的主要特征是越来越多的企业采用多部门的组织结构。这就是事业部制或所谓的 M 型组织结构，因此美国企业如何从原来

① 杨小凯、黄有光：《专业化与经济组织》，经济科学出版社 1999 年版，第 358 页。
② 同①，第 359 页。

的直线职能结构向多部门结构转变，就被钱德勒定义为大工商企业成长过程中组织转变问题的焦点。毫无疑问，转向这种新结构的决策是由企业管理者做出的。但历史经验表明，除非受到强大的压力，管理者很少会改变他们日常的惯例和权力地位。因此，创造新组织形式的决策取决于管理者意识到企业面临的紧迫需要和机会，而他们的相应决策就是一个战略问题。于是，钱德勒提出一个战略与结构互动的分析框架研究战略决策导致组织结构变化的过程。在对包括西尔斯这家大商业企业在内的四家大企业进行考察的基础上，他指出，创造新组织结构的真正原因并不是企业规模本身，而是在多样化扩张战略下，当企业开始在若干不同的地区市场或若干相关的产品市场上运营时，高级管理人员决策的多样性和复杂性不断增加。利用多部门的组织结构可以把对整个企业命运负责的高层经理从日常的经营活动中解脱出来，从而有时间并在心理上感到有义务去做长期的计划和评估；同时，它把日常管理的责任和必要权威置于市场上运营的事业部总经理手中。因此，在钱德勒看来，多部门结构的产生及扩散是因为它能更有效地协调大规模的生产和分销。

美国现代工商企业一方面是多部门的组织结构，另一方面是支薪的职业经理在企业管理职能上对企业主的替代，即“管理革命”。这个管理革命的结果就是“现代工商企业在协调经济活动和分配资源方面已取代了亚当·斯密的所谓市场力量的无形的手”。[①] 钱德勒把美国工商企业的发展划分为三个阶段：传统经济阶段（1790~1840）、大批量分销和大批量生产阶段（1840~1880）、大批量生产与大批量分销相结合产生的现代工商企业阶段（1880年以后）。现代工商企业的“管理革命”是在大量生产企业通过纵向合并或先横向后纵向合并这两种途径，将大批量分销结合进自己的经营过程中完成的。其中，涉及两个方面：一是协调生产和分销商的高通过量的需要，促使企业大量雇用职业经理；二是在合并过程中出现的管理集中化，产生了所有权和管理权的分离，导致支薪的职业经理逐渐控制了企业的管理。因此，在置于行政协调之下的组织过程比市场交易过程更有效率时，多部门并由支薪的职业经理管理的现代化工商企业就出现了。

向管理型大企业的过渡创造了组织能力的基础，由此发展的组织能力

---

① ［美］小艾尔弗雷德·D.钱德勒：《看得见的手——美国企业的管理革命》，重武译，商务印书馆2004年版，第1页。

是企业及一国经济持续竞争优势的源泉和经济扩张的动力，决定了企业和国家的兴衰。根据钱德勒的论述，19 世纪最后的 25 年中，生产技术的重大创新造成了可以利用由规模经济和范围经济所带来的空前成本优势的组织潜力。尤其是流通组织，充分利用了新技术带来的这种潜力进行组织创新，“企业家对此机遇的反映在分销领域比生产领域快得多，因为分销领域的创新主要是组织性的而非技术性的。他们对交通及通信领域的创新做出的反映几乎是最直接的”。[①] 钱德勒认为现代大企业的崛起在于企业家对大规模生产设施、销售系统和管理组织进行互相联系的三重投资，他指出：“在新的资本密集、寡头垄断的工业里，少数大竞争者再也不能依靠中间商。”[②] 随着规模越来越大，竞争越来越激烈，生产企业会进行投资后向合并采购业务，前向合并批发经销业务而实现一体化。无论是对生产设施的投资还是对销售系统的投资，钱德勒特别强调对管理组织的投资，因为它是使前两种投资产生预期经济效益的充分条件。通过对美国、英国和德国三个国家各选取 200 家最大的企业在 19 世纪 70 年代到 20 世纪 60 年代的发展情况的比较研究，钱德勒提出，尽管市场规模、政府政策、金融和教育体系存在差异，美国和德国企业在经济上的持续竞争优势和扩张动力，在于这两个国家少数先行企业对生产设施、销售系统和管理组织进行三重投资，形成的以组织结构为基础的组织能力。英国企业组织能力发展的阻碍在于，英国企业坚持个人或家族控制而在三重投资上迟缓。

五、演化经济学中的流通组织理论

演化经济学家卡尔多从批驳一般均衡理论的角度，认为一般均衡理论并没有反映真实的现实状态，因为主流经济学忽略了流通组织的存在，而正是流通组织的存在，才使现实呈现非均衡状态。他认为，一般均衡理论在瓦尔拉斯之后一百年来的发展只是后退而非进步，因为其假设的前提只是比从前更为严格从而也更为抽象。瓦尔拉斯均衡原本就是经济现象的一个“典型事例”，而这个“典型事例”通常与真实的经济过程是完全相反

① [美] 小艾尔弗雷德·D.钱德勒：《企业规模经济与范围经济》，张逸人等译，中国社会科学出版社 1999 年版，第 67–68 页。

② 同①，第 35 页。

的。均衡理论假设价格机制引导一切经济行为使市场趋于均衡，但价格机制发生的过程与瓦尔拉斯的设想完全不同。瓦尔拉斯均衡中只有生产者与消费者两类市场主体，他们既是买者又是卖者。在真实的市场中，商人和中间商这样的流通组织才是市场的制造者，是他们发起了价格变化来调整生产者的供给与消费者的需求，他们依靠“差价”为生，“差价”必须包括利润和存货成本以补偿未来市场价格跌落的风险。出售和购买的任何差异都会反映在存货上，这迫使流通组织必须同时调整其售价和买价以适应市场的动荡，价格变化的幅度取决于流通组织对商品价格的预期及对这种预期的坚信程度。数据证明商品价格的动荡通常十分剧烈，不幸的是，价格的动荡及与之相连的存货变化并不是一定的，只有关于未来供需的预期频繁变化时才会有价格调整，投机商人的存在更加剧了价格的运动。为了减少时刻面临的风险，流通组织会在高价时减少他们的存货，低价时增加货存量。商品市场的这些特点无法满足一般均衡理论的要求。由于商人等流通组织的存在，市场不是严格理论标准下供需均衡意义上的“市场出清”，市场中存量时时在变，即需求不是超过就是少于供给，即使最短时间内的交易也不是在统一的价格下进行的，市场价格每分钟都在变化。因此，卡尔多认为，由于流通组织的存在，无论在任何国家和地区，无论在任何严格的时间内，经济过程远非如一般均衡理论所描述的均衡过程，而是充斥着大量的失业与通胀现象的非均衡。[①]

六、管理学中的流通组织理论

新制度经济学的企业理论虽然曾经试图打开企业的“黑箱”，但是仍然是从一个企业整体的角度来探讨企业的产生，并没有说明企业经济活动的基本单元是什么。波特（1990）的价值链理论在这个方面弥补了经济学界的一个缺憾。波特将企业分解为一条价值活动的链条，它是“一个企业在一个特定产业内的各种活动的组合”，[②] 在这一链条上存在着两类活动，即基本活动和辅助活动。从波特的价值链理论中可以看出，企业经

---

① Nicholas Kaldor, *Causes of Growth and Stagnation in the World Economy*, New York: Cambridge University Press, 1996, p.13.

② [美] 波特：《竞争优势》，陈小悦译，华夏出版社 2003 年版，第 40 页。

济活动的基本单元在于一个个的价值活动，而在这些价值活动单元之间存在着价值的传递，这些价值活动最终的目的是要为顾客创造价值。这里的价值从概念上，并不同于马克思所说的由无差别的人类劳动所创造的，而更多体现于使用价值上，因此从本质上讲，这里的价值是效用。

价值链的概念是在某个企业内部，波特又将这个概念扩展，认为在整个产业中存在着一个价值体系。通俗地说，价值体系就是产业中各个组成部分的价值链所连接而成的网络结构。因此，在整个产业中，企业的价值活动则体现为整个价值体系的一部分。这个价值体系由该产业中其他企业、供应商、客户、潜在竞争者以及替代竞争者的价值链组成。可以说，某个企业价值链一旦融入到整个价值体系中，那么原先价值链中各个活动单元就可能与不同价值链上的活动单元相连接，这就为生产企业与生产企业、生产企业与流通企业、流通企业与流通企业之间的融合以及企业同市场之间的融合创造了有利的条件。

价值链和价值体系的理论能够有效地解释现阶段企业组织结构中所呈现的特点。如果将企业经济活动的基本单元理解为价值活动，那么就会得出这样的结论，价值是具有同质性的，企业活动的最终目的就是为了传递价值并且创造价值，因而，原先的将企业同市场截然对立起来的观点就存在着很大的缺陷。因为企业中的各个活动单元都可以作为价值活动的独立个体而存在，那么这些单元之间互相传递价值的活动就没有必要在原先的一个企业内部进行，而原来意义上的企业同企业之间的联系，就可以通过企业中某几个价值活动单元之间的联系来实现。这也正是企业业务流程再造的基本原理所在。

于是，企业的价值链逐渐被打破，各个活动单元开始同其他企业中的活动单元结合起来，企业的界限变得越来越模糊，各个价值活动单元连接在一起，组成了一个网络式的结构，原先意义上的企业仅仅剩下一个虚名而已。这种网络式的组织结构有许多具体形式，如目前流行的供应链管理模式。

供应链管理（Supply Chain Management，SCM）最初的论文，是 1983 年和 1984 年发表在《哈佛商业评论》上的两篇论文，[①] 此后，SCM 的基本

① Peter Kraljic，“Purchasing must Become Supply Management”，*Harvard Business Review*，September-October 1983（5）：109-117；Shapiro Roy D.，“Get Leverage from Logistics”，*Harvard Business Review*，Vol. 62，No.3，1984，pp.119-127.

思想和相关理论在美国开始迅速发展。到20世纪90年代初，关于SCM的文献大量出现，代表人物为哈默（Hammer Michael）与钱皮（Champy James）等。顾名思义，所谓供应链就是一条从供应商到制造商再到分销商的贯穿所有企业的"链"，由于相邻阶段企业会表现出一种需求和供应的关系，当把所有相邻企业以此联系起来，便形成了供应链。供应链理念在企业中的表现是：由纵向一体化转为横向一体化，从局部战略转向整体战略，从单体利益转向群体共同利益；使供应商、生产商、销售商结成一个网链结构，所有供应链成员结成信息共享、风险共担、优势互补、合作共赢的战略伙伴关系。供应链管理的思想，是要把整条"链"看做一个集成组织，把"链"上的各个企业都看做合作伙伴，对整条"链"进行集成管理。供应链管理的目的，主要是通过"链"上各个企业之间的合作和分工，致力于整个"链"上物流、商流（链上各个企业之间的关系形态）、信息流和资金流的合理性和优化，从而提高整条"链"的竞争能力。企业建立供应链伙伴关系并不要求供应链上企业数目有多庞大，而是强调有效控制供应商数量，以建立长期稳定的供应商、用户伙伴关系。因此，建立战略联盟以后，企业可以拥有少数稳定而精要的供应商，从供应链整体进行生产与流通的平衡，从而在减少供货风险的同时降低库存，达到提高供应链中企业的综合竞争力的目标。这种网络式的组织结构比传统意义上的企业的权威性来说，更为松散，更加有自由性；而比起传统意义上的市场组织来说，一定程度上其更有行政上的协调性。因此，这种网络式的组织结构兼有企业的优势，又有市场的优势。

七、总体评价

新古典经济学的研究方法是导致流通组织理论缺失的关键原因。西方经济学"假设—推理"两阶段的公理性研究方法决定了理论基于对现实的抽象，而抽象难免会导致某些经济现象的剥离。在新古典经济学的理论框架下，为了分析市场对于资源配置的有效性，新古典经济学假设生产者和消费者直接见面，市场完全竞争、供求自动均衡、自动出清，从而舍弃了客观上存在于两者之间的媒介要素——流通组织，这是理论研究的一个既定前提。于是，当纯生产者和纯消费者被假定时，经济学研究的重点就从专业化经济组织问题转向了给定组织结构下的资源配置问题。经济组织

（生产组织与流通组织）为什么从自给自足状态变得越来越专业化？企业和市场为什么会出现并变得越来越复杂？新古典经济学都无法解释。因此，新古典经济学理论只研究生产者行为、消费者行为和市场理论，却没有专门的组织理论，更没有专门的流通组织理论。至于国际经济学中出现的那些研究，卢森贝认为，“固然，资产阶级经济学家在流通部分考察商品流通、商业、信贷，即只有在商品资本主义体系中才发生的那些东西。但是，第一，就是在这里他们也把注意力集中到技术因素上，即集中到商业的、信贷的和其他一切的业务上。这样提出问题，流通就同生产没什么原则上的区别，而成为生产的一种变种了。第二，同样地，流通也就不受生产制约，不由生产方式决定”。①

新制度经济学否定了新古典经济学把市场假设为同质、完全竞争、信息对称等的完美市场这种不切实际的假设，引入交易成本来模拟市场交易和价格形成过程中的种种“阻力”，不仅为价格的形成和运行提供了良好的机理解释，而且提供了如何提高现实市场中的交易效率、降低交易成本以求达到帕累托次优均衡的可行性理论，从而在西方经济学界创立了一种新的范式。它打破了西方传统经济学研究的界域，将企业组织这种人与人的权利关系纳入到了经济学分析框架中。尽管对人的经济行为分析，成为现代经济学中不同范式经济学方法论的共同起点，但新制度所研究的“经济人”，不过是对新古典学派的“完全理性”经济人修正为“有限理性”经济人而已，是在既定历史前提下来研究“经济人”，并不是马克思所说的“历史的、现实的人”，为此马克思曾批评道：“在他们看来，新的科学不是他们那个时代的关系和需要的表现，而是永恒的理性的表现，新的科学所发现的生产和交换的规律，不是历史地规定的经济活动形式的规律，而是永恒的自然规律：它们是从人的本性中引申出来的。但是，仔细观察一下，这个人就是当时正在向资产者转变的中等市民，而他的本性就是在当时的历史地规定的关系中从事工业和贸易。”② 显然，从研究的出发点来看，新制度经济学中的“经济人”是一种共时性的认识，而不是一种历时性的认识。

从新制度经济学的研究内容来看，以科斯为代表的新制度经济学超越

① ［苏］卢森贝：《〈资本论〉注释》，赵木斋等译，生活·读书·新知三联书店 1963 年版，第 12 页。
②《马克思恩格斯全集》第 20 卷，人民出版社 1971 年版，第 165 页。

了新古典经济学的分析框架，论证了企业存在的原因，尤其是威廉姆森与不完全契约理论从不同的侧面来挖掘大企业的一体化与治理结构，从交易费用范畴的起源上看，应该承认它有重要的理论意义和现实意义。但新制度经济学把对企业理论的研究仅仅局限于交易领域，将所有企业组织及其内部的一切经济范畴定义为抽象的合同关系或治理结构，并采用现实体制的静态比较方法，显然走向了极端。这样企业组织或企业组织内部的一切经济范畴就成为交易关系的各种不同名称，如内部交易、外部交易和交易费用。这种抽象把包含着生产组织或流通组织具体历史发展过程的所有差别抛掉，"时而抛掉这一方面，时而抛掉那一方面，以便时而从这一方面，时而从那一方面来制造同一性"。[①] 尽管是以交易费用为分析工具，但新制度学派同新古典学派一样，都认为流通活动纯粹是一种微观经济主体的行为，商品流通是自动实现的；流通企业也是一种企业，与其他企业没有什么实质性差异，这种仅仅停留于事物表层的分析，是不可能揭示流通组织的内部结构及运动规律的。

杨小凯等人开创的新兴古典经济学利用超边际分析方法，复苏了斯密关于劳动分工的重要思想。他们认为随着交易效率的不断改进，劳动分工演进会发生，而流通组织的不断专业化及其演进都是这个演进过程的一种表现。虽然新兴古典经济学企图在修正新古典边际分析方法的基础上，从一般均衡和比较静态角度将分工、经济组织和交易费用完全统一在一个理论体系中，但是，这种努力是失败的。因为"分工在其理论中仍是一个黑框"，[②] 他们所谓的一般均衡角度只是一种假定供求均衡条件下的最优分析方法，无论是外生交易费用还是内生交易费用概念，都没有突破新兴古典经济学的局限。可见，新兴古典经济学没能真正地从历史的角度来把握分工、技术、经济组织诸多范畴之间的关系，而且新兴古典经济学没有区分市场上的劳动分工和企业内部的劳动分工，从而忽略了企业作为递增报酬实现者的内部机制。

钱德勒所诠释的历史证明，工商企业是通过其组织能力的发展，在美国、英国和德国的工业经济发展中发挥了中心作用。这个主题一反主流经济学的观点，后者对经济增长的研究依靠生产函数的概念，即把产出的增

---

① 《马克思恩格斯全集》第 46 卷（上），人民出版社 1979 年版，第 203 页。

② 刘元春：《交易费用分析框架的政治经济学批判》，经济科学出版社 2001 年版，第 150 页。

长源泉处理成生产要素——劳动、资本和土地的增长，或这些要素生产率的增长。但对钱德勒来说，美国和德国超过英国的决定性因素并不仅仅是对物质资本的投资率，也不是政府、企业家个人品质或文化等因素（虽然这些因素都起作用），而是支撑了纵向一体化大企业发展的专业管理和组织体系的发展。钱德勒所阐明的正是主流经济学的盲区："看得见的手"的重要作用。钱德勒的论点最有可能引起争议的是，他把产生组织创新的原因全部归结为技术。他的逻辑是，只有技术进步带来潜在的速度经济效益时，企业组织结构才会因实现这种效益的要求而发生变化；正是不同的生产技术使不同的工业有不同的速度经济，所以现代大企业才会集中于资本密集型工业，而不是劳动密集型工业。然而，正如他自己所说，保持高额通过量需要管理结构的协调和控制。但管理控制不仅是技术性的，而且是社会性的。由于钱德勒把劳动问题排除在视野之外，显然忽略了速度经济实现过程中的社会关系和人力资源的利用问题。尽管如此，把速度经济而不是交易费用看做企业存在的基本经济原理，使它区别于新兴古典经济学理论框架下的企业理论，把企业内部的组织过程和管理活动看做生产率的源泉。

卡尔多从流通组织的存在入手，论证了一般均衡理论的荒谬性，借此指出了被主流经济学家忽略的一个组织——流通组织。在批驳均衡理论的过程中，卡尔多认为，正是流通组织的出现使价格瞬息万变，流通组织依靠价差来获得生存，流通组织才是真正的市场制造者。卡尔多从一个大家都熟视无睹的现象入手，对新兴古典经济学的正统理念提出了挑战，运用现代动态的分析方法来揭示经济发展的过程及制度变迁，并试图重构经济学的分析范式。但是，卡尔多的论证目的在于批驳均衡理论的错误，所以它仅仅是从流通组织的存在入手，缺乏对流通组织进一步的深入的经济学分析。

管理学中的流通组织理论从现实性出发，根据企业变化趋势，由企业的纵向一体化转向对企业的横向一体化研究，对当前的流通组织作了管理学角度的分析，从一个系统的角度去看待生产组织与流通组织的关系，这无疑是一个明显的进步。供应链与价值链统一于企业及其管理实践之中，二者分别对具体的企业及业务，如物流、资金流、信息流等进行了分析。然而，在管理学视角中的流通组织并没有一个统一的分析框架，没有一个经济学的基础分析，主要是从具体的管理层面入手的，这样就缺乏一个历史的分析态度，不能从历史的辩证的层面去看待流通组织的历史演进。

总之，西方流通组织理论的研究经历了一个从无到有、从静态到动态、从简单到复杂、从抽象到具体、从个体到系统、从同质到异质的发展历程。尽管不同的学派都各自提供了一种分析的视角，但由于没有一个合理的方法论指导，在很多方面还有待商榷。

第三节　两种流通组织理论研究的比较

通过对两种流通组织理论研究的考察就会发现，马克思主义经济学与西方经济学理论体系对流通组织问题的研究在以下方面是不同的。

一、两种理论体系研究的视角不同

马克思主义经济学将流通组织作为社会大生产的一个重要方面，从系统方法与发展方法出发，马克思主义反对机械的决定论，认为生产组织与流通组织之间不是简单的决定与被决定的关系，而是共同组成了社会化大生产的有机系统。马克思的流通组织理论是在生产组织与流通组织的动态结合中展开分析的。西方经济学各学派主要从财富的源泉、交换的实现等视角研究流通组织问题。古典经济学时期的重商主义将社会财富的源泉归结于流通领域，认为发展商业可以扩大一个国家财富的源泉。斯密和李嘉图则从分工、交换的视角研究了商贸流通问题。新制度经济学通过引入交易费用理论来研究流通问题，拓宽了流通组织理论的研究范围，但这实际上也是从交换实现的角度来进行研究。新兴古典经济学把商贸流通理论重新纳入经济学研究范围之中，理论的重要内容包括产品和劳务的交换与流通。在新兴古典经济学的理论框架内，交换的产生、贸易的形成、批发与零售的分工、流通渠道的演化等流通问题都以规范的形式进行阐述，这为流通组织理论的发展提供了新的分析工具和理论依据。

二、两种理论体系研究的主要问题不同

尽管马克思主义经济学与西方经济学都研究了流通组织问题，但由于两者研究的视角不同，导致两者研究的主要问题也不相同。马克思主义经济学将流通组织作为社会再生产的一个环节，从商品的内在矛盾出发来研究流通组织。马克思主义经济学不仅从流通本身在再生产中的职能来研究生产组织中的流通问题，而且从分工的视角单纯研究流通组织的产生、运作、规模等问题，在社会大生产过程的研究中揭示了流通组织的实质。因此，从总体上看，马克思主义经济学的流通组织理论具有系统性和全面性特征。与马克思主义经济学相比较，西方经济学的流通组织理论相对狭隘。古典经济学从财富源泉与交换的角度研究流通。新古典经济学由于把经济学研究对象限制在狭窄的资源配置角度，导致分工、专业化等问题都淡出经济学的研究视野，进而导致商贸流通理论也淡出了理论经济学的研究视野。这造成新古典经济学能解释资源配置问题，但无法解释经济发展问题，诸如城乡关系、二元经济结构、国内贸易、商品流通等问题也都无法从西方主流经济学中寻求可信的解释。新制度经济学仅仅从交易费用角度进行研究，究其实质，新制度经济学也是新古典范式的分析。

三、两种理论体系研究的范式不同

马克思主义经济学是从理论范式视角来研究流通组织理论的。马克思主义经济学通过对当时资本主义经济中商品流通现象的观察，依据劳动价值理论，通过抽象归纳，形成了系统的流通组织理论，以整体视野和历史视野对流通组织涉及的一系列问题进行了广泛研究。以马克思主义理论范式为基础形成的流通组织理论，不仅视野宽广而且内容系统。西方经济学则以应用范式为视角研究流通组织理论。古典经济学研究商贸流通问题的目的是为了解释财富的源泉，解释流通对市场形成的作用，并通过对这些作用的解释研究经济增长问题。新制度经济学研究商贸流通问题是为了解释交易中的摩擦现象。西方经济学中的区域经济学和城市经济学、产业组织理论也是从应用范式角度来研究流通问题的，但以此形成的西方经济学流通组织理论缺乏系统性和理论高度。

第四节　马克思主义分析框架下流通组织的全新解读

一、速度的经济性

既然流通组织是执行从生产组织向消费者转移的功能，因此如何最快地进行产品周转实现价值，实现商品从生产领域向消费领域转移过程中的时间节约，也就是实现速度的经济性，便成为流通组织的内在要求。“速度经济”一词最早由美国经济学家小艾尔弗雷德·D.钱德勒在《看得见的手——美国企业的管理革命》一书中提出，“现代化的大量生产与现代化的大量分配以及现代化的运输和通信一样，其经济性主要来自速度，而非规模”。[①] 这里所谓的“速度”不是指发展速度，而主要是指企业基于对市场竞争的应变能力而对市场变化的反应速度，“速度”已经成为赢得竞争的决定性因素。速度经济是相对于规模经济而言的，它更强调企业对市场的变化作出快速反应。对于企业来说，规模经济无疑是重要而又必须的，没有规模就没有成本优势。然而，随着市场竞争激烈程度的加剧，速度经济显得更为重要。现在市场上流行的一句谚语——“不是大鱼吃小鱼，而是快鱼吃慢鱼”，生动形象地说明了速度经济对企业发展的重要性。

时间在现代生活中扮演越来越重要的角色，是“速度经济”发展价值的根本所在。时间的有限性正是这个世界为什么存在“价值”概念的根源。价值的本质是时间的有限性，按照经济学的说法，是作为一种最根本资源的时间的稀缺性。从亚当·斯密开始，经济学就把时间作为价值的度量。马克思在《政治经济学批判》中曾指出：“真正的经济——节约是劳动时间的节约（生产费用的最低限度和降低到最低限度）。而这种节约就等于发展生产力。”[②]

---

① [美] 小艾尔弗雷德·D.钱德勒：《看得见的手——美国企业的管理革命》，重武译，商务印书馆 2004 年版，第 281 页。

②《马克思恩格斯全集》第 46 卷（下），人民出版社 1980 年版，第 225 页。

为了节约时间，就要对生产活动中的时间进行核算，以求在一定的时间里生产更多的商品。马克思在《资本论》开篇对商品进行分析时，是从商品的质和量两个方面进行观察和剖析的。从质的规定性上讲，价值是无差别的一般人类劳动的凝结；从量的方面看，逻辑的必然在于价值就是凝结的或物化的劳动量，而衡量劳动量的尺度，就是生产商品所耗费的劳动时间。当马克思把这个分析进一步放在社会经济活动中时，时间尺度便褪去个别性而成为社会性的一般尺度，具有了普遍性，这就是“社会必要劳动时间”。马克思说：“只是社会必要劳动量，或生产使用价值的社会必要劳动时间，决定该使用价值的价值量。”[①] 至此，劳动量的尺度明确和清晰了。在这种时间尺度下，企业经营者必然力图通过提高劳动生产率，使自己企业的个别劳动时间少于社会必要劳动时间，个别价值低于社会价值，以获取超额利润并力图在竞争中处于优势地位。

马克思认为，在资本循环中，资本循环的全部时间是生产时间和流通时间的总和，生产时间是资本停留在生产领域的时间，流通时间是资本停留在流通领域的时间。马克思指出，流通时间的长短对资本循环非常重要，“流通时间的长短不一会造成周转时间，从而造成周转期间的长短不一”。[②] 流通时间由购买时间和出售时间构成。就出售时间而言，它是指资本处在商品资本形态的时间，出售时间在流通时间中具有决定性的意义。流通时间在很大程度上是依出售时间的相对长短来延长或缩短的。出售时间由商品资本的储备时间、运往市场的时间和市场上等待出售的时间三部分构成，影响出售时间的因素归纳起来，大致包括商品的生产地点与销售市场的距离、交通运输条件、市场的供求状况等几个方面。就购买时间而言，它是指资本处在货币形态的时间，即资本从货币形式转化为生产资本要素的时间。购买时间的长短同样影响流通时间和资本周转速度，影响预付的资本量和资本预付时间。影响购买时间的因素主要是原料主要供应地的远近、交通运输条件等。总之，流通时间的长短不一，会影响资本的周转或表现为对生产时间的限制。马克思认为这两部分时间之间是彼此排斥的，“流通时间的延长和缩短，对于生产时间的缩短或延长，或者说，对于一定量资本作为生产资本执行职能的规模的缩短或延长，起了一种消极

① 《马克思恩格斯全集》第 23 卷，人民出版社 1972 年版，第 52 页。
② 《马克思恩格斯全集》第 24 卷，人民出版社 1972 年版，第 276 页。

限制的作用。资本在流通中的形态变化越成为仅仅观念上的现象，也就是说，流通时间越等于零或近于零，资本的职能就越大，资本的生产效率就越高，它的自行增值就越大”。[①] 马克思虽然在这里是从资本循环的角度论述流通时间，但从流通组织的角度来说，由于流通组织的目标与流通资本执行的职能是一样的，或者说流通组织就是促进流通时间的节约而产生的，因此这里关于流通时间的观点对于流通组织也是适用的。

对于流通组织而言，时间日益成为企业运营中的基本变量。在传统管理中，成本领先和差异化是企业获取竞争优势的两种最基本的形式，但是，企业要获得成本领先优势或差异化优势，都必须以企业对环境变化的快速反应为前提。如果企业不能在一定的时间内建立起成本领先优势或差异化优势，市场机会一旦消失，则这些优势将毫无意义。因此，基于时间的竞争是其他竞争的基础，获得时间优势是企业获得总体竞争优势的保证，对顾客需求的反应速度是企业竞争优势的关键来源。企业以前通过规模经济、低成本和高质量获得竞争优势，而现在要基于时间竞争获得竞争优势。

二、空间的拓展

流通组织的演进不仅体现在时间的经济性上，同时体现在空间的经济性上。“商品世界的流通过程，由于每一个单个商品都要通过 W-G-W 这个流通，就表现为无数不同地点不断结束又不断重新开始的这种运动的无限错综的疑团锁链。”[②] 对流通组织的演进而言，每一个流通组织都有其相对固定的服务范围——商圈，因而流通组织必须要以空间为依托进行布局和集聚，并在店铺和集聚地之间展开多层次的竞争。当某个流通组织向特定区域集聚时，就会在该区域形成交易中心地，交易活动便以此为中心向其周边地区辐射，从而形成市场空间。集中在交易中心地的流通组织将围绕该市场空间内的消费者展开竞争，同时，这些流通组织又作为一个整体而与其他交易中心地的流通组织展开竞争，即相互争夺市场空间。其竞争的结果是形成了一个个相对独立的市场空间。一般而言，流通组织的流通

---

①《马克思恩格斯全集》第 24 卷，人民出版社 1972 年版，第 142 页。
②《马克思恩格斯全集》第 13 卷，人民出版社 1962 年版，第 84 页。

空间包含两个方面：一方面是指商品流通运行在地理空间上的延展，即以流通组织为核心的，由商品供应（销售）所能辐射到各个消费者之间构成的空间范围；另一方面是指各种流通组织在不同形式、不同状态下的并存序列，各种不同形式和状态的流通组织形成各个节点，进而形成流通网络，所以流通空间也包含不同流通组织形成的流通网络。

流通组织演进的目的就是要更快更好地实现商品的价值，这就决定了流通组织在流通空间上的不断拓展。正如马克思所说的，“由于需要不断扩大产品的销路，资产阶级就不得不奔走于全球各地。它不得不到处钻营，到处落户，到处建立联系”。[①] 这样，世界市场的形成就成为流通组织在空间上不断扩张的结果。马克思认为，资本天生所具有的对利润的追求和扩张冲动，使自身处于不断积累膨胀的状态，使以资本为基础的生产处于不断扩大的循环运动之中。随着资本的发展和在国内取得统治地位，生产与消费、供给与需求之间的矛盾变得日益突出，国内市场变得越来越狭小，以致不能满足资本扩张的需要而成为其发展的障碍。于是，资本就按照自身发展的逻辑，突破民族国家的界限走向世界，它打破一切狭隘闭塞的自然经济的基础，将资本主义生产方式传播到世界各地，因此它本身也发展成为世界市场总体。对此，马克思精辟地指出：“资本一方面具有创造越来越多的剩余劳动的趋势，同样，它也具有创造越来越多的交换地点的补充趋势……从本质上说，就是推广以资本为基础的生产或与资本相适应的生产方式。创造世界市场的趋势已经直接包含在资本的概念本身中。”[②] 所以随着商品流通的越来越发达，生产和交换的经济条件完全在“世界市场”这一概念之中体现出来。

这样“资产阶级既然榨取全世界的市场，这就使一切国家的生产和消费都成为世界性的了。……旧的民族工业部门被消灭了，并且每天都还在被消灭着。它们被新的工业部门排挤掉了，因为建立新的工业部门已经成为一切文明民族的生命攸关的问题；这些部门拿来加工制造的，已经不是本地的原料，而是从地球上极其遥远的地区运来的原料；它们所出产的产品已经不仅仅供本国内部消费，而且供世界各地消费。旧的需要为新的需要所代替，旧的需要是用国货就能满足的，而新的需要却要靠非常遥远的

①《马克思恩格斯全集》第4卷，人民出版社1958年版，第469页。

②《马克思恩格斯全集》第46卷（上），人民出版社1979年版，第391页。

国家和气候悬殊地带的产品才能满足了”。[①] 流通组织在世界的空间拓展使全球化趋势形成。

三、流通组织的本质：时间消灭空间

对于流通组织而言，随着商品的规模越来越大，生产要素的分布范围越来越广，产销的空间距离也就越来越大。“这个空间要素是重要的，因为市场的扩大，产品交换的可能性都同它有关系。”[②] 然而，流通组织的实现时间却不能随之延长。“时间要素，这本质上属于流通概念。”[③] 流通时间越长，流通成本也就越高，从而对整个生产过程中所创造的价值的损耗也就越多，这意味着对价值增殖起着一种消极的限制作用。于是，流通组织一方面要求速度的经济性，要求以速度取胜，而另一方面则存在空间距离的不断拓展，这样时间与空间便形成尖锐的矛盾。这种时空矛盾，在现代市场经济条件下，成为流通组织不断演进的外在表现。矛盾的解决来源于矛盾本身，流通组织正是由于提供了不断解决这一时空矛盾的基本途径——“时间消灭空间”而获得了自身发展的动力。

所谓“时间消灭空间”，就是说，“把商品从一个地方转移到另一个地方所花费的时间缩减到最低限度。资本越发展，从而资本借以流通的市场，构成资本空间流通道路的市场越扩大，资本同时也就越是力求在空间上更加扩大市场，力求用时间去更多地消灭空间”。[④] 马克思认为“资本一方面要力求摧毁交往及交换的一切地方限制，夺得整个地球作为它的市场，另一方面，它又力求用时间去消灭空间”。[⑤] 可以说，从 19 世纪中期起，资本主义借助铁路等交通技术，借助电报等通信技术，大大改变了空间的配置。由于强大的对外贸易扩张的意志，资本主义必须重绘全球地貌图。戴维·哈维（David Harvey）也认为社会要发展必须要用时间来消灭空间，“确实，进步必须征服空间，拆毁一切空间障碍，最终‘通过时间消

① 《马克思恩格斯全集》第 4 卷，人民出版社 1958 年版，第 469–470 页。
② 《马克思恩格斯全集》第 46 卷（下），人民出版社 1980 年版，第 27 页。
③ 同②，第 28 页。
④⑤ 同②，第 33 页。

灭空间'。把空间变成一个附带的范畴，隐含在进步概念的本身之中”，[①]因此，“开创世界市场、减少空间障碍、通过时间消灭空间的激励因素无所不在”。[②]资本的伟大本能就是要穿透各种空间障碍，这实际上是全球化的动力，资本要不断地寻找新的地盘，不断地将非资本领域资本化。空间就是在这样的资本和贸易的力量下得以重新铸造和组织。空间自身的固有屏障在资本的流动本能之下崩溃了。

时间消灭空间的趋势一直顽强地存在，它在20世纪60年代后获得了激进的蜕变。电子技术与网络技术的发展，把世界的各种空间打碎成一个个碎片，不论它们来自地球上哪一个空间，都能够快速地在同一个空间中拼贴在一起。现代的大型购物中心就是各种商品的汇聚地，这些商品的身份和起源都被隐藏起来。衡量各种商品价值的不再是本国的社会必要劳动时间，而是国际范围内的社会必要劳动时间。世界在始终存在于社会发展动力之核心的通过时间消灭空间的过程中，变得越来越小，市场的扩大与融合变得越来越频繁。

时间消灭空间虽然是流通组织发展的动力，然而一味地压缩时间则有可能产生时间陷阱或加速陷阱。Stalk和Webber以日本电子零售业为例，认为市场上品种越来越多，品种更新速度越来越快，但从生产商到零售商都感觉没有取得任何竞争优势，更没有获得预期的利润，经理和员工被这种无休止的快节奏搞得筋疲力尽。这种景象被称为时间的黑暗面。[③]造成时间陷阱的原因主要有三个：其一，众多企业采用相同的单一基于时间竞争的技术。Stalk和Webber文中所提到的日本电子零售业中的各家商店，就是采用了相同的一味快速响应策略而陷入了时间的黑暗面中。其二，只是从提高效率的角度对企业流程进行时间压缩和重组，这种效率的提高却并没有满足或创造任何顾客需求。单位时间内可以生产更多的产品或提供更多的服务，但这种产品或服务却没有得到顾客认可，因而不仅不能创造预期的利益，反而会因盲目发展导致企业损失。其三，没有从战略角度来协调发展。这意味着任何战略的实施都是一项系统工程，战略意图、实施步骤和顾客需求以及工厂生产能力和员工技能有着紧密联系，和企业的内

① [美] 戴维·哈维：《后现代的状况》，阎嘉译，商务印书馆2003年版，第257页。

② 同①，第290页。

③ George Stalk Jr., Alan M. Webber, “Japan's Dark Side of Time”, *Harvard Business Review*, Vol.71, No.4, July-August 1993, pp.93-102.

外部环境之间存在着相互作用。此外，时间战略与成本、质量、柔性等多种战略结合运用也是重要的，各种战略能相互补充，相得益彰。时间陷阱的出现并非是时间本身的问题，而是如何正确应用基于时间竞争的问题。Stalk 和 Webber 认为这种情况对管理者提出了更高的要求，即不仅要善于守成，还要善于创业，去紧密联系顾客创造新的需求。

既然时间不断地消灭空间，那么是否空间就没有存在的必要了呢？对此哈维认为，“空间障碍的崩溃并不意味着空间的意义正在减少”。[①] 任何组织或社会都是时间与空间二维向量的统一体，那些以时间来消灭空间的流通组织利用现代化的技术实现了空间障碍的消除，获得了一定的竞争力，拥有了一定的竞争区域，正因为消除空间障碍给了企业经营者以力量去利用片刻的空间区别来获得更好的效果，所以“空间所包含的内容中的细小差别变得越发有意义，支配空间的优势在阶级斗争中甚至成了更为重要的武器”。[②] 看来，矛盾的解决存在于矛盾本身，旧的矛盾蕴藏着新的矛盾，空间障碍的崩溃又创造出了新的空间，积极地创造具有空间特质的各种区域，成为流通组织在空间竞争方面的重要标志。这样，在时间不断消灭空间的过程中，越是消除空间障碍，人们对空间的构建越为敏感，对竞争区域的独特性越为专注，对流通组织以不同的方式来拓展市场的刺激就越大。时间与空间在流通组织中成为矛盾，然而二者矛盾的解决是以新的空间的产生为结果的，新的空间又孕育着新的矛盾，如此流通组织便在时间消灭空间—新的空间产生—时间消灭空间—更新的空间产生……这样一个动态发展过程中不断地向前演进。

因此，流通组织的时间与空间的对立统一过程也就是流通组织的演进过程，时间消灭空间，现有空间不断被消灭，而新的空间又不断产生，现有空间与新的空间时间上继起，格局上完全不同，新的空间是流通组织新的竞争力量主导的结果。

四、流通组织与生产组织的异同

既然流通组织作为以商品流通活动为业的企业组织，本质是时间消灭

① [美] 戴维·哈维：《后现代的状况》，阎嘉译，商务印书馆 2003 年版，第 367 页。
② 同①，第 368 页。

空间，是时间与空间的对立统一体，那么与以商品生产活动为业的生产组织有什么异同呢？功能上的不同，并不足以说明流通组织与生产组织的不同，针对本书上述对流通组织内在规定性的分析，本书认为生产组织在内在规定性上是追求时间经济性的企业组织。

对于生产组织的内在规定性，马克思一直贯穿在他的经济理论中，马克思是从他整个体系的基石——劳动价值论入手来进行分析的。他认为，商品世界的原子——商品是按价值来交换的，商品等价交换，衡量价值的尺度是时间，生产商品的社会必要劳动时间决定商品的社会价值。在社会必要劳动时间一定的情况下，如果某一生产组织的劳动时间低于社会必要劳动时间，则这个生产者就能够实现自己的价值，并在竞争中获胜；相反，如果某一生产组织的劳动时间高于社会必要劳动时间，则这个生产者就不能实现自己的商品价值，就会在竞争中被淘汰。

在资本主义条件下，马克思认为，劳动时间作为形成价值的时间又可分为必要劳动时间和剩余劳动时间两个部分，他指出："劳动时间的每个相应部分都由一部分必要劳动时间和一部分剩余劳动时间构成。"[①] 必要劳动时间是劳动力价值再生产所需要的时间，而剩余劳动时间则是剩余价值生产的时间。在工作日长度一定的情况下，必要劳动时间与剩余劳动时间是此消彼长的关系，必要劳动时间和剩余劳动时间只能呈相反方向变动，即必要劳动时间越长，则剩余劳动时间就越短；反之，情况相反。作为企业而言，逐利的本性使资本家必然要无限度地延长剩余劳动时间。但是工作日长度是一定的，因而在资本家绝对地延长剩余劳动时间的空间越来越小的情况下，资本家开始压缩必要劳动时间，而相应地延长剩余劳动时间，这种相对剩余价值方法开始大行其道，成为资本家获取剩余价值的主要方法。相对剩余价值方法是全社会劳动生产率提高的必然结果，不断地提高劳动生产率是延长剩余劳动时间的必然途径，是资本家获取利润的必然途径。

在这里，似乎关于生产组织的时间经济性的逻辑是混乱的，因为我们一开始就指出，在社会必要劳动时间一定的情况下，个别生产组织的生产商品的劳动时间越少越有竞争力，而随后又指出剩余劳动时间越长，利润越大，这似乎是矛盾的。其实，对于剩余劳动时间的说明，是一个总量分

---

①《马克思恩格斯全集》第46卷（下），人民出版社1980年版，第72页。

析，只是说明剩余价值的来源是在剩余时间内生产的，资本家的利润是靠剩余时间的长短来衡量的，剩余时间越长，利润就越高，剩余时间越短，利润就越低，这显然是一个事实。然而，需要说明的是，作为资本家来说，逐利的基本点要落到在剩余时间内生产出来的商品的单位时间上，如果剩余时间很长，但生产出来的商品数量很少，一样不能获利。因此，在一定剩余时间内，如果生产出来的商品很多，则单位商品所包含的时间就很少，这样个别劳动时间就低于社会必要劳动时间，从而使商品的个别价值低于社会价值，这个企业就能够获得更多的剩余价值，即超额剩余价值。所以，关于剩余时间的分析与前面关于一般时间的分析是一致的，时间的经济性是任何生产组织都要面对并不断追求的本能。作为一个生产组织，它整个经济活动的中心就是围绕时间来展开的。时间决定着它的存亡，它的发展、生产组织的本质就在于追求时间的经济性。

流通组织与生产组织在内在规定性上的不同，必然使流通组织呈现出不同于生产组织的演进规律与特征。

当然流通组织与生产组织也有相同之处，二者都是企业组织，都要遵循企业组织的一般规定，正如我们在前面所说的，无论生产组织还是流通组织，都要从生产力与生产关系相统一的角度来认识企业的性质，从历史与逻辑相统一的角度来分析企业的起源，从静态分析方法与动态分析方法相结合的角度来探究企业形态的演化。

第三章　生产方式演进中的流通组织：从福特制到后福特制

在生产方式的演进中，新的竞争环境会使企业组织产生一个动态变迁过程。正如生产组织经历了一个从福特制到后福特制的过程，流通组织也有一个相应的调整。在单一而稳定的福特制生产方式下，流通组织与生产组织一体化为规模庞大的组织；随着信息技术的发展和市场需求的个性化，后福特制生产方式下的流通组织与生产组织垂直分离，敏捷流通成为竞争优势。

第一节　生产方式的演进及其流通组织

一、生产方式的演进

生产方式是社会存在的基础与社会发展的决定力量。一定的生产方式从根本上和总体上决定着社会的性质和面貌，生产方式的变革决定着社会的制度变迁与政治变革。马克思认为，对于社会整体来说，这是一个政治、经济、文化相互作用的复杂整体。因此，从生产出发，将社会看做一个整体化的存在，构成了马克思分析资本主义社会形态的一个重要方法。社会关系的总体性使社会各要素交织在一起，形成一个复杂结构。在资本主义自由竞争时代，生产方式构成了社会结构的主导性层面，因为资本主义社会的发展过程。就是机器化生产逐渐世界历史化的过程。但任何生产不仅是技术的结构，也是一种社会制度和文化结构。因此，在对资本主义社会的分析中，生产方式构成了马克思理论框架的主干，揭示各种不同要素的内在结构性关系，以生产方式为基础来揭示不同历史阶段中主导结构的变化，这构成了从马克思社会形态分析方法面对当代资本主义社会时的方法论。正如马克思、恩格斯指出的，“每一历史时代主要的经济生产方式与交换方式以及必然由此产生的社会结构，是该时代政治的和精神的历史所赖以确立的基础，并且只有从这一基础出发，这一历史才能得到说明”。①

生产方式具有历史性，是一个历史范畴，生产方式的演进在其自身结构的矛盾裂变与协调中不断发展。在资本主义社会中，生产的质性规定只是生产的量性规定的载体，生产也不是直接为了满足人们的物质需要，而是为了生产增殖的资本，这使得量化的劳动时间在资本增殖过程中有着举足轻重的地位，产品的质性规定让位于产品的量化特征，这是商品交换得以进行的内在条件。不同阶段的生产表现出不同的特征，生产的内在变化特征成为划分不同的历史阶段的依据。对于资本主义社会而言，一方面，我们确定其生产方式的时间连续性和空间的拓展性，将之看做一个同一化的过程，一切非资本主义生产方式都转向资本主义生产方式，或者受到资本主义生产方式的影响与制约，这是马克思“世界历史”理论所蕴涵的内容；另一方面，在这个同一化的过程中，存在着一些重要的转折，正是这些转折导致了不同发展阶段的不同特征，这是马克思历史辩证法的重要内容。

二、生产方式演进中流通组织的演进特征

在生产方式的演进中，流通组织的演进并不是一个单一的自我发展过程，它需要各种各样的条件，流通组织的演进不仅是历史的社会化大生产的产物，同时也促进了社会化大生产的发展，是企业为了适应外部环境变化和获得持续竞争优势而不断试错并积累动态组织能力的内生性过程。具体来说，流通组织的演进表现出了这样几个特征：

1. 流通组织与生产组织的演进高度关联

社会化大生产是生产组织与流通组织共同演进的结果，并随着生产组织与流通组织的演进，社会化程度越来越高。在社会化大生产的进程中，流通组织的演进与生产组织的演进高度关联。在单件制生产方式下，生产组织规模很小，主要以手工工场为主，生产组织结构简单，老板既是所有

①《马克思恩格斯选集》第1卷，人民出版社1995年版，第257页。

者也是经营者，企业内部分工简单甚至没有细致的分工。与其相对应的商品流通组织也很简单，由于需要流通的商品数量、品种都不多，流通范围也不大，因而流通组织主要表现为夫妻店、货郎担、杂货店等，其所有权与经营权合而为一，经商以经验为主。在福特制生产方式下，蒸汽机催生了工业革命，铁路和电报孕育了管理革命。从而，工业生产无论从生产方式、组织形式还是管理模式等方面都发生了革命性的变化。它导致了由多层级支薪经理管理的现代多单位工业企业的诞生；它使管理由经验变为科学，管理的标准化、程序化、制度化成为大工业管理的标志性范式；它使企业的所有权与经营权相分离，形成了权力等级森严、分工明确的金字塔式的企业组织结构。这种大工业化生产必然要求有现代化的大流通与之相适应，从而伴随着资本主义商品经济不断发展的历史过程，相继引发了众所周知的流通领域的三次销售革命。第一次销售革命——百货商店的出现。百货商店这种组织形式集中体现了产业革命后的工业组织的基本特征——金字塔式的科层组织、分工明确、秩序井然，从而实现了大工业化所要求的商品大流通。其后，随着资本主义经济走向集中与垄断，又引起了流通领域组织形式的第二次销售革命——连锁商业的产生。连锁商业是一种集团性商业企业，既有规模经济优势，又有小规模经营接近消费者的长处，所以迅速获得了发展。到 20 世纪 30 年代之后，又产生了商业企业组织的第三次销售革命——超级市场的出现，它更是适应了工农业大量生产，需要大量推销的形势，它兼具前两次零售商业变革的优势，不仅复制了大工业生产的组织特征，而且还借鉴了大工业生产的管理模式，比如流水线作业、标准化管理等。因而，超级市场成为适合大生产的主流零售业态。在后福特制生产方式下，随着信息技术的发展与应用以及市场需求的越来越细化，生产组织日益“精益”、“敏捷”，快速响应市场需求，生产组织采用“外包”等方式实现与其他企业的动态联盟。流通组织自身也采用动态联盟的形式，充分利用其他企业的优势资源。流通企业组织是应变的，具有高度柔性；流通企业组织的基本单元是工作团队且充满活力；工作团队之间的信息交流和耦合方式是多样的、可变的，并且快速有效；流通企业组织结构形式是可重组的、扁平状虚拟组织结构。

2. 技术进步是流通组织演进的内在驱动力

由于历史条件的限制，单件制生产方式下的技术还十分简陋，主要是依靠人力、畜力，通过手工劳动来完成商品流通过程。商业技术的落后在很大程度上限制了商品流通的发展，进入商品流通的商品种类十分有限，其流通范围也受到很大的限制。到了福特制生产方式，技术有了显著提高，生产力得到了极大的发展，电报、电话等新的通信技术随即应用在流通组织中，从而大大降低了因信息缺乏带来的商业风险。由于商业技术前所未有的突破，流通组织也出现了前所未有的发展，为工业化和城市化的发展奠定了基础。在后福特制生产方式下，计算机技术的应用将流通组织带入一个信息化的时代，20 世纪末出现的电子商务技术则在新的技术层面上为流通组织的发展提供了强大的技术支持。电子商务的出现和快速发展，对流通组织的地位、作用及其运营方式都产生了巨大的影响。这种影响绝不仅仅表现为交易方式的改变，更重要的是，它带来了流通组织内部作业流程和经营管理的一系列深刻变革。这些变革包括利用电子技术的信息管理系统（POS/MIS），在计算机信息网络基础上的企业资源计划（ERP），基于新的技术平台对流通企业的业务流程再造（BPR），运用电子商务进行零售业的供应链管理（SCM）以及实现零售业的及时供应（JIT），运用电子商务及商业智能技术建立零售业快速响应系统（QR，ECR），运用电子商务实现流通企业的客户关系管理（CRM），等等。因此，电子商务不再仅仅是一种新的流通技术，而且也是一种新的经营理念和作业方式，带来了流通组织的深刻变革，并作为一种新的流通方式成为未来流通组织的发展方向。

3. *市场需求的变化是流通组织演进的外在驱动力*

单件制生产方式下，市场狭小，人们只有最基本的需求，甚至最基本的需求都难以满足，在没多少东西要流通的情况下，流通组织十分落后。在大规模生产和分配的时代，市场逐渐扩大，世界市场最终形成，消费者的需求是大量的、单一的产品。所以，大量分配形成，大量分配能够有效地解决消费者的大量需求。在后福特制生产方式下，市场越来越细化，多样化、差异化的消费需求成为流通组织演进的现实驱动力，流通组织不断创新，组织形态呈现多样化趋势以适应多样化的消费需求。以零售组织为例，由于零售组织处在商品流通的最前端，消费需求的特征及其变动会直接作用于零售组织。当消费需求及其条件发生变化之后，零售业会通过经营特色的创新，引致企业组织变革来做出响应，进而影响其商品进货方式、时间、结构、数量等多方面发生变化，从而迫使批发环节、物流环节也必须做出相应的组织变革。这同样也可从发达国家零售业组织机构和销售方式的历史发展过程来验证。零售业的三次革命实质上集中地反映了消费需求及其条件的变革的客观要求，从而引发了零售业营销策略组合的变化，进而引致零售业组织机构的变革。这是因为，消费需求及其条件的变化为商业组织变革提供了任务。假如说早期的杂货店经营形式适应了人们低水平的消费需求的话，那么其后的百货公司、超级市场的产生，则是顺应人们日益提高的消费水平以及现代化生活方式的客观要求，其表面看来无非是价格水平、商品品种、服务项目、售货环境、商品陈列、零售促销、营业时间等各种可行策略的不同结合与变化，而从企业组织层次上来讲，由于企业任务的变化，必然引致组织在结构、人员、管理等方面一系列的变革。

第二节　福特制生产方式及其流通组织

一、福特制生产方式的形成

在第二次工业革命中，大量生产技术的发展是其一个显著特点。大量生产的两种主要方法都是在美国发展起来的。第一种方法是制造标准的、可互换的零件，然后以最少量的手工劳动把这些零件装配成完整的单位。美国发明家伊莱·惠特尼就是用这种方法为政府大量制造滑膛枪，他为滑膛枪的每个零件都制作了一个模子，这些模子被加工得非常精确，以致任何滑膛枪的每个零件都可适用于其他任何滑膛枪，这为美国领先完成专业化、单一产品化和标准化的大规模低成本生产方式，实现生产管理的科学化拉开了序幕。在惠特尼之后的数十年间，机器被制造得越来越精确，因此，有可能生产出不是几乎相同而是完全一样的零件。第二种方法出现于20世纪初，是设计出装配线。1913年，亨利·福特运用当时企业推广泰勒制的技术成果以及可互换的零件的制造方法，创建了世界上第一条流水生产线。福特不仅设计出完善的装配线和统一精确的通用零部件，还创造出依靠非熟练工人在中心装配线上使用通用零件的大规模生产方式，即福特制生产方式（Fordism Production System）。他创立的汽车大批量流水线生产方式，成为工业化时代的典型生产方式。福特认为，首先要将生产集中于唯一的、最佳的产品型号，并提出了“单一产品原则”，即在大规模生产方式中要采用部件互换、专用设备和工具、劳动分工和流水线生产等，这样才能降低成本和价格，实现规模经济，提高生产效率，满足当时市场对产品的大量需求。

在马克思主义发展史上，葛兰西在《狱中札记》中第一次使用了这个概念，用来指称以美国为首的资本主义新时段，即无约束的资本主义让位给一种经济干预主义，“虽然人类基本上从经济力量的角度出发，重新组织和发展经济生产设备，创造新的经济基础，但是不能因此下结论说上层建筑的因素可以随意发展，自生自灭。国家在这个领域也是‘合理化’、加速度和泰勒化的工具”。① 泰勒制是福特制的基础，资本主义企业在机器大工业充分发展的基础上，将泰勒管理方式进一步提升为全面意义的社会生产方式，提升为福特管理模式和生产组织方式。后来，法国调节学派的学者也都运用这个概念来分析当时的资本主义社会，强调福特主义的资本主义与自由竞争时期的资本主义之间的区别。②

二、福特制生产方式的内容

福特制生产方式的基本内容和主要特点在于，把科学管理原理应用于生产，在生产标准化即产品标准化、作业标准化的基础上，利用高速传送装置，使生产过程流水线化，使流水线上各道工序的工人的各种作业在时间上协调起来，并由传送装置的速度决定工人每天所完成的作业和产品数量，最大限度地提高了工人的劳动强度。这种生产管理制度把流水线上的各种操作简单化、程序化，依照只需按工序将工具和人排列起来，以便能够在尽量短的时间内完成零配件装配的装配线工作原理，有利于组织生产作业的机械化和自动化，从而进一步提高劳动生产率，降低生产成本，实现机械化的大批量生产。在福特制生产方式下，“1914 年的春天，高地公园的工厂每天生产 1000 部汽车，每部汽车的平均工时降到 1 小时 33 分钟。流动装配线很快就成为现代化大量生产最著名的标志”。③ 通过能力在

---

① [意] 安东尼奥·葛兰西：《狱中札记》，曹雷雨等译，中国社会科学出版社 2000 年版，第 202-203 页。

② 贾根良：《法国调节学派制度与演化经济学概述》，《经济学动态》2003 年第 9 期；李其庆：《法国调节学派评析》，《经济社会体制比较》2004 年第 2 期。

③ [美] 小艾尔弗雷德·D.钱德勒：《看得见的手——美国企业的管理革命》，重武译，商务印书馆 2004 年版，第 324 页。

速度上的增加使福特得以有降价的空间，每当成本下降了，福特就以一种特别的热情来下调 T 型车的价格。1908 年，福特生产了近 6000 辆 T 型车，每辆售价 850 美元；到了 1916 年，他卖出近 60000 辆，每辆售价为 360 美元；在 T 型车销售的最后一年中，第 1500 万辆车走下生产线，售价仅为 290 美元。汽车价格的降低，吸引了越来越多的消费者，市场越来越大。

因此，福特制生产方式的主要内容就是批量生产和大众消费。由于福特制极大促进了生产工艺过程和产品的标准化，工业制成品被大量生产出来，尤其是花样百出的日用消费品，在流水线上变成了标准化商品被大规模地制造出来时，规模经济诞生了。“典型的制造车间规模都很大，处于较高水平的美国底特律福特公司拥有 4 万名雇员，即使是在 19 世纪 60 年代后期的英格兰，牛津（Cowley）和伯明翰（Longbridge）的机动车车间也有大约 2.5 万名工人。”① 另外，规模经济带来了成本的极大下降，商品价格下降，原来买不起相关商品的人成为新的消费群体，市场被创造出来了，大众消费也成为一种常规模式，绝大多数家庭都拥有电视机、冰箱、洗衣机以及汽车等日常生活消费品。“在福特主义时代，经济的兴旺日渐取决于消费者的购买力（以及借贷和信用关系），特别表现在汽车和大型家用电器市场上，并延伸至其他非主流市场的销售。坦白说，消费已经成为一股力量。”②

表 3–1　福特公司 T 型车生产规模和价格（1908~1916 年）

年份	零售价（旅游车）（美元）	T 型产品销售量
1908	850	5986
1909	950	12292
1910	780	19293
1911	690	40402
1912	600	78611
1913	550	182809
1914	490	260720
1915	440	355276
1916	360	577036

资料来源：［美］B.约瑟夫·派恩：《大规模定制》，操云甫等译，中国人民大学出版社 2000 年版，第 17 页。

---

①［英］弗兰克·韦伯斯特：《信息社会理论》（第三版），曹晋等译，北京大学出版社 2011 年版，第 84–85 页。

② 同①，第 86 页。

三、流通组织与生产组织的一体化及其组织结构

在福特制生产方式中，“大规模生产方式的固定成本极高，要求装配线总是处于满负荷运转的状态，以保证低成本的实现。为此，原材料和零部件的充足供应和稳定的产成品销售市场都是非常必要的。因此，大规模生产商不仅要关心生产，还要关心从原材料到生产和销售的整个物流”。[①]大量生产企业的出现使流通成为它必须要面对的新问题，如此大量的产品被生产出来，传统的批发商、自营商、代理人和零售商无法胜任这样的销售任务。大量生产的企业便向前结合进入销售领域，建立起自己的遍布国内国际市场的销售分支机构，为了保证生产的稳定性，大量生产的企业又向后结合进入采购领域，建立了自己的采购分支机构。从 19 世纪末开始，大量生产的企业通过纵向结合的战略发展成为多功能、多单位的公司制企业，生产组织与流通组织一体化为一个大型企业，即钱德勒所说的“大量生产与大量分配的结合”，“现代工业企业是把大量生产过程和大量分配过程结合于一个单一的公司内形成的”，[②]“这些大公司的活动已不仅限于协调生产过程中材料的流动，它们所管理的是从原料供应者开始，经由所有的生产和分配过程，一直到达零售商或最终消费者的整个流程”。[③]具体而言，大量生产与大量分配相结合的原因分两种类型：第一种类型是那些采用了新的、连续作业的机器的工厂，它们的产量因而得到了迅速的扩大。这些企业家发现现有的销售商已经不能迅速地卖出他们的产品或有效地加以推销以维持其大量生产设备的稳定运转。第二种类型的大量生产者则是这样一些工厂，它们所要求的特殊的分配和销售服务是批发商、大零售店、工厂代理人和其他中间商所不能提供的。这些工厂可再细分为两种：第一种是为数不多的这样一种加工厂，它们需要采用冷冻技术或温度控制技术，以便在国内市场上分配易腐坏的产品。第二种是那些制造新型复杂的昂贵机器的工厂，如果想要大量销售这类产品，需要提供特殊的销售服务，譬如示范操作、安装、消费者信贷、售后的服务和修理等，这类产品

① [美] B.约瑟夫·派恩：《大规模定制》，操云甫等译，中国人民大学出版社 2000 年版，第 21 页。

② [美] 小艾尔弗雷德·D.钱德勒：《看得见的手——美国企业的管理革命》，重武译，商务印书馆2004年版，第 328 页。

③ 同②，第 327 页。

的销售需要与客户保持持续售出后的接触。

因为结合了生产、销售和采购各个环节，这些新公司的活动便和当时其他生意企业的活动有着极大的不同。钱德勒指出，铁路公司、电报公司、销售公司、金融公司或现有的制造公司都只是执行一种单一的基本经济功能，但是新的、结合的企业却执行着多种经济功能。由于它们拥有并经营许多工厂、许多销售机构、许多采购单位、矿山、森林地带和运输线路，因而在经营上就需要比19世纪晚期的铁路和电报公司更多的专职经理才行。“到了这个时候，管理上的有形的手就取代了市场力量的无形的手而协调自原料供应商直到最终消费者的流程。”①

“在那些规模和复杂性已经增大的企业中，个人管理为官僚管理所代替。公司已经变得太大太复杂而难于以个人秀的方式运营。”② 随着企业规模的扩大，管理层面临更多的对外经营交往和内部管理活动，仅仅通过在原有的管理制度框架内增加管理人数已经不能满足企业发展的需要，甚至可能导致管理上的混乱，因此必须发展一种更为复杂和科学的层级管理制度，以应付规模日益扩张和经济活动日益复杂的企业管理要求。钱德勒认为，为了能够从大量生产技术的成本优势中获利，企业家必须进行三方面关联的投资。第一是对大得足以利用技术规模或范围的潜在经济的生产设施进行投资；第二是对本国和国际的销售和批发网络进行投资，这样销售量就可能与新的生产链并驾齐驱；第三是为了充分从这两种投资中获利，企业家还必须对管理进行投资，征聘和组织必需的管理人员，以监督属于产品的生产和批发的职能活动，协调和监测货物通过各个工序的流量，并在现时的业绩和预期的需求基础上为未来的生产和经销分配资源。因此，现代工业公司若想实现规模经济，除了在生产、经销上进行投资之外，更必须在管理制度上进行投资。在两次世界大战期间，正是通过大规模制造和流通能力与组织结构的重建，美国与德国的企业竞争能力才会不断增强，不断扩大市场范围；而没有做这种内部投入调整的英国和法国很快失去了市场竞争优势。

19世纪末及20世纪初，西方大企业普遍采用的是一种按职能划分部门的纵向一体化的职能结构，即U型结构。这种结构的特点是，企业内部

① [美] 小艾尔弗雷德·D.钱德勒:《看得见的手——美国企业的管理革命》，重武译，商务印书馆2004年版，第365-366页。

② [美] 曼塞·G.布莱科福德：《西方现代企业兴起》，锁箭译，经济管理出版社2001年版，第88页。

按职能（如生产、销售、开发等）划分成一系列部门，各部门独立性很小，企业实行集中控制和统一指挥。U 型结构可以使企业达到必要的规模和效率，适用于市场稳定、产品品种少、需求价格弹性较大的环境。但是，从 20 世纪初开始，西方企业的外部环境发生了很大的变化，如原有市场利润率出现下降、新的技术发明不断产生、人口向新地区迁移等。新变化要求企业把活动导向新的领域、产品和需求，并不断扩大自身规模。然而，当企业规模逐渐扩大、产品不断分化并试图进入新市场时，旧的 U 型组织结构不能适应企业产量的增长、地理上的散布和垂直一体化。于是，一种新型的多分布或事业部的组织形式便应运而生，人们称为 M 型结构。它的特点是，企业按产品、客户、地区等来设立事业部，每一个事业部都是一个有相当自主权的利润中心，独立地进行日常经营决策，各事业部相当于一个 U 型企业。在 M 型结构的企业中，长期决策由总部做出，而短期操作性决策由分部进行，从而减少了信息和决策情境；总部和分部以利润目标相联系，标准明确，易于衡量。无论组织如何扩大，多元化程度多高，总部仍能控制自如，又不致丧失战略性的发展机会，从而也解决了 U 型结构面临扩张与多元化而产生的组织问题。这样，M 型结构使高层管理者从日常经营管理中摆脱出来，将精力集中在关系整个企业全局与长远发展的战略问题上。新增生产和销售活动并不增加高层的管理压力，而只是改变某一事业部的经营规模。即使开发新产品、进入新地区和新行业，也只是增加了新的事业部，高层管理者只是增加了要考核与监督的部属数目和作为指导者的责任广度。每个事业部可以独立对其产品、市场和地区的需求及其变化做出及时响应。因此，这种组织结构为企业规模的进一步扩大开辟了巨大的空间，M 型结构很快在美国企业中扩散，成为福特制生产方式中主导性的企业组织结构形式。

需要说明的是，福特制生产方式的关键不在于移动的或连续的组装线，而是零部件有全部的、连贯的互换性，而且相互连接非常方便，正是由于在制造工艺上的这种革新，才有可能设立组装线。互换的简单的零部件组装使操作在流水线的作业生产中变得极为简单，从而进一步降低了对工人手工技能的依赖，工人无须动脑思维就可以完成单一、简单的工作，因而能够大量使用工资低廉的非熟练工人。在“1915 年的一次调查表明，海兰公园工厂的工人说话所用的语言达 50 多种，其中很多人英语讲得很勉强”。[①] 即使在这种情况下，也并不妨碍大批量生产与大规模流通，可见，工人和零部件一样可以随便调换。如果流水线上各道工序的工人跟不上机器的运转速度，就会被克扣工资甚至被解雇，工人与各种机器一样，只不过是一个配件而已，并且从属于机器，人的异化已相当严重，人的主动性、积极性被彻底抹杀。正如布雷弗曼所说：“在这种过程中，工人只起轮齿和杠杆的作用。”[②] 因此，在福特制生产方式下，在流通组织与生产组织一体化的大型企业中，“对大多数劳动者来说，机器的非凡发展，不是使他们自由而是使他们成为奴隶，不是使他们能够掌握自己的命运而是使他们毫无办法，不是开拓劳动的领域而是把他们限制在一些奴性工作的密不透风的圈子里，在此圈子里看来，机器是科学的体现，而工人则是微不足道的东西”。[③] 福特生产线的推广，使得工作不断地被分割为小块，并根据标准化的技术要求，实现对工人生产过程的全面控制。

四、福特制生产方式下流通组织的特征

1. 流通组织呈现垂直一体化的组织特征，围绕大型生产组织开展，具有稳定性和层级性特征

在这一时期，大型生产组织按照生产的专业分工和垂直联系组织生产，一般自设流通部门，包括物流部门、物流基础设施。流通外包业务规模很小，少量独立的销售部门从属于生产制造企业，依托核心制造企业获得稳定的业务。这种合作往往是长期的、稳定的，甚至几十年不变。当时的大型制造企业在流通组织中往往处于绝对的控制地位，主导性特征明显。[④]

2. 流通组织内部各个职能过程基本上是独立的，效率较低

首先，在整个流通组织的环节中，销售的各项职能被分散在企业的各个职能部门中，其功能往往相对独立，再加上这一时期企业缺乏对流通有效的管理，各个部门有限的职责主要追求本部门效率的提高，忽视了整体

---

① [美] 詹姆斯·P.沃麦克：《改变世界的机器》，沈希瑾等译，商务印书馆 1999 年版，第 32 页。

② [美] 哈里·布雷弗曼：《劳动与垄断资本》，方生等译，商务印书馆 1979 年版，第 124 页。

③ 同②，第 173 页。

④ Robert Howard, “Can Small Business Help Countries Compete?” *Harvard Business Review*, November-December 1990.

组织效率的提高；[①] 其次，大型制造企业往往自营流通业务，缺乏对资源的整合和有效利用，导致整个社会的销售效率不高。大型制造企业自营流通也是专业流通市场发展不足的原因之一。

3. 政府对行业的管制政策限制了流通组织的空间扩展

在福特制生产方式下，政府原材料、生产配件和成品的流动都被控制在诸如海关，外国保护限制等的束缚中。[②] 因为局限于政府的管制政策，货物、资金不能在地区间随意流动，极大地限制了区域间贸易的发展和跨国企业的出现。所以，这一时期的流通基地服务范围难以突破国家和地区的界限，仅限于一个国家或自由贸易区内。[③] 福特制生产方式主要是通过纵向和横向一体化增加已有市场的份额和向新市场扩张追求规模经济的，自我投资和兼并是实现规模扩张的主要手段。但是，这种方式存在三个方面的问题：一是需要单个企业完成长期的巨额固定资本投资；二是尽管兼并可以缩短固定投资的时间，但是由于企业之间在生产和文化方面的差异，兼并本身将面临较高的风险；三是容易导致"大而全"、"小而全"的刚性生产组织结构，从而导致企业内部组织管理成本的增加。在创新周期日益缩短的情况下，除非巨额交易成本的存在使企业无法选择其他组织形式，否则，这种生产方式将面临巨大的经营风险。

因此，福特制生产方式决定了当时由大型生产企业主导的流通组织形式。这一时期是典型的生产驱动时代，流通组织基本上是由当时福特制生产方式决定的。在大规模生产方式主导的大型制造企业中，与等级制的生产组织相适应，流通组织形式也是等级制，相对稳定。[④] 选择供应商主要根据成本，而不主要考虑时间因素，更不考虑空间因素。

---

① Bowersox Donald J. and Closs David J., *Logisitical Management: The Integrated Supply Chain Process*, New York: McGraw-Hill, 1998.

② Markus Hesse and J.-P. Rodrigue, "Global Production Networks and the Role of Logistics and Transportation", *Growth and Change*, Vol.37, No.4, December 2006, pp.499-509.

③ Poon, J.P.H., E.R.Thompson, et al., "Myth of the Tirad? The Geography of Trade and Investment 'blocs'", *Transactions of the Institute of British Geographers*, Vol. 25, No. 4, December 2000, pp. 427-444.

④ Patricia L. Nemetz and Louis W. Fry, "Flexible Manufacturing Organizations: Implications for Strategy Formulation and Organization Design", *The Academy of Management Review*, Vol.13, No.4, October 1988, pp.627-638.

第三节　后福特制生产方式及其流通组织

一、信息技术的发展与市场需求的个性化

20 世纪 50 年代，以电子计算机、原子能和空间技术的发明和应用为标志，开始了第三次科技革命；70 年代，材料、能源、信息、生物和宇宙工程等新技术兴起；80 年代末 90 年代初，计算机网络技术、纳米技术、基因工程、卫星通信技术等高新技术迅猛发展。与第二次科技革命相比，第三次科技革命呈现出许多鲜明特点：一是科学技术本身的发展速度越来越快，科技产品的结构越来越复杂、精密；二是科技成果商品化的周期越来越短，科学技术转化为生产力的速度越来越快；三是这次科技革命的内容极为丰富，而且联系密切，形成了一个群体形式；四是科学技术的社会化趋势大为增强；五是第三次科技革命所形成的新的技术能力，对人类社会产生了空前巨大而深刻的影响。[①]

在第三次科技革命中，信息技术的发展最为显著和最具影响力。信息技术是利用计算机硬件和软件技术对数据进行存储、传输并转化成有意义的信息的技术。它包括两个方面的内容：一是计算机软硬件工具，二是数据的存储、传输和供用户使用。信息技术受制于人类认识、开发和应用程序的能力，具有很高的弹性与更新速度。

依据软硬件的发展及应用方式的相对重要性，可以把信息技术的发展分为明显的三个阶段。第一阶段，从 20 世纪 40 年代中期至 60 年代末为以大型机为基础的数据处理时代。这一阶段信息技术主要是用于数据处理自动化，大型机代替了大量办公室人员。同时，为了在机器使用率、数据存储和程序设计人员方面形成规模经济，开始将应用程序开发、数据处理业务和计划集成在一起，开发出事物处理应用程序、管理信息系统（MIS）和决策支持系统（DSS）。建立在大型机基础上的 MIS，与集中式科层制管

① 胡才珍：《精粹世界史：20 世纪科技革命与世界历史进程》，中国青年出版社 1999 年版，第 154 页。

理组织结构相适应，将大量事物处理应用程序中使用的数据编辑成报表，以帮助管理者监督业务部门的工作。第二阶段，从 20 世纪 70 年代初至 80 年代中期为以小型机为基础的微处理器时代。这一阶段信息技术的应用主要是数据处理自动化、信息化等技术在企业内综合运用，开发出物料需求计划（MRP）、制造资源计划（MRPII）等。微处理器代替机械或机电控制装置，产生了计算机辅助制造、设计（CAM、CAD）以及办公自动化系统（OA）和各种由程序控制的多功能机床、车床等（弹性制造系统 FMS）。1974 年，哈林顿提出了计算机集成制造系统（CIMS）思想并逐步实施。第三阶段，从 20 世纪 80 年代中后期以来为网络技术时代。CPU 和计算机存储器、外存和各种软件开发语言及技能得到很大发展。网络技术的发展促进了企业内自动化、信息化和通信化等的综合运用，相继产生企业资源计划（ERP）、供应链管理（SCM）和客户关系管理（CRM）等管理信息系统。①

20 世纪 90 年代以来，信息技术的发展促进了信息技术使用方式的动态综合一体化，为减少商品积压并提高效率、改进库存管理、加强对生产企业与流通企业的有机结合、改善企业组织与消费者之间的关系提供了技术上的可能。

随着技术的进步和经济的增长，市场上商品的供求态势发生了根本的变化，由以生产为中心的卖方市场转变为以消费为中心的买方市场。美国学者哈默（Hammer）与钱皮（Champy）认为，在当今的市场运行中，有三股力量不容忽视，即顾客（Customers）、竞争（Competition）及变化（Change），它们被称为“三 C”，② 这三种力量结合在一起，改变了市场运行的基本特征，驱使企业进入一个崭新的活动领域。消费者需求变化成为影响企业获得和保持竞争优势的关键因素。③

---

① 企业资源计划（ERP）是将企业生产计划、物资需求、成本核算、营销管理、市场策略进行统一设计、有机集成的分布式管理信息系统。供应链管理（SCM）通过计算机网络来整合企业与各层级供应商之间的交换与合作流程的信息系统。客户关系管理（CRM）是利用计算机网络和其他信息技术来收集、整理和分析有关客户的信息，并根据这些信息及时地为客户提供恰当的产品和服务的管理信息系统。

② ［美］迈克尔·哈默、詹姆斯·钱皮：《改革公司：企业革命的宣言书》，胡毓源等译，上海译文出版社 1998 年版，第 12 页。

③ 新时期，“市场”这一概念应重新定义。从生产者的角度看，它是商品交换的场所或渠道，而从消费者的角度来看则为消费者需求的总和。产品没有需求则没有市场。

随着卖方市场向买方市场的转变，以及信息技术的突飞猛进，消费者选择和判断的能力空前提高了。信息单向流动、"点对面"的大众传播方式逐渐被双向互动的细分传播和"点对点"的个人及时传播（如互联网）所部分取代。在商品种类日益多样化的条件下，消费者由过去由于选择空间狭小而同质化程度较高的群体，日益分裂为许多具有独特人口特征、消费行为和生活形态异质化的群体。价格不再是影响需求的主要变量，个性化需求和消费者之间的互动成为消费联合的基础，并打破阶层式消费模式，消费图景重组，回归到无阶层混沌式需求状态之中。过去，由于产品的相对短缺和信息交流的困难，企业在与消费者的关系中处于主动地位。企业比消费者了解更多产品和市场的信息，而单个消费者获得信息的成本高昂，企业往往利用这种信息不对称的优势，在局部范围内控制和左右消费者的购买行为，因此消费者很难与企业进行真正平等的交易。技术创新使消费者获取信息的能力、讨价还价的能力大大提高。消费者可以利用互联网等先进的通信手段，很方便地了解商品的价格、质量和性能等信息。[①] 消费者与企业之间的关系彻底改变了。

消费者个性化需求的满足依赖于企业产品的多样化。在新时期，信息技术为消费者捕捉产品信息、对产品进行比较提供了便利，消费者可以比较容易地判断和选择真正满足自己个性化需要的产品，从而占据主导地位。由于具有差异性的产品能更容易地满足消费者多样化的需要，因而更容易销售和从中获利，企业努力寻求产品的差异性，以在竞争中获得差异性优势。随着市场不断细分，消费者的需求越来越个性化和快速变化，企业之间的竞争空前加剧了。"大规模生产者对于那些响应和关注他们所处市场环境中越来越多的大量重大事件缺乏充足的准备。扰动给大规模生产模式所必需的稳定性和控制力以致命的打击。"[②]

以美国为例，20 世纪 70 年代以后，许多行业的市场已经成熟和饱和，

---

① "一个消费者可能愿意在晚上 12：30 起床，上网定购一台他所需要的黑色的有 8 兆字节内存的激光打印机 和作为夜宵的汉堡包。这种越来越挑剔和个性化的购买行为以后会越来越多。"（宋玉华等，2002）

② ［美］B.约瑟夫·派恩：《大规模定制》，操云甫等译，中国人民大学出版社 2000 年版，第 52 页。派恩认为市场扰动表现在需求和结构两个方面，其中需求因素包括需求水平的稳定性和可预测性、客户需求的变化速度、价格意识、质量意识、时尚意识等方面；结构因素包括购买力、经济周期的影响程度、竞争强度、价格竞争和产品分化、市场饱和度、产品生命周期的长短和可预测性等方面。

过去的卖方市场已经变为买方市场；随着收入的增长和收入分配差别的扩大，美国社会中的阶级、种族、性别、生活方式的差别越来越大，全体国民作为一个统一的整体已成为历史；其他国家尤其是日本、德国和新兴工业化国家通过国际贸易和对外直接投资与美国经济相互渗透，加剧了美国市场上的竞争。这些方面使美国的市场需求由标准化产品向多样化、个性化产品转变。

二、福特制生产方式的危机

在大量生产与大量分配相结合的大型企业中，生产部门与流通部门都无法适应信息技术与市场需求的这种新变化。在生产部门，为了实现以低成本向市场大规模供应标准化产品，企业必须努力保持生产过程的流动性和提高操作效率。由于采用单一功能的机器设备需要较高的固定资本投入，要求企业高度使用这些机器设备进行大量生产并尽量延长产品的生命周期以分摊固定成本，在使用期限届满后需要中断生产过程并投入新的固定资本以更新机器设备。大量流水线生产的出现，使手脑的分离、概念和执行的分离达到了极为严格的程度，管理部门取得了对装配速度的绝对控制，工人的劳动强度达到了非常高的程度，劳动"成为管理部门所指挥的生产过程的一种客观要素"。[①] 过度的操作分工使工人成为低技能的可互换的劳动力，抑制了工人参与改善作业的能力和积极性，使一些工人在工作不饱和时不能从事职责以外的工作，[②] 也容易引起工人对工作的不满，导致消极怠工甚至破坏机器等现象。为保证流水线作业的连续性，允许有缺陷的零部件也通过流水线，在最后阶段通过检验来解决产品质量问题，这样就占用了大量的时间和空间以及高工资的检验维修人员。同时，各工序需要维持一定的在制品库存以满足连续生产和最后维修的需要，增加了库存成本。为适应大规模生产而建立的层级式管理组织及其职能分工，形成庞大的管理机构，不仅增加了非生产费用和间接成本，而且缺乏应对需求变化的灵活性。面临灵活多变的市场环

---

① [美] 哈里·布雷弗曼：《劳动与垄断资本》，方生等译，商务印书馆 1979 年版，第 152 页。

② 例如，生产工人为等待维修工人完成诸如更换一根发动机的皮带之类的简单的任务而几小时无事可做，增加了劳动力成本。

境，大规模生产部门没有能力降低高额的固定成本，没有能力快速开发新产品。

在流通部门，无论是采购还是销售都无法适应这种变化。为了防止投入品供应的波动影响生产的稳定，企业需要建立大量的存货储备，库存的增加必然使生产成本上升。单一功能的机器设备需要较高的能源供应，能源价格的上涨增加了生产成本。制造商要求供应商从事一定的技术创新活动，却不愿意承担由此产生的成本，阻碍了创新的进行和扩散。在销售方面，大规模生产方式由垂直一体化企业中的销售部门向统一的市场销售标准化产品，形成稳定的需求，以服务于生产而非服务于消费者，忽视了消费者的非标准化需求，当标准化产品的市场需求饱和的时候，企业就会面临严重的销售问题，只好进行强制性推销。例如，1969年，国际上开始流行小型汽车，美国厂商置若罔闻，五年后小型汽车开始畅销，当时的通用汽车公司总裁却说："我们应该做经销商的工作，而经销商则应该做客户的工作。"完全无视客户需求的变化。一意孤行地推销已经生产出来的质量低、缺乏创新的商品，只会导致不满意、不忠诚客户的产生。

20世纪70年代以来，福特制生产与再生产模式逐步陷入危机。首先，生产能力扩大出现瓶颈，许多产品和生产技术皆已进入成熟期，很难再有突破性增长，这种情况造成原有的通过科技和设备研发而提高生产能力的方式出现困难。其次，由于欧共体、日本等国家和地区的资本和美国资本在国际上的激烈竞争，公司无法快速地改变竞争策略，加之科技进步放缓，使得生产能力下降。最后，在国际上开拓新市场的努力也没有太大的成效，因为许多发展中国家受限于沉重的外债和较低的国民收入，因此不具备对发达国家产品的购买力。企业在缺乏新市场的前景下，投入技术研发的意愿也随之降低，从而对生产能力的提高更加不利，因此形成一种恶性循环。除此之外，企业开始出现以裁员来适应生产力下降及利润降低的现实，此举进一步加剧了社会消费能力的普遍紧缩，也导致恶性循环的开始。更重要的是，由于欧洲各国政府早已经确立了失业保障等社会福利体系，一旦失业增加就会造成政府财政上更大的困难。在这种情况下，"劳动生产率，即每名就业人员创造的国内生产总值在1958~1966年，平均每年的增长率高达6.2%，1967~1975年平均每年增长率为4.7%，1976~1981

年下降为 2.9%，1982~1985 年进一步下降为 1%”。[①] 福特制这种资本积累方式和以这种方式为基础的相应政治经济结构，由于自身促进经济和社会发展的潜力已被耗尽，而变为资本进一步增殖的桎梏。

三、后福特制生产方式的形成

由于福特制生产方式仅仅适应于单一的、标准化的市场环境，难以适应自 20 世纪 70 年代以来以个性化、多样化和快速发展为特点的市场环境而逐渐走向衰落，因而进入 20 世纪 70 年代以来，西方发达国家的制造业生产方式开始由福特制向后福特制转变。

后福特制生产方式（Post-Fordism Production System）的目标是低成本地满足客户个性化而又快速多变的需求，B.约瑟夫·派恩二世（B.Joseph Pine Ⅱ）在 1993 年的著作《大规模定制》中，把后福特制生产方式概括为大规模定制（Mass Customization），并对大规模定制的内容进行了完整的描述。在他看来，大规模定制是一种通过柔性和快速反应实现的多样化和定制的新的管理体系和模式，即对定制产品和服务进行个别的大规模生产。当然，作为一项管理体系，早在 1970 年，未来学者阿尔文·托夫勒（Alvin Toffler）在他的《未来的冲击》（*Future Shock*）一书中从技术发展的角度对大规模定制做出了预告。1987 年，斯坦·戴维斯（Stan Davis）在他的《完美的未来》（*Future Perfect*）一书中命名为“大规模定制”并做了简要说明。派恩二世又在 1999 年与大卫·M.安德森（David M.Anderson）合著的《21 世纪企业竞争前沿——大规模定制模式下的敏捷产品开发》一书中，对大规模定制给予了更深入的分析，认为它将是 21 世纪企业的主流生产方式和竞争的新前沿。在实践中，世界许多大公司如摩托罗拉、惠普、戴尔、丰田汽车等都已经重新规划设计其生产系统，实施大规模定制，并取得了巨大的竞争优势。

这种生产方式，“作为其特征的是出现了全新的生产部门、提供金融服务的各种新方式、新的市场，首要的是商业、技术和组织创新得到了极

---

① 《德国联邦议会文件》10/1295 号，第 242 页，转引自张世鹏：《二十世纪末西欧资本主义研究》，中国国际广播出版社 2003 年版，第 36 页。

大强化的比率”。[①] 大规模定制模式的基本思路是“对定制的产品和服务进行个别的大规模生产”。[②] 作为一种崭新的生产模式，大规模定制试图把大规模生产和定制生产这两种生产模式的优势结合起来。过去，企业通常要么追求低成本，要么追求品种多样化，而如今它们则越来越明确地认识到，必须采取能够同时实现效益和定制的企业策略。为了不再大规模地生产标准化产品（和服务）或者高成本地生产多品种的产品，企业发现，可以通过综合两者优点的大规模定制生产的方法，同时达到产品的低成本和品种多样化的目的。在大规模生产的规模经济基础上，通过产品结构和制造流程的重组，运用现代信息技术和柔性制造技术等高新技术，以满足客户的个性化的快速变化的需求。与传统的大规模生产模式相比，大规模定制模式具有以下主要特点：①以顾客需求为导向，是一种需求拉动型生产模式。因此，发现并设法满足顾客的个性化需求是全部生产经营活动的起点。②以零部件的标准化和通用化及产品的模块化设计为基础，通过产品结构和制造流程重组，将产品的定制生产转化为批量生产。③依赖于现代信息网络技术和先进的制造系统。有效的供应链管理是实现大规模定制的具体途径。

大规模定制的核心是产品品种的多样化和定制化的增加而不相应地增加成本。在大规模生产中，低成本主要是通过规模经济实现的——通过高产量和生产过程的高效率降低产品和服务的单位成本；在大规模定制中，低成本主要是通过范围经济实现的——应用通用化、模块化的设计和柔性制造技术，可更便宜、更快速地生产多种产品和服务。另外，大规模定制的产品都是因客户的需要而生产的，所以几乎没有库存，也没有产品老化、过期、变质、报废等现象，产品的迅速上市也能够迅速降低企业的营销成本。总之，大规模定制既沿承了大批量的优势，又能体现对顾客的个性化满足，即在满足客户需要的基础上，降低了多样化成本，提高了竞争力，如图 3-1 所示。

---

① [美] 戴维·哈维：《后现代的状况》，阎嘉译，商务印书馆 2003 年版，第 147 页。

② [美] 大卫·M.安德森、B.约瑟夫·派恩：《21 世纪企业竞争前沿——大规模定制模式下的敏捷产品开发》，冯涓等译，机械工业出版社 1999 年版，第 5 页。

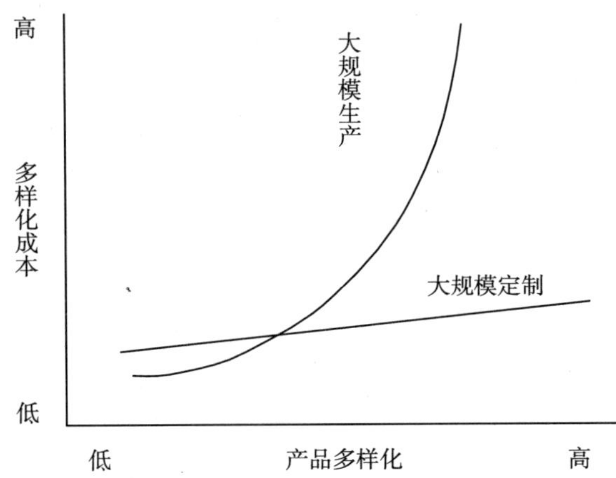

图 3-1　产品多样化对多样化成本的影响

资料来源：［美］大卫·M.安德森、B.约瑟夫·派恩：《21 世纪企业竞争前沿——大规模定制模式下的敏捷产品开发》，冯涓等译，机械工业出版社 1999 年版，第 58 页。

根据以上分析，我们可以对福特制与后福特制作一比较，二者在焦点、目标、关键特征等方面都存在很多差异，如表 3-2 所示。

表 3-2　福特制生产方式与后福特制生产方式的比较

	福特制	后福特制
焦点	通过稳定性和控制力取得高效率	通过灵活性和快速响应来实现多样化和定制化
目标	以几乎人人买得起的低价开发、生产、销售、交付买得起的产品和服务	开发、生产、销售、交付买得起的具有足够多样化和定制化的产品和服务
关键特征	稳定的需求 统一的大市场 低成本、质量稳定、标准化的产品和服务 产品开发周期长 产品生命周期长	分化的需求 多元化的细分市场 低成本、高质量、定制化的产品和服务 产品开发周期短 产品生命周期短

四、精益生产与精益流通

福特制向后福特制生产方式的转变首先出现在汽车工业。与处于绝对优势的美国汽车工业相比，日本的汽车工业则处于相对幼稚的阶段，丰田汽车公司从成立到 1950 年的十几年间，总产量甚至不及福特公司 1950 年一天的产量。汽车工业作为日本经济倍增计划的重点发展产业，日本派出了大量人员前往美国考察。通过考察，丰田公司敏锐地察觉到福特制存在的弊端，指出大规模生产方式并不适合日本，福特的生产方式存在着许多要改进的内容。经过20多年的反复试验和努力，丰田公司发展出了一整套以“即时生产”（Just in Time，JIT）为核心的精益生产方式（Lean Production）。精，即不断追求完美、周密、高品质，不投入多余的生产要素，只是在适当的时间生产必要数量的市场急需产品（或下道工序急需的产品）。益，即所有经营活动都要有益有效，具有经济效益。它是美国麻省理工学院在一项名为“国际汽车计划”的研究项目中提出来的。他们在做了大量的调查和对比后，认为日本丰田汽车公司的生产方式是最适用于现代制造企业的一种生产组织管理方式，称为精益生产，以针砭美国大量生产方式过于臃肿的弊病。精益生产综合了大量生产与单件生产方式的优点，力求在大量生产中实现多品种、高质量、低成本生产。

精益生产的目标是零库存、高柔性和零缺陷。①零库存：一个充满库存的生产系统，会掩盖系统中存在的各种问题，库存是生产系统设计不合理、生产过程不协调、生产操作不良的证明。所以，“零库存”就成为精益生产追求的主要目标之一。②高柔性：指企业的生产组织形式灵活多变，能适应市场需求多样化的要求，及时组织多品种生产，以提高企业的竞争能力。面临市场多变这一新问题，精益生产方式必须以高柔性为目标，实现高柔性与高生产率的统一。精益生产者着眼于完美，目标是无不良品，排除一切不产生价值的工作（作业）。通过提高产品品质、取消库存、注重团队合作和沟通、扩展员工的技术、培养员工改善技能且不断使他们自我提高。③零缺陷：传统的生产管理很少提出零缺陷的目标，一般企业只提出允许的不合格百分比和可以接受的质量水平，而精益生产的目标是消除各种引起不合格的原因，在加工过程中每一道工序都要求达到最好水平，追求零缺陷。

精益生产方式把生产中一切不能增加价值的活动都视为浪费。为杜绝这些浪费，向零缺陷、零库存进军，它要求毫不留情地撤掉不直接为产品增殖的环节和工作岗位。在物料的生产和供应中严格实行“即时生产”制。“即时生产”就是执行在必要的时间（不迟也不早）、生产必要的品种与数量（不多也不少）的生产计划管理产品的生产，“生产不是围绕需求预期的最大量而组织，毋宁说，当需要时才进行生产”。[①] 生产指令发给紧

① ［美］迈克尔·迪屈奇：《交易成本经济学》，王铁生、葛立成译，经济科学出版社1999年版，第83页。

接的上游过程，详细说明“即时生产”时所要求的各项需要。这一过程在生产的相继各阶段重复进行。简言之，生产是被拉动——而不是被推动——穿过公司的。即时生产需要一个与之配套的信息手段——Kanban系统。[1] Kanban通常是一张装在塑料袋里的长方形卡片，上面详细记载着零部件的名称、存放地点、领取或生产数量等信息，企业可以使用计算机化的生产管理系统来取代实际中的卡片。“它依靠供应单元和使用单元的直接沟通而不是存货控制管理系统，促进了半成品和零部件的及时传送。”[2] 通过Kanban系统，生产线与生产线之间、总装厂和零部件厂之间以及丰田公司和它数以百计的外协厂家之间联系起来，形成了一个自律运转的及时生产系统。

一个实行精益生产的企业是没有半成品及成品仓库的，精益生产方式不仅体现在生产中，而且体现在流通中。事实上，“总装厂的工作量在整个制造过程中只占15%左右”，[3] 只有在材料供应和销售环节上同样采用顾客拉动系统，取消原材料库、主要材料库（必要的设备维修备件除外）及产成品库，才能实现零库存。

在一体化的大企业中，生产组织与流通组织的关系是以生产组织为主体的，总装厂把协作厂按纵向环节组织起来，以报价的形式使它们之间竞相压低价格从而寻求短期的最低成本，协作厂在制造技术方面很难得到提高，质量得不到保证。而且，由于市场的波动，总装厂一般存有协作厂的一些库存，这样也引起了资金的积压，使成本增加。针对大规模生产方式的这些问题，精益生产方式在采购方面采取了新的措施。不论协作厂与总装厂之间的正式关系或法律关系如何，丰田公司把所有的协作厂都按其功能分别组织成不同的层，不同层次的公司，其责任不同。第一层次的协作厂，在开发新产品时应作为整个产品开发团队的一部分共同工作，与总装厂利润、信息共享。每一个第一层的协作厂都自己组织了第二层的协作厂，第二层的协作厂则被指派去制造个别的零部件。丰田公司并不希望把所有的协作厂都按纵向一体化的方式组织成一个单一的庞大的官僚体系，但是也不希望它们分散为完全独立而彼此之间只有买卖关系的公司。丰田

① Kanban一词的原意是指日本小酒馆服务员应该在最合适的时候把热酒送上，也就是在前一壶酒刚刚喝完的时候即时将新的一壶热酒送上，送早了酒就放凉了，送晚了使酒兴正浓的客人扫兴。因此，它指的是准时提供服务，这种服务是在顾客需要的时候服务员为顾客即时提供质量合格的商品与服务，不早也不迟，正好是顾客需要的时刻与质量。

② ［日］青木昌彦：《比较制度分析》，周黎安译，上海远东出版社2001年版，第114页。

③ ［美］詹姆斯·P.沃麦克等：《改变世界的机器》，沈希瑾等译，商务印书馆2003年版，第67页。

公司采取了另外一种办法，即把厂内自制的配套部分也分离出去，成为准独立的第一层的协作单位，丰田公司只保留部分股份。丰田公司和它们的关系就和其他完全独立的协作厂一样。这样发展下来，丰田公司的第一层的协作厂之间也都互有对方的不少股份，彼此互相参股。因此，丰田公司的协作单位都是独立的公司，账户完全分开，它们各自都是真正独立的利润中心，而不像许多纵向一体化的大量生产方式公司那样，只是虚假的利润中心。这些协作厂都密切参与丰田的产品开发，持有丰田公司和丰田集团其他成员的连锁股份，在外部财源方面依赖于丰田，在人事安排方面又接受丰田来的人。因此，实质上这些协作厂与丰田公司是息息相通、生死与共的。[①]

在销售方面，丰田汽车公司建立了一个各个主体共同参与的销售网络。网络中的销售商有的完全归丰田汽车公司拥有，有的只有一小部分股份属于丰田汽车公司，它们的命运和丰田公司休戚相关。销售商参与技术研发，发展了一套新的销售技术，被丰田公司叫做“主动销售”，“其基本思想是把销售商也纳入到生产体系中，把顾客也吸收进产品的开发过程中，从而在汽车总装厂、销售商和顾客之间建立起一个长远的甚至是终生的关系”。[②] 与福特制生产方式下厂商使用的流通模式不同，第一，精益流通是主动的，经销人员不是在经销店里坐等由广告而吸引来的用户上门，而是定期到经销店附近的居民家中去拜访，市场形势不佳时，经销人员于是加班加点工作，以保障生产的产品能够卖得出去。第二，精益流通更加集中，在日本总共有 1621 家经销商，[③] 几乎所有的日本经销商都有多个经销店，但如同精益生产方式的厂商只有有限数量的协作厂一样，他们也只与有限数量的经销商发生业务联系，因此这些经销店都有相当的规模。第三，精益生产与精益流通成为一个有机整体，通过信息技术销售商成为整个生产体系中的一部分，精心收集的消费者对新车的喜好方面的信息，被系统地反馈给新产品开发团队，而且是“看板系统”体系中的第一个环节，精益销售构成一个由用户的需求带动的而不是由工厂的需求带动的生产体系的前锋。第四，精益流通使整个生产更有效率，经销商把预售的汽车订单交给工厂，然后在两至三个星期之后将汽车交给定制的顾客，这种销售方式使丰田公司的成品库存几乎为零，工厂运转效率更高。第五，精

① [美] 詹姆斯·P.沃麦克等：《改变世界的机器》，沈希瑾等译，商务印书馆 2003 年版，第 70–72 页。
② 同①，第 79 页。
③ 同①，第 218 页。

益流通向消费者逐渐灌输对分销渠道的忠诚，使新的竞争者很难争得市场份额，保证了对市场份额的占有。

因此正当福特与斯隆还沉醉于大量生产方式概念的时候，日本在20世纪80年代凭借精益生产方式逐渐达到了世界领先地位。如表3-3所示，在生产标准车并完成同样的标准活动时，高冈厂的生产率和精确程度几乎是弗雷明汉厂的2~3倍，在制造面积方面，前者效率高40%，而其库存储备仅为弗雷明汉厂的极少部分。

表3-3　1986年通用汽车公司弗雷明汉总装厂与丰田高冈总装厂对比表

	通用弗雷明汉厂	丰田高冈厂
每车总装工时	40.7	18
修正后的每车总装工时	31	16
每百辆车总装缺陷数	130	45
每车占总装面积	8.1	4.8
平均零件库存	2周	2小时

资料来源：国际汽车计划各国总装厂调研报告。转引自［美］詹姆斯·P.沃麦克等：《改变世界的机器》，沈希瑾等译，商务印书馆2003年版，第92页。

五、敏捷制造与敏捷流通

20世纪90年代初，为了应对日本制造业的竞争，重新夺回美国制造业的世界领先地位，美国政府把制造业发展战略目标瞄向21世纪。美国通用汽车公司（GM）和里海（Lehigh）大学的雅柯卡（Iaccocca）研究所在国防部的资助下，组织了百余家公司，耗资50万美元，分析研究400多篇优秀报告后，提出《21世纪制造企业战略》的报告，在这份报告中首次提出敏捷制造（Agile Manufacturing，AM）① 的新概念。报告认为，美国的消费品生产、半导体工业、汽车工业、化学工业中传统的大批量制造企业应在未来的世纪中转变为更“灵活”的企业，否则就会在全球化的市场竞争中失去优势，即便在大批量的制造企业中采用了准时生产和精益生产，由于企业仍停留在制造每一个零件和部件的“全能”型方式下，竞争优势只体现在全能和生产规模下，而灵活的制造则着眼于小规模、模块化组合和企业间合作生产，发挥了众多特长企业的优势来适应变化多端的市

① 有的亦翻译成灵捷制造，如杨开峰等翻译的［美］史蒂文·L.戈德曼等的《灵捷竞争者与虚拟组织》。

场需求，能及时抓住机遇并以极高的灵敏度响应市场。1992 年，美国政府将敏捷制造这种全新的制造模式作为 21 世纪制造企业的战略。

敏捷制造的目标是快速响应市场的变化，抓住瞬息即逝的机遇，在尽可能短的时间内向市场提供高性能、高可靠性、价格适宜的产品。也就是说，敏捷制造一方面要“快”，另一方面要“准”，其核心就在于既要生产无限的产品外部多样化，又不能因产品多样化而导致额外的成本与时间的延长。因此，敏捷制造必须在其各个环节都采用先进技术，“无处不在的信息和通信作为未来工业革命的技术要素，是灵捷变革的最核心、最关键和最基本的部分”。[①] 例如，产品设计阶段，如果采用传统的人工设计方法，不但做不到“快”，也很难做到“准”，所以就要采用“计算机辅助工程设计”、“并行工程”，甚至“虚拟产品开发”等先进制造技术，只有在设计阶段就考虑到下游的制造、装配、使用、维修，才能做到一次成功。另外，也必须采用其他一些先进制造技术，例如柔性制造、计算机辅助管理、企业经营过程重构、计算机辅助质量保证、产品数据管理以及产品数据交换标准等技术。一个良好的敏捷制造系统应该具有高度柔性（可重构性、可重用性、可扩展性等）的软系统（信息系统、控制系统、组织结构等）和硬系统（制造单元、通信网络、硬件资源等），以提高企业的快速应变能力。同时，还应具有高度集成化的信息管理系统、过程管理系统和先进的制造过程仿真及评估系统。通过将一些可重新编程、可重新组合、可连续更换的生产系统结合成为一个新的、信息密集的制造系统，实现同一产品的不同型号组件的不同转换，实现生产成本与产品类型无关的神话；通过并行工程、虚拟产品制造、创新的技术水平等措施实现新产品快速面市；通过并行设计、质量功能配置、价值分析、仿真等手段，在产品的设计、制造、销售、服务、维修、回收等整个生命周期内的各个环节使顾客满意。尤其是网络应用的普及使得顾客的个性化需求信息的传播速度和成本极大降低，企业获取市场需求的时间成本和信息获取成本无限减少，从而为企业迅捷准确地抓住快速多变的市场、捕捉商机、赢得市场创造了前提条件。

为了达到快速响应市场的目标，企业除了具备现代信息技术外，还需要供应商和销售商具备灵活的战略关系，充分利用不同公司的资源。“外

---

① ［美］ 史蒂文·L.戈德曼等：《灵捷竞争者与虚拟组织》，杨开峰等译，辽宁教育出版社 1998 年版，第 325 页。

包”(Outsourcing) 这种管理方式被广泛应用。[①]“外包”是指企业在内部资源有限的基本前提下，为取得更大的竞争优势，仅保留其最具竞争力的核心环节，充分利用外部最优秀的专业化资源来完成其他功能，从而实现降低成本、提高效率、快速应变等诸多目标的一种灵捷的企业管理模式。面对激烈的竞争环境，任何企业都难以具有全面的资源优势，若还将本来就有限的资源再分散到非核心环节中，根本不可能获得竞争优势。采用外包模式，企业则能集中资源与力量，选择自己专长的领域，并在该领域形成技术壁垒和规模优势，既充分利用了资源，又有利于建立自己的核心竞争力，提高对外部环境变化的适应能力。

一般而言，外包分为两种，一种是以生产为中心的合作组织模式，另一种是以流通为中心的合作组织模式。在以生产为中心的合作组织模式中，核心企业主要负责产品的最终组装或生产技术难度高、附加值大、对规模效益反应敏感的配套产品。小企业大多分工生产技术要求低、批量小、专业性分工度高的各种零部件与半成品。参与集群的中小企业往往又有一次承包、二次承包、三次承包甚至更多次承包之分，即把核心企业委托的生产业务根据专业分工要求分包给其他小企业，从而形成多层次的分工协作系统，在集群内形成一条完整的产业链。在以流通为中心的合作组织模式中，一般是以一家贸易性企业为核心企业，专门收购其他专业化分厂的小企业产品并负责专营销售。与以生产为中心的合作模式不同，在以流通为中心的合作模式中，核心企业本身并不参与产品的加工或组装，它们大多是专业贸易商或综合出口商，这种模式将核心企业的营销优势与生产加工小企业的灵活、小批量多品种生产经营优势相结合，形成竞争优势。

在敏捷制造的情况下，企业需要从采购到销售全程实现快速响应，然而在企业的整个价值链中，效率低的劣势环节会降低整个价值链的竞争力。通过外包将本企业价值链中的劣势环节用其他企业价值链中具有比较优势的相应环节来代替，就会实现不同企业价值链之间比较优势的组合。将一些重要但非核心的业务外包给专业企业去完成，实际上是把多家专业企业的优秀人才集中起来为自己所用。在全球范围内进行业务外包，就是在全球范围内开发利用优势资源，最大限度地整合资源。1998 年以来，戴尔、思科、惠普、IBM、硅谷、摩托罗拉和康柏等公司纷纷将大部分电

① 在林金忠（2004）看来“外包”是单件制生产方式下“包买商”的现代翻版。

子组件和产品总装业务外包给供应商，主要看中了供应商在承包业务上的高效率、低成本的竞争优势。这些优势与发包公司核心业务的竞争优势组合在一起，形成企业间的优势互补，大大提高了发包企业对外部环境变化的反应能力。“到 2000 年之际，这些公司剥离制造工厂的运动达到了高潮。”①

从表 3–4 中可以看到精益生产与敏捷制造方式中生产组织与流通组织的不同。

表 3–4　精益生产与敏捷制造对比表

	精益生产（LP）	敏捷制造（AM）
产生背景	日本	美国
产品市场	从供应商到分销商、零售商全程合作，大大减少库存	突出市场导向，组织任意批量、多种系列、高技术含量和高质量的产品生产、供应
生产组织	建立生产平台，以独特技术组合生产专门化产品，同时对每一环节质量控制	实现制造、经营的集约化
流通组织	生产组织强调在竞争中选择供应商与销售商，建立长期稳定的合作关系，实现生产、供应信息的共享	生产组织以外包的形式选择供应商与销售商，实现资源的有效整合
战略核心	降低全程成本	不仅注重现有市场份额，更注重未来市场的适应与扩展

显然，在敏捷制造和敏捷流通中，对于核心企业来说，由于大量集中的需求，可以大规模地生产同一种产品，从而获得规模经济效益，具有低成本优势。这一优势对于外包企业自身而言，也可大大提高市场竞争力。

六、流通组织与生产组织的垂直分离及其组织结构

通过对后福特制生产方式的两种具体形式——精益生产与敏捷制造的比较可以看出，与精益生产不断降低浪费从而降低成本不同，敏捷制造从战略的高度来提出企业的目标，敏捷制造不仅着眼于维持和扩大现有的市场份额以及现有生产过程的优化和改善，更注重对未来市场的适应和占有，注重企业驾驭这种随着市场变迁而不断自我调整的能力。随着产品结构逐步向多元化、个性化变化，在未来的新经济模式下，决定产品成本、

① [美] 威廉·拉让尼克：《创新魔咒——新经济能否带来持续繁荣》，黄一义、冀书鹏译，上海远东出版社 2011 年版，第 42 页。

产品利润和产品竞争能力的主要因素是开发、生产该产品所需的知识的价值而不是材料、设备或劳动力。作为高工资成本的发达国家，美国人认识到他们无法和发展中国家在人员工资和劳动力成本上竞争，于是希望能尽可能地通过把知识融进产品使之产业化的方法来获取利润。美国企业在高精尖武器、高端计算机、网络设备、大型管理软件等产品中获得了相当高的利润，也印证了技术实力对企业利润的有力支持，说明敏捷制造这种思路会使企业更有竞争力，从而是今后企业竞相采用的一种模式。那么敏捷制造采用什么样的组织结构？

在福特制生产条件下，由于巨大的制造工厂和标准化的生产，企业采取的是自上而下的垂直一体化的组织结构。然而，20 世纪末随着技术、市场条件的变化，使企业经营环境的不确定性大大增加，也使纵向一体化的局限性越来越明显。这种局限性表现在：一是对市场机会的把握能力不强。纵向一体化企业内部复杂的组织结构和业务联系，使其对市场环境的适应能力大为削弱。二是使企业从事了许多并不擅长的业务活动。纵向一体化经营把产品设计、计划、财务、会计、生产、设备维修等工作都当做本企业必不可少的业务工作，从而花费大量的人力、物力和时间，大大增加了企业运营成本，不利于关键性业务的加强和核心竞争力的提高。三是在每个业务领域都直接面临众多的竞争对手。采取“纵向一体化” 管理模式的企业必须在不同的业务领域直接与不同的竞争对手进行竞争，在企业资源、精力、经验都有限的情况下，四面出击的结果是可想而知的，即使是 IBM 这样的大公司，也不可能拥有所有业务活动所必需的能力。四是增大了企业的行业经营风险。一旦行业不景气，采用纵向一体化模式的企业就会在最终用户市场遭受损失。

由于垂直一体化经营模式存在以上弊端，20 世纪 90 年代以来，国际上越来越多的企业实行纵向分解，转而实行新的企业组织结构，目的是突破企业自身条件的限制，利用企业外部资源较快地适应和满足市场需求，使企业从事其最具有核心力的业务，实现优势互补，协作经营，提高企业的核心竞争力。因此，在敏捷制造这种更具有竞争力的模式中，生产组织与流通组织是相互独立的，是垂直分离的。敏捷制造认为，新产品投放市场的速度是当今最重要的竞争优势。推出新产品最快的办法是利用不同公司的资源。生产组织为完成一定任务，需要与不同的供货商、销售商、设计单位或设计师，甚至与用户组成企业联合体，选择这些合作伙伴的依据是他们的专长、竞争能力和商誉，这样生产组织与流通组织就形成了一个动态联盟。动态联盟是由多个规模各异、拥有不同专长的企业群体，基于某一市场机遇，通过计算机网络临时组成的一个具有时间上的“快速性”和空间上的“全球性”的动态合作经济实体。它把与任务项目有关的各领域的精华力量集中起来，形成单个企业无法比拟的绝对优势。各企业间严格履行企业合约，利益同享，风险共担。当任务或产品寿命终结时，联盟企业自行解散或缔结新的联盟。这样，联合其他企业而组成的这种动态联盟，就可以大大缩短产品上市时间，加速产品的改进发展，使产品质量不断提高，也能大大降低公司开支，增加收益。

在这种利用信息技术打破时空阻隔的动态组织结构中，一方面，企业成员之间的关系是相互独立的，企业成员之间不具有相互依存关系，组织成员只是为了完成核心企业组织的某项研究、生产和供销任务等不同的功能而临时组合而成；另一方面，企业成员之间的关系是一种动态关系。组织成员基于市场机遇建立、调整和瓦解，处于动态变化之中，没有固定的核心企业，按照环境和企业内部功能的变化而不断调整，根据目标不同可能互为核心企业和成员企业。它们因为某一特定任务而存在，因该项特定任务的完成而解散，不像企业集团或战略联盟稳固，且相互之间的核心地位也因任务的不同而发生变化。

在敏捷制造的运行中，这种动态联盟必然是一种扁平化的组织运作形式。所谓扁平组织结构，指战略层和作业层很大，而中间层很小的组织结构，或者说两头大中间小的组织，也就是由尽可能少的组织层次来制定目标和实施决策，使组织在信息联系方面更趋紧密和有效率。哈默与钱皮的企业流程再造（Business Process Reengineering，BPR）范式也表达了同样的观点。“等级制度的决策方式所付出的代价现在已经高得令人难以忍受。事无巨细都要层层向上请示，这样的决策对节奏快速的市场来说，必然是显得太慢了”，[①] 他们认为组织应该以业务流程为核心，从根本上重新分析、设计组织的跨职能部门甚至跨组织的业务流程，再造后的组织应以再造后的业务流程作为组建新的组织单元的基础，组织单元应由传统的职能部门转变为面向流程的团队，使组织结构层次减少，向扁平化方向发展。

① [美] 迈克尔·哈默、詹姆斯·钱皮：《改革公司：企业革命的宣言书》，胡毓源译，上海译文出版社1998年版，第97页。

信息化技术是扁平化的技术保证。随着信息技术的发展，现代网络技术和功能强大的管理软件能够对众多企业反馈的大量信息进行快速处理，并能通过互联网对企业的信息进行综合处理，并迅速在同一时点向所有对象传送信息。因此，扁平化过程中所遇到的信息的传递与处理问题，能够通过现代信息技术迎刃而解。“在很多情况下，中层管理者的信息处理职能可由计算机进行得更有效、更快和更准确，在很多公司中，如克莱斯勒、通用、韦尔豪泽、费尔斯通、施乐和美国铝业公司，它们的中层管理和参谋人员的岗位有了大量缩减”，[①] 并取得了辉煌的成绩。例如，在韦尔奇接任美国通用电气公司总裁时期，当时该公司有 40 多万职工，其中有经理头衔的就达 2.5 万人，高层经理 500 多人，副总裁就有 130 人。管理层次有 12 层，工资级别多达 29 级。为了适应环境的变化，彻底消除组织内部的官僚习气，韦尔奇果断改革，1981~1992 年砍掉了 350 多个部门，管理机构由 12 层扁平化至 5 层，副总裁由 130 名减至 13 名。扁平化的结果是，12 年里销售收入增长了 2.5 倍，税后净利润翻了 3 番。

在流通组织与生产组织垂直分离的动态联盟中，无论是对核心企业而言，还是对外围企业而言，竞争力都得到极大提高。但是，从雇佣规模和销售额来看，外围小规模供应商数量上的增加，并没有改变核心企业的核心地位。相反，随着更多的生产活动由外围生产组织承担，核心企业的决策权力的范围实际上也随之不断扩大。与其说这种合作是为了分散创新过程中的风险，实现所有企业的共同利益，还不如说是核心企业将创新的风险转嫁给外围企业。大企业将整个生产系统分权化，因此一家大企业可能拥有许多地理上距离遥远而分散的工作地点，但是权力、财务和控制权仍然掌握在全球性大企业的经理人手中。敏捷制造与敏捷流通的实现，尽管开创了劳动力广泛全球化的新阶段，但并不排除核心企业与外包企业之间的对抗，也不排除资本家与工人之间的对抗。在后福特制条件下，核心企业的员工并未避免资本主义劳动力市场的不安全，而是将这种不安全转嫁到了外围企业员工的头上，也就是“一个完整的次级劳动力或者说是‘外围部门’充当了缓冲，为倍受关照的核心雇员缓解了雇佣安全上市场不稳定带来的冲击”。[②] 一般而言，这种员工之间地位的不平等在工资上可以鲜

① ［美］卡斯特、罗森茨韦克：《组织与管理》，李注流等译，中国社会科学出版社 2000 年版，第 303 页。
② ［英］戴维·柯茨：《资本主义的模式》，耿修林、宗兆昌译，江苏人民出版社 2001 年版，第 152 页。

明地体现出来，“核心劳动者增长快，越往供给链的下层，工资增长越慢”。[①]所以，“任何雇佣劳动的形式，即使一种形式能够消除另一种形式的缺点，也不能消除雇佣劳动本身的特点”。[②]

七、后福特制生产方式下流通组织的特征

1. 后福特制生产方式下，现代流通组织往往采取直营连锁的组织形式，即同一资本所有权

公司总部对各门店拥有所有权，同一经营管理权和监督权，公司总部对各门店的人事和经营事务具有决策权，同一企业标识，统一进货，统一配送，统一服务，统一价格政策，等等。这种集权化的扁平式组织结构，内部组织化程度非常高、结构比较稳定，既可以充分发挥各职能部门的业务专长，又可以统一决策，避免出现领导混乱、指挥混乱的局面，提高了整个组织的反应能力和工作效率，从而在运营速度上具有优势。

2. 借助于专业物流服务提供商（3PL、4PL），流通组织得到快速发展

专业物流服务提供商的出现是流通组织变化的重要环节，也是西方流通组织研究的重点。奥亚玛等将专业的物流公司划分为第三方物流（3PL）和第四方物流（4PL）两种。[③]第三方物流公司（3PL）凭借着一定的资产（如配送中心、运输车队等）为企业提供物流服务，而第四方物流公司（4PL）则一般属无资产型，通过掌握的行业信息和专业知识，为公司提供整套供应链解决和改善方案，包括整合多家3PL。不管是第三方物流公司还是第四方物流公司，它们凭借专业的知识和服务为顾客提供供应链管理的服务，极大地整合了分散组织的各项流通职能，加强了对流通组织的管理，提高了流通组织的效率（Hesseand Rodrigue，2004）。[④]

3. 企业间战略联盟将整个行业变为一个整体

联盟与兼并更多地出现在流通组织业务在产业链上横向和纵向的扩

① [英] 戴维·柯茨：《资本主义的模式》，耿修林、宗兆昌译，江苏人民出版社2001年版，第220页。

②《马克思恩格斯全集》第47卷，人民出版社1979年版，第64页。

③ Yuko Aoyama，Samuel Ratick & Guido Schwarz，“Organizational Dynamics of the U.S. Logistics Industry：An Economic Geography Perspective”，*The Professional Geographer*，Vol.58，No.3，2006，pp.327-340.

④ Markus Hesse and J.-P. Rodrigue，“The Transport Geography of Logistics and Freight Distribution”，*Journal of Transport Geography*，Vol.12，No.3，September 2004，pp.171-184.

张，战略联盟使成员之间可以共享运输工具或物流基础设施、服务和共担风险，由此实现流通组织快速全球化。战略联盟后期，这种趋势就发展为更直接的合并或兼并。通过重组可以把一个行业变为一个整体，以提供有效的作业系统，把买方和卖方联系起来为目的，围绕着特定的服务厂商建立起来。企业战略联盟改变了流通组织的形式，推动了流通组织的全球化发展，出现了多家跨国流通企业的强强联合，也导致部分地方流通企业缺乏，发展受到限制。①

4. 企业间的关系由垂直一体化向水平网络方向发展

这一时期，以弹性专业化生产模式为特征的“新产业区”和后福特制生产方式克服了福特制下经济发展面临的经济危机，成为最发达经济区域的典型特征。弹性化（Flexibility）表示强烈地以市场和顾客为导向的价值创造，现代的生产和流通已经不再只是围绕一个公司的活动，而是越来越多地在供应商和销售商以及它们的子承包商组成的网络中扮演角色。原来那种围绕着某个制造商核心企业的垂直一体化的组织方式已经不再是主流。供应链将原来那些分工明确的部门通过信息、交流、合作和实体分配捆绑在一起，转向一种面向多客户，组织多主体的水平网络方向发展。②

---

① Poul Ove Pedersen，“Freight Transport under Globalisation and Its Impact on Africa”，*Journal of Transport Geography* Vol.9，No.2，June 2001，pp.85-99.

② Bowersox Donald J. and Closs David J.，*Logisitical Management*：*The Integrated Supply Chain Process*，New York：McGraw-Hill，1998.

第四章　后福特制生产方式深化中的流通组织买方市场势力

随着后福特制生产方式的深化，流通组织的利润不仅来源于产品零售一个环节，更重要的是在利用对销售渠道控制力的基础上，对产品设计、生产制造、物流配送、订单处理等价值链其他环节形成了逆向控制，进而从这些组织外的环节获取了高额的利润，从而形成买方市场势力。生产力、生产方式以及生产关系一直是马克思主义经济学研究的核心，本书试图根据“生产力—生产方式—生产关系”原理来分析流通组织买方市场势力。生产力的分工作用引致信息技术的提升和市场规模的拓展，生产方式目前发展为后福特制生产方式，生产关系的资本属性引致企业垂直分离，通过价值链的整体控制及企业关系重构，实现了买方市场势力的增强，垄断利润得到快速提高，这又使得反映规模经济、范围经济和垄断利润的当代生产力—生产方式—生产关系系统不断深化。这是一个正反馈和自增强路径，在生产力—生产方式—生产关系系统中，流通组织买方市场势力得到不断加强。跨国流通组织买方市场势力对本土生产组织、消费者、流通组织及农业组织都具有反竞争效应。

第一节　市场势力与买方垄断

一、市场竞争的终结和垄断的产生

在新古典主义经济学中，竞争概念的严格性成为整体分析的阿喀琉斯之踵。新古典主义“把竞争看成是摆脱了束缚的、仅仅受自身利益制约的个人之间的冲突，看成是自由的个人之间的相互排斥和吸引”。[①] 秉承这样的学术范式，新古典主义认为当今时代是企业间竞争激烈加剧的时代，而且是全球范围的竞争，这一事实如此不证自明，不再需要经验证实和学术检验。[②]

“尽管资本主义的抽象理论（包括其新自由主义变体）始终在呼吁理想化的竞争，但是资本家却热切地渴望得到垄断权力，因为它能够带来安全、可预见性和更为普遍的和平存在。”[③] 但是，“自然很明显，这样一种关于和谐地发展着的制度的模型，并不是资本主义现实的忠实反映”。在现实世界中，“竞争的最终结果是垄断或寡头独占，而且竞争越激烈，资本主义体系就会越迅速地聚合为如下状态：最近 30 年来，核心资本主义国家由于采取了新自由主义占据主导的经济政策，从而导致许多经济领域（从航空业、能源业到媒体业和娱乐业）的垄断和寡头独占都得到了令人难以置信的提升”。[④]

新古典经济学惯于用结果诠释结果，就如同一整套可变换的变量因为“精巧”的适合而被用来“解释”其他变量。人们采用的这种实证主义姿态，只会使现代经济学更加偏执于经验的表象和繁琐冗长的表述，即使在某些方面凭借“行为主义”方法论和现象学的微调而具备一点人文味，也不能改变其倒退的趋势。罗伯特·福格尔提出，经济学相对于经济发展的滞后已超出了其应该的范围，而这在某种程度上是因为经济学过多地纠缠于 20 世纪前 1/3 左右时间发展起来的各种经济概念和分析技巧，并在随后的几十年中不断以更为复杂和更一般的数理模型来重新表述。尽管这强化了经济学的适应性和分析能力，但也部分地导致经济学在此期间没有得到巨大的发展，因为精细化取向并不鼓励人们对经济学假设等的反思。[⑤]

---

①《马克思恩格斯全集》第 46 卷（下），人民出版社 1980 年版，第 158 页。

②［美］保罗·巴兰、保罗·斯威齐：《垄断资本》，南开大学政治经济学系译，商务印书馆 1977 年版，第 57 页。

③［美］大卫·哈维：《新帝国主义》，初立忠、沈晓雷译，社会科学文献出版社 2009 年版，第 79 页。戴维·哈维与大卫·哈维是同一个人，为了尊重译者的翻译，人名分别标出。

④［美］大卫·哈维：《新帝国主义》，初立忠、沈晓雷译，社会科学文献出版社 2009 年版，第 79–80 页。

⑤［美］R.W.福格尔：《经济学要与时俱进》，载吴敬琏《比较》（5），中信出版社 2003 年版，第 93–108 页。

那么新古典主义为什么要顽固地坚持它的一般均衡的整体理论所依靠的完全竞争的经济模式，而完全无视活生生的现实呢？其中的原因约翰·希克斯在他的《价值和资本》一书中表达得最为完善："如果我们假定，具有代表性的公司（至少在大规模经济体的重要行业中）对它的销售价格能够施加某些影响……因而［它］在某种程度上就是垄断企业……然而必须要认识到，对完全竞争的假设的普遍抛弃，对垄断假设的广泛接受，必定对经济理论有着摧毁性的后果。在垄断条件下稳定条件变得不可确定；经济规律得以构建的基础因而被剪断了……"①

如同从亚当·斯密（Adam Smith）到约翰·斯图亚特·穆勒（John Stuart Mill）为止的古典政治经济学，马克思的《资本论》也是基于下列假设前提的，一切商品都是由许多厂商组成的行业生产的，即由许多资本组成的行业生产的；每个厂商或资本在总产出中所占比重极小，全都对非人格化的市场力所产生的价格和利润信号作出反应。在商品市场上，资本所有者展开了以追逐利润为主题的竞争，因此"竞争就是追逐利润的竞赛"。②

但是，与古典经济学家不同，马克思对竞争的分析显然并不止于一般的竞争规律和竞争机理。在马克思主义的分析框架中，"竞争不过是资本的内在本性，是作为许多资本彼此间的相互作用而表现出来并得到实现的资本的本质规定，不过是作为外在必然性表现出来的内在趋势"。③ 马克思是从资本本身的内在逻辑来研究竞争的，竞争并不具有独立的地位，而是从属于资本的性质本身，"只有了解了资本的内在本性，才能对竞争进行科学的分析，正像只有认识了天体的实际的，但又直接感觉不到的运动的人，才能了解天体的表面运动一样"。④ 资本的逻辑不仅决定着竞争的性质，而且决定着竞争的运行，"竞争造成的对支配着资本家的那种关系的看法（因为，事实上在竞争中正是资本本身的规律在资本家面前表现为外部强制，既是他的资本对其他资本的强制，也是其他资本对他的资本的强制），使资本家完全不能理解他在其中活动的那些关系的内部实质，而资

① ［美］约翰·贝拉米·福斯特等：《21 世纪资本主义的垄断和竞争》（上），《国外理论动态》2011 年第 9 期，第 14 页。

②《马克思恩格斯全集》第 4 卷，人民出版社 1958 年版，第 178 页。

③《马克思恩格斯全集》第 46 卷（上），人民出版社 1979 年版，第 397–398 页。

④《马克思恩格斯全集》第 23 卷，人民出版社 1972 年版，第 352 页。

本家本人只不过是这些关系的有关代表或职能执行者而已”。[①] 在马克思看来，竞争不过是资本在运动过程中以一种外在的普遍力量的形式表现出来的内在的本质，这种竞争经济内在地既不稳定也不可能持久。

从资本的演化视角，马克思指出既然“竞争斗争是通过使商品便宜来进行的。在其他条件不变时，商品的便宜取决于劳动生产率，而劳动生产率又取决于生产规模。因此，较大的资本战胜较小的资本”。[②] 这样，在竞争市场中获得成功的绝对方法，就是降低成本和扩大生产，这是一个需要不断采用新的技术和组织形式来追求剩余价值并用以投资的积累资本的过程，即资本积累。资本家是资本的人格化，在资本主义市场竞争之中，资本积累成为生存以及获取剩余价值的手段，是资本主义扩大再生产并保持经济增长的原动力，而不仅仅是消费和储蓄的跨期优化。

在资本积累的过程中，开始时只是积累的帮手的信用体系很快成为竞争中一种新的、令人害怕的武器，并最终转化成为使资本集中化的巨大社会机制。马克思揭示了资本积累规律的双重作用：“随着资本主义生产方式的发展，利润率会下降，而利润量会随着所使用的资本量的增加而增加。”[③] 这必然导致单个资本家为了生产地使用劳动所必需的资本最低限额，随着利润率的下降而增加。资本加速积累的需要迫使资本家不得不更加依赖于生息资本；同时，达不到预付资本最低限额的大量分散的中小资本，由于利润预期的降低不得不进行各种金融投机；于是，催生了金融业的繁荣和泡沫。信用不仅对产业资本产生巨大影响，同时对商业资本也产生巨大影响。“大规模的和供应远地市场的生产，会把全部产品投入商业手中；但是，要使一国的资本增加一倍，以便商业能够用自有的资本把全国的产品买去并且再卖掉，这是不可能的。在这里，信用就是不可避免的了；信用的数量和生产的价值量一起增长，信用的期限也会随着市场距离的增加而延长。在这里是互相影响的。生产过程的发展促使信用扩大，而信用又引起工商业活动的增长。”[④]

信用和产业资本本身的规模一同增大。例如，信用使工厂主、商人等

---

①《马克思恩格斯全集》第 32 卷，人民出版社 1998 年版，第 416 页。
②《马克思恩格斯全集》第 23 卷，人民出版社 1972 年版，第 686–687 页。
③《马克思恩格斯全集》第 25 卷，人民出版社 1974 年版，第 276 页。
④ 同③，第 544 页。

都可以大大超过他们的资本从事经营；信用使货币形式上的回流不以实际回流的时间为转移，从而加速了资本在形式上的回流速度；等等。因此，生产经营规模的扩大必然引起信用的扩大，而信用的膨胀反过来又促进生产经营规模的扩张。这一切都会使产业资本通过各种信用形式，获取追加资本，用以扩大生产经营规模。同时，在繁荣阶段，股票、债券等虚拟资本的巨大增长和各种投机活动的大量兴起，又为进一步扩大信贷规模，提出了强烈的需求。信用的繁荣导致产业资本的繁荣。“巨额融资的这个‘令人迷惑的’世界包含着同样令人迷惑的交叉活动的变化，在其中，各个银行从其他银行、保险公司和养老基金大量短期借款，这些投资资金大量聚集起来，起着支配‘市场创造者’的作用，而工业、商业和不动产资本变得如此集中于金融运作和机构，以至于要说出商业和工业利益始于何处以及严格的金融利益终止于何处，正日益变得很困难。”① 目前，随着货币衍生工具、利率掉期等新兴市场的出现，新兴市场在 1990~2006 年间已经从零发展到占全球经济产出的约 3 倍。② 资本的金融化使资本进一步集中。

“的确，与古典经济学家不一样，马克思充分认识到竞争经济中所固有的资本积聚和集中的强大趋势：他所想象的资本主义的未来肯定包含了新的和纯粹的垄断资本主义形态。”③ 恩格斯也认为，“长期备受推崇的竞争自由已经达到了它的尽头，该是宣布自身显然要破产的时候了”。④

在熊彼特看来，双头垄断或者“多头垄断”的状况比完美的竞争实际上重要得多，在理论和现实意义上更具有普遍的重要性。“传统理论本身，即使在它所选择的静止经济或稳定增长经济领域内，自从马歇尔和埃奇沃思时代起，已经发现对完全竞争附带地对自由贸易这个旧命题越来越多的例外，因而动摇了从李嘉图到马歇尔之间这一代人——大约就是英国 J.S. 穆勒这一代和欧洲弗朗切斯科·费拉拉这一代——怀有的对完全竞争的无条件信任。尤其是这样的命题，即完全的竞争体系能最理想地节约资源，

---

① [美] 戴维·哈维：《后现代的状况》，阎嘉译，商务印书馆 2003 年版，第 208 页。

②《大卫·哈维谈资本的逻辑与全球金融危机》，禚明亮译，《国外理论动态》2010 年第 1 期，第 10 页。

③ [美] 保罗·巴兰、保罗·斯威齐：《垄断资本》，南开大学政治经济学系译，商务印书馆 1977 年版，第 10 页。

④ [英] 约翰·伊特韦尔等编：《新帕尔格雷夫经济学大辞典》（第 3 卷），陈岱孙主编译，经济科学出版社 1996 年版，第 580 页。

并能按照一定收入分布状况以最合适的方式分配资源（与产量状况极为有关的命题），现在不再能保持人们原有的信任了。”[①] 在动态分析的视阈内，熊彼特认为，完全竞争理论更不具有现实性，“一旦平衡遭到某些干扰的破坏，建立新平衡的过程不像完全竞争旧理论建立新平衡那样的可靠、迅速和方便；而为调整所作奋斗的结果可能导致这样的一种状况，即离开新的平衡更加遥远而不是更加接近”。[②] 尤其是，在创造性毁灭过程中，“完全自由地进入新领域可能使进入新领域成为根本不可能。引进新的生产方法和新的商品很难想象从一开始就使用——完全迅速的、完全竞争的方法。这即是指，我们称为经济进步的大量东西和完全竞争是不能共存的”。[③] 相反，大规模的企业成为垄断控制的现代趋势，“引导我们的线索不是把我们带到在比较自由竞争条件下工作的那些企业的门前，而是明确地把我们带到大公司的门前……大企业在创造生活标准（而不是降低它）上可能起了较大的作用”。[④] 因此，“完全竞争不但不可能而且效果不佳，它没有资格被树立为理想效率的模范”。[⑤] 事实上，完全竞争的概念对于正统经济学来说，在很大程度上具有精神支柱的性质，“一旦懂得这一点，美化这个机制的理论的实际含义的大部分乐观主义，通过象牙之门消散得无影无踪了”。[⑥]

因此，“我们必须承认，作为十九世纪英国市场关系的统治形式的竞争，已经不再居于那种地位，这不仅在英国是如此，在资本主义世界的任何其他地方也莫不如此。在今天，资本主义世界的典型的经济单位，不是为无法知道的市场生产一种统一产品的微不足道部分的小商号，而是生产一个甚至几个工业部门的大部分产品的大规模企业，它能控制自己的产品的价格、生产的数量以及投资的种类和数量。换言之，典型的经济单位具有一度认为只有垄断组织才具有的那种特征。因此，在构造经济模型时，不容许忽视垄断而继续把竞争当作一般的情况。在企图了解垄断阶段的资

① ［美］约瑟夫·熊彼特：《资本主义、社会主义与民主》，吴良健译，商务印书馆 2004 年版，第 172 页。
② 同①，第 172–173 页。
③ 同①，第 174 页。
④ 同①，第 145 页。
⑤ 同①，第 176 页。
⑥ 同①，第 173 页。

本主义时，我们不能脱离垄断，也不能把它看做一个只起限制作用的因素；我们必须把它放在分析工作的最中心”。① 垄断的产生，是资本主义生产方式的必然结果和反映，同时也是资本主义生产方式自身矛盾的表现。“这种资本主义生产方式的矛盾正好在于它的这种趋势：使生产力绝对发展，而这种发展和资本在其中运动、并且只能在其中运动的特有的生产条件不断发生冲突。”②

二、流通组织的买方市场势力

竞争资本发展到垄断资本，加剧了资本的过剩。“资本主义自 1973 年以来一直处于长期的过度积累的困难之中。”③ 追逐剩余价值是资本主义生产的目的和动力，市场问题是实现剩余价值的关键，价值实现是资本增殖的根本问题。“以资本为基础的生产，其条件是创造出一个不断扩大的流通范围，不管是直接扩大这个范围，还是在这个范围内把更多的地点创造为生产地点。”④ 扩大流通范围不仅在国内，而且“创造世界市场的趋势已经直接包含在资本的概念本身中”。⑤ 资本的增殖必然以价值的实现为根本条件，虚拟经济再繁荣，如果实体经济不能实现价值的实现，则危机将是不可避免的命运。资本的运作是一个矛盾统一体。以利润率下降为特征的“价值增殖危机”被“价值实现危机”所取代。阻碍资本主义积累进程的不再是利润率的低下，而是最终需求的不足。“资本为追求利润而持续流动，这一过程本身在客观上重组了经济——通过自然的加强，而不是战略或计划的结果。但是自 20 世纪 70 年代以来，利润主要发生在金融投机和商业寄生，以及其他短暂无常的服务部门，而不是在生产当中……”⑥ 金融危机的反复发生已经鲜明地揭示金融投机的不可靠性，人们已经认识到金融投机的危害，相反，资本在商业领域的运作却容易被人们忽视。正如

---

①［美］保罗·巴兰、保罗·斯威齐：《垄断资本》，南开大学政治经济学系译，商务印书馆 1977 年版，第 11–12 页。

②《马克思恩格斯全集》第 25 卷，人民出版社 1974 年版，第 287–391 页。

③［美］大卫·哈维：《新帝国主义》，初立忠、沈晓雷译，社会科学文献出版社 2009 年版，第 121 页。

④《马克思恩格斯全集》第 46 卷（上），人民出版社 1979 年版，第 390 页。

⑤ 同④，第 391 页。

⑥［美］约翰·贝拉米·福斯特等：《21 世纪资本主义的垄断和竞争》（下），《国外理论动态》2011 年第 10 期，第 34 页。

迪肯指出："尽管关于全球化过程中金融服务的角色有大量的文献，也经常有激烈的讨论，但流通产业很少作为文献或讨论的主题出现。这是一个隐蔽的领域，对其进行讨论主要局限在供应链管理、运输、零售等方面的专家。流通过程容易被人当作自然发生的流程。这里面的假设是，既然运输和通信系统被认为能缩减地理距离，那么产品从生产地到消费地的运送问题早就解决了。直到发生的一些惊人事情推翻这种想当然的观点，整个世界才幡然醒悟，开始关注流通产业。"① 随着买方市场的确立，过剩资本实现的严峻性使人们开始认识到流通产业的重要性。

在垄断阶段，流通组织的资本也日趋集中。零售商不仅拥有信息、空间等资源优势，而且市场的集中程度也远远大于制造商。在澳大利亚，前四家重点零售商占据全国销售额的75%，英国前六家零售商客户占据全国90%的销售额。在美国，沃尔玛等大型零售商的名字已在某种程度上成为一种品牌标志。美国零售业最大的50家公司的销售百分比从1992年的22.4%增加到了2007年的33.3%。② 令人注目的零售业整合典范——沃尔玛，作为"单一买家"（因而是和"单一卖家"的垄断相对的买家垄断）运用它的力量来控制生产和价格。关于零售业中积聚的趋势如表4-1所示。

表4-1 美国零售业最大的四家公司的销售（%）

行业（NAICA标准）	1992年	1997年	2002年	2007年
食品和饮料商店（445）	15.4	18.3	28.2	27.7
健康和个人护理店（446）	24.7	39.1	45.7	54.4
一般商店（452）	47.3	55.9	65.6	73.2
超市（44511）	18.0	20.8	32.5	32.0
书店（451211）	41.3	54.1	65.6	71.0
电脑和软件商店（443120）	26.2	34.9	52.5	73.1

资料来源："经济统计"，1992年、1997年、2002年和2007年，美国调查者（美国统计局，2011）。

表4-1表明，在1992~2007年的15年间，前四家积聚率在六个关键零售部门和行业都有增长。最令人注目的是在一般商店（以沃尔玛为代

① [英] 彼得·迪肯：《全球性转变——重塑21世纪的全球经济地图》，刘卫东等译，商务印书馆2009年版，第395页。

② [美] 约翰·贝拉米·福斯特等：《21世纪资本主义的垄断和竞争》（上），《国外理论动态》2011年第9期，第6页。

表）中积聚的增长，前四家积聚率从 1992 年的 47.3%增加到 2007 年的 73.2%；在信息商品上，书店的前四家积聚率从 1992 年的 41.3%增长到 2007 年的 71.0%，电脑和软件商店从 1992 年的 26.2%上升到 2007 年的 73.1%。

沃尔玛作为连接供货商和消费者的交易平台，其利润不仅来源于产品零售一个环节，更重要的是在利用对销售渠道控制力的基础上，对产品设计、生产制造、物流配送、订单处理等价值链其他环节形成了逆向控制，进而从这些组织外的环节获取了高额的利润，从而形成买方市场势力。一般而言，市场势力是指那些通过采取差异产品的竞争方式，获得一定程度的市场控制力的企业，这类企业以其产品的独特优势获得了对价格、产量的自由决策权或扩张市场份额的能力，并利用这种权利能够一定程度地摆脱来自市场的各种约束条件，实现目标成果的最大化。大型零售商通过控制销售终端，不仅在与生产商价格谈判中处于优势地位，广泛收取商品通道费，而且能够影响产品的规格和设计，甚至委托生产商生产自有品牌，即通过行使纵向约束来主导供应链的流程再造，获得买方市场势力。

学术界对于流通组织市场势力的研究由来已久。1952 年，著名经济学家加尔布雷斯（John Kenneth Galbraith）在《美国资本主义：抗衡力量的概念》一书中提出抗衡力量（Countervailing Power）的概念，他认为大型零售组织的出现构成了对制造商垄断权势的抗衡。他指出："具有一定程度垄断势力的卖方可以攫取一定程度的垄断收益。这一事实意味着，该卖方的上下游企业也有提高垄断势力的动力，因为借此它们可以使自己免于被剥削。这也意味着它们这样做有利可图，因为可以分享对手的市场势力收益。通过这种途径，一种市场势力的存在会创造出另外一种市场势力形成的激励，并且中和前一种市场势力。"[①] 加尔布雷斯把这种可以中和卖方垄断势力的买方垄断势力称为买方抗衡势力（Countervailing Power），因此，这一天才的思想被称作买方抗衡势力假说，有时也被称为加尔布雷斯假说。加尔布雷斯认为，买方抗衡势力的一个非常典型的例子就是大型零售组织的兴起。通过实施抗衡势力，这些强有力的零售商能够从生产商处获

① Galbraith, J.K. *American Capitalism: The Concept of Countervailing Power*, Boston: Houghton Mifflin, 1952, p.119.

得更低的批发价格，并且将这种成本的节约传递给消费者。加尔布雷斯据此认为，这些大型零售商“是单个消费者的代理人”,[①] 对社会是有益的。

尽管关于零售组织买方抗衡势力的假说具有一定的理论创新意义，加尔布雷斯的这本书在当时非常流行，但是关于抗衡力量的假说并没有得到普遍支持。最主要的批评来自于 Stigler 和 Hunter，他们认为，加尔布雷斯并不能合理地解释为什么零售商有动机替消费者节省成本。Stigler 提到：“为什么当一个买方垄断者或一组买方寡头出现并分享以前不受挑战的卖方垄断者或一组卖方寡头的收益时，经济运行绩效会被改善呢?……加尔布雷斯在此书或别的地方都没有解释，为什么双边寡头垄断者通常会消除垄断收益，而非重新分配它。”[②] 特别是当供货商与零售商的销售合同建立在两部收费制（Two-Part Tariff）时，该假说更加难以成立。Stigler 甚至认为，加尔布雷斯的抗衡势力概念是一种教条（Dogma），而不是一种理论（Theory），并通过经验研究[③] 反驳加尔布雷斯的观点。由于诸多有力的批评，买方抗衡势力假说一度失去其应有的影响力。[④]

1. 目前国外关于流通组织买方市场势力的研究

（1）从产业链的纵向关系角度。Dobson 和 Waterson（1999）认为，将零售业视为一个高度竞争性的行业有一定的偏颇，与制造商比较，零售商更显示出集中的趋势，这将打破制造商独占市场的势力格局，引起纵向关系结构变动。[⑤] Dobson 等（2001）进一步指出，在一些零售领域确实存在市场势力，这是对生产商市场势力的一个缓冲。当零售商在产业链中具有更强的垄断势力时，最常见的纵向控制手段有：零售商向生产商收取通道费；与生产商签订排他性协议；零售商要求生产商对于零售价格进行限

① Galbraith, J.K. *American Capitalism*, *The Concept of Countervailing Power*, Boston: Houghton Mifflin, 1952, p.131.

② George J. Stigler, "The Economist Plays with Blocs", *The American Economic Review*, Vol. 44, No. 2, May 1954, pp.7-14.

③ 当时联邦贸易委员会（The Federal Trade Commission）发现，杂货连锁店和药品零售店的销售低价最多分别有 1/15 和 1/10 的原因是来自更低的进价。

④ Hunter, Alex., "Notes on Countervailing Power", *Economic Journal*, Vol. 68, No. 269, March 1958, pp.89-103.

⑤ Paul Dobson and Michael Waterson, "Retailer Power: Recent Developments and Policy Implications", *Economic Policy*, Vol.14, No.28, April 1999, pp.133-164.

制；对关键投入品进行掠夺性购买等。[①] Chen（2003）根据研究认为，当零售商数量减少时，在位零售商不仅获得相对于生产商的抗衡力量，也获得相对于消费者的垄断势力。由于零售层面集中度增加导致的零售价格的变化反映了抗衡力量和垄断势力的联合效应。[②] Rey 和 Tirole（2007）的研究发现，由于上游垄断生产者对产业垄断契约的承诺在秘密缔约和序贯缔约时不可置信，下游零售商不相信上游垄断生产商不会在缔约过程中实施机会主义行为，这使得垄断生产商不能对下游零售商有效地行使其垄断势力，这就是所谓的承诺问题（Commitment Problem）。[③]

除了理论研究，很多学者也从经验研究上得到这种发现。Wheeler 和 Hirsh（1999）基于欧美国家流通渠道发展状况的研究表明：在各个行业，对消费者购买行为能够产生影响的力量，已经从产业链的上游（制造商）转移到下游（零售商）。[④] Normann、Ruffle 和 Snyder（2007）通过市场实验的方式考察了制造商成本结构对零售商抗衡势力的影响，认为大型零售商和中小零售商在相同买卖组合情形下，当边际成本函数递增时，大型零售商能够获得更低的采购价格；当边际成本不变或递减时，大型零售商和中小零售商得到大致相同的价格。[⑤] Ellison 和 Snyder（2009）通过对美国大型流通企业的调查研究发现，反映市场势力的价格折扣很大程度上取决于生产企业对流通企业的纵向依赖程度，而并非取决于流通企业的采购规模，生产企业之间的竞争是抗衡势力的先决条件。[⑥] Inderst 和 Valletti（2011）认为，大型流通企业买方市场势力的存在，会产生“水床效应”，即当主

① Paul W. Dobson，Roger Clarke et al.，“Buyer Power and it's Impact on Competition in the Food Retail Distribution Sector of the European Union”，*Journal of Industrial & Competition and Trade*，Vol.1，No. 3，September 2001，pp.247–281.

② Zhiqi Chen，“Dominant Retailers and the Countervailing-Power Hypothesis”，*RAND Journal of Economics*，Vol.34，No.4，Winter 2003，pp.612–625.

③ Patrick Rey and Jean Tirole，“A Primer on Foreclosure”，*Handbook of Industrial Organization*，Vol.3，chapter 33，2007，pp.2145–2220.

④ Wheeler S.，Hirsh E.，*Channel Champions：How Leading Companies Build New Strategies to Serve Customers*，San Francisco，Calif：Jossey-Bass，1999，pp.22–78.

⑤ Hans-Theo Normann，B. J. Ruffle and C. M. Snyder，“Do Buyer-Size Discounts Depend on the Curvature of the Surplus Function? Experimental Tests of Bargaining Models”，*RAND Journal of Economics*，Vol.38，No.3，Autumn 2007，pp.747–767.

⑥ Sara Fisher Ellison，Christopher M. Snyder，“Countervailing Power in Wholesale Pharmaceuticals”，*Journal of Industrial Economics*，Vol.58，No.1，March 2010，pp.32–53.

导零售商凭借抗衡势力从制造商获得较低的批发价格时，为了弥补利润损失，制造商将提高对中小零售商的采购价格。在流通市场存在较强竞争的情况下，主导流通企业抗衡势力的增强导致零售价格降低、消费者剩余和社会福利增加，但从长期而言，“水床效应”可能会使中小流通企业逐渐退出市场，导致双边垄断的纵向市场结构。①

在越来越多的学者对流通企业的纵向约束给予承认并深入研究的过程中，很多学者针对通道费这种纵向约束的最普遍形式进行了研究。Foros 和 Kind（2008）认为通道费就是制造商支付给零售商以获得货架空间的费用，无论是在美国还是欧洲，通道费的使用已引起人们的高度重视。② Rao 和 Mahi（2003）考察了大型流通企业与生产企业的纵向关系，采取问卷调查的方式获取通道费，以及零售商和制造商有关市场需求的信息及其各自的反应，通过对得到的上百个样本数据的分析表明，当零售商具有市场需求信息优势时，通道费与零售商预期新产品销售失败是负向关系，而当制造商具有市场需求信息优势时，通道费与零售商预期新产品销售失败是正向关系。③ Bronsteen、Elzinga 和 Mills（2005）从经验数据出发，测算了美国前 5 家烟草公司 1996~2001 年通过通道费和广告两种方式推广产品的费用，分别由 1996 年的 13.08 亿美元和 16.48 亿美元变为 2001 年的 53.64 亿美元和 13.99 亿美元，通道费增长迅速，认为通道费是流通企业展示市场势力的工具，垄断零售商大量收取通道费是滥用市场势力的表现，通道费的存在会压缩生产企业的市场空间，严重削弱生产企业的利润空间。④ Marx 和 Shaffer（2010）与主流理论认为，通道费是由于货架空间能够带来利润，相反他们更愿意相信货架空间的稀缺性是由于通道费的可行性。同时，他们论证了通道费使占优的零售商可以在获得利润的同时，阻止生产商和自己的竞争对手结成利益联盟，与其说通道费起因于稀缺的货架空间，不如说是

① Roman Inderst and Tommaso M. Valletti, “Buyer Power and the Waterbed Effect”, *Journal of Industrial Economics*, Vol.59, No.1, March 2011, pp.1-20.

② Øystein Foros and Hans Jarle Kind, “Do Slotting Allowances Harm Retail Competition?” *The Scandinavian Journal of Economics*, Vol.110, No.2, June 2008, pp.367-384.

③ Akshay R. R., Humaira M., “The Price of Launching a New Product: Empirical Evidence on Factors Affecting the Relative Magnitude of Slotting Allowances”, *Marketing Science*, Vol.22, No.2, Spring 2003, pp.246-268.

④ Peter Bronsteen, Kenneth G..Elzinga and David E. Mills, “Price Competition and Slotting Allowances”, *The Antitrust Bulletin*, Vol.50, No.2, Summer 2005, pp.267-284.

零售商为了获取更大利润，才对其货架空间进行限制。[①]

（2）从对社会福利影响的角度。经济学一般认为，垄断会减少消费者福利，关于流通企业买方市场势力很多学者也有这种看法。Cotterill（1986）用赫芬达尔指数（Herfindahl Index）衡量美国佛蒙特州（Vermont）的零售市场集中度，分析其与零售价格之间的关系，结果表明，零售价格随着零售市场集中度的提高而增加，消费者的福利是下降的。[②] 其后，通过对欧洲连锁超市的调查，他进一步发现，如果大型连锁超市能够以比中小型超市低 9%的价格获得主要品牌产品，将会引起零售市场进一步集中，并且随着中小型超市逐步退出市场，消费者在购物的便捷性、产品的多样性、消费的个性化等方面的非价格福利也可能会受到损害。[③] Comanor 和 Rey（2000）构建了一个生产商—零售商模型，两个层次都由主导企业和边缘竞争者组成，有优势地位的零售商通过与上游生产商签订独占交易合约，排除潜在的零售竞争者，他们认为无论是生产商还是零售商，随着竞争的加剧，都有建立联盟的意愿，生产商与零售商的合意联盟对于消费者福利会产生负面影响。[④]

与此相反，很多学者认为零售商买方市场势力的增大，不会导致社会福利的降低。Inderst 和 Wey（2007）考察了买方市场势力对卖方投资、创新动力与社会福利水平的影响，结果发现买方市场势力降低了卖方的利润，但也通常可能提高卖方进行投资和创新的动力，从而促进社会福利的改善。[⑤] Erutku（2005）通过构建一个全国性零售企业与区域性零售企业竞争的双寡头竞争模型，发现随着全国性零售企业购买势力的增加，产品的批发价格即区域性零售企业的零售价格起初都会提高，达到最大后转而下降，总剩余会增加，买方市场势力不会降低社会福利水平。[⑥]

---

① Leslie M. Marx，Greg Shaffer，“Slotting Allowances and Scarce Shelf Space”，*Journal of Economics & Management Strategy*，Vol.19，No.3，Fall 2010，pp.575-603.

② Ronald W. Cotterill，“Market Power in the Retail Food Industry：Evidence from Vermont”，*Review of Economics and Statistics*，Vol.68，No.3，August 1986，pp.379-386.

③ Ronald W Cotterill，“The Food Distribution System of the Future：Convergence Toward the US or UK Model?” *Agribusiness*，Vol.13，No.2，March/April 1997，pp.123-135.

④ William S. Comanor and Patrick Rey. “Vertical Restraints and the Market Power of Large Distributors”，*Review of Industrial Organization*，Vol.17，No.2，September 2000，pp.135-153.

⑤ Roman Inderst and Christian Wey，“Buyer Power and Supplier Incentives”，*European Economic Review*，Vol.51，No.3，April 2007，pp.647-667.

⑥ Can Erutku，“Buying Power and Strategic Interactions”，*Canadian Journal of Economics*，Vol.38，No. 4，November 2005，pp.1160-1172.

也有学者对这一问题的认识经历了一个变化，例如 Chen（2003）基于上游一家生产商、下游有一家主导的零售商以及一些边缘性的竞争者这样一种市场结构，认为尽管主导零售商从生产商处获得更低的批发价格或分享更多的利润，但零售价格的下降并不是主导零售商通过成本节约造成的，而是制造商为了弥补抗衡势力带来的利润下降而增加供给所导致的，因此总剩余不一定总能随着抗衡势力的增加而增加。只有存在足够多的中小零售商时，买方抗衡势力的存在才能够增加总剩余。也就是说，抗衡势力增加了消费者福利，但它并非总是能够增加社会的总剩余。① 然而，随着研究的深入及现实中零售商纵向控制的加强，Chen 的研究结论发生了变化。在最近的研究中，Chen 和 Ding（2012）认为在下游市场竞争中，若零售商足够强大成为寡头垄断时，市场势力的增加会使零售价格下降，从而使消费者剩余增加，甚至在零售商完全垄断的条件下这一结论依然适用。更有趣的是，他们认为下游市场竞争强度越低，买方市场势力的效应越大，买方市场势力和下游市场竞争甚至可以互为替代。②

（3）从市场绩效的角度。关于零售商的纵向约束关系是限制竞争的垄断势力还是实现有效竞争的市场势力，不同学者的看法也有很大不同。与纵向一体化类似，零售商实施的纵向约束也具有反竞争和效率改进两种效应。

认为具有反竞争效应的学者看来，纵向约束关系是限制竞争的市场行为，大型流通企业会引起流通市场进一步集中，生产企业和中小流通企业会受到影响，并且随着中小型流通企业逐步退出市场，消费者在购物的便捷性、产品的多样性、消费的个性化等方面的非价格福利也可能会受到损害，市场绩效将会下降，政府应该对其进行规制。Shaffer（1991）认为通道费是零售商行使垄断势力的结果，它导致零售商或生产商层面竞争的削弱，也会产生排他效应，使零售商不会公平对待供应商，尤其是对那些小供应商，产生歧视待遇，不利于中小企业的成长。③ MacAvoy 等（2000）认

① Zhiqi Chen, "Dominant Retailers and the Countervailing-Power Hypothesis", *RAND Journal of Economics*, Vol.34, No.4, Winter 2003, pp.612-625.

② Zhiqi Chen and Hong Ding. "Downstream Competition and the Effects of Buyer Power". http://www.webmeets.com/files/papers/earie/2012/146/ChenDingBuyerPoweAug2012.pdf.

③ Greg Shaffer, "Slotting Allowances and Resale Price Maintenance: A Comparison of Facilitating Practices", *The RAND Journal of Economics*, Vol.22, No.1, Spring 1991, pp.120-135.

为，实力较强的供货商可能会主动抬高通道费，从而使一些相对弱小的供货商因无力购买货架空间使用权而被迫退出超市，其结果是屏蔽了不同品牌在超市内部的竞争，导致价格上升和效率损失。[①] Innes 和 Hamilton（2006）研究了多产品市场中"通道费"的作用，他们的模型建立在上游是一家某一产品的垄断企业和其他产品的竞争性的企业，下游是非完全竞争的零售商基础上，且分为没有通道费、非对称的通道费以及对称的通道费这三种情况，研究发现零售商通过向竞争性的生产商收取通道费，使得垄断的生产商和零售商获取一体化的垄断利润，因此具有反竞争性。[②] Kokkoris（2006）则对流通企业买方市场势力影响生产企业的行为进行了论证，认为流通企业买方市场势力的形成可能会降低生产企业的长期利润水平和生产能力，减少其投资创新的意愿，从而不利于市场绩效的提高。[③] 也有学者针对某一大型流通企业，对其买方市场势力进行了个案研究，如很多学者对全球最大的零售商——沃尔玛进行了具体研究。Fishman（2006）的调查发现，流通企业买方市场势力的增强，使沃尔玛具备了较强的谈判能力，利用这种讨价还价能力沃尔玛大幅压低批发价格，压低供货商的利润空间，甚至致使某些日常消费品的生产企业破产倒闭。[④] Michael Noel 和 Emek Basker（2009）通过对沃尔玛进行研究后发现，平均水平上说，沃尔玛的进入可以使小规模竞争者的价格在短期内下降 1%~1.2%，而大型连锁超市的降幅则小于前者的一半。沃尔玛的进入减少了本地竞争者的市场份额，降低了其利润率，致使某些零售商退出了该行业。[⑤]

而另一部分学者却认为纵向约束关系的产生与发展是对市场变化的自然反应，它的存在促进了竞争。Kelly（1991）、Chu（1992）指出，零售商的买方市场势力在生产过剩的情况下，可以通过组织空间边界的调整，实

---

① Christopher J. MacAvoy et al.,"Enforcement Policy Regarding Slotting Allowances". http：//www.ftc.gov/bc/slotting/comments/009christopherjmacavoy.pdf，2000.

② Robert Innes，Stephen F. Hamilton，"Naked Slotting Fees for Vertical Control of Multi-product Retail Markets"，*International Journal of Industrial Organization*，Vol.24，No.2，March 2006，pp.303-318.

③ Kokkoris Loannis，"Buyer Power Assessment in Competition Law"，World Competition，Vol.29，No. 1，2006，pp.139-164.

④ Charles Fishman，*The Wal-Mart Effect*，New York：Penguin Books，2006.

⑤ Emek Basker，Michael Noel，"The Evolving Food chain：Competitive Effects of Wal-Mart's Entry Into The Supermarket Industry"，*Journal of Economics & Management Strategy*，Vol.18，No.4，Winter 2009，pp.977-1009.

现规模经济和范围经济，提高资产使用效率，降低单位生产成本，并且可以通过互惠产生管理协同效应，更好地运用企业所具备的市场知识。通道费的收取则可以提高产业链的运作效率，具有产品质量信号显示、提供生产商的产品研发水平、分散风险和成本、促进新产品推向市场、最优配置零售商货架、提高使用效率等作用。[①] Elizabeth 等（2005）以巴西这样的新兴市场为例，认为由于不同的流通企业分别提供了价格、便利或者购买成本不同的组合，在大型流通企业不断扩张发展的同时，中小型流通企业的数量和市场份额并没有受影响，中小型流通企业也在增长，市场绩效没有下降。[②] Inderst 和 Wey（2007）认为流通企业买方市场势力并没有减弱制造商的创新动力，相反激发了生产企业进行战略重组的信心，生产企业通过产品质量改进、降低边际成本或者投入广告增加了消费者对产品的认知度，进而使产业链效率得到提高。[③] Battigalli、Fumagalli 和 Polo（2007）则基于非合作的讨价还价博弈模型，考察了零售商抗衡势力对整个纵向结构的联合利润以及制造商投资质量改善的影响，认为零售商抗衡势力的增强，不仅降低了制造商利润和消费者福利，甚至零售商也将由于产业链利润的大幅度下降而导致利益受损。但是，进一步的重复博弈模型表明，如果零售商和制造商能够达成长期合作契约，有效率的质量改进将会成为一个均衡结果。[④] Chung-Chi Hsieh 和 Cheng-Han Wu（2009）通过构建相关模型，认为在需求不确定条件下，供应链中流通企业的平均成本是很小的，而且只要流通企业与生产企业之间相互合作、协调运作，就算流通企业和供应商们的势力不均衡，供应链一样有效率。[⑤]

（4）从社会分工网络的角度。这种研究将大型零售商市场视为一种

---

① Kenneth Kelly, "The Antitrust Analysis of Grocery Slotting Allowances: The Procompetitive Case", *Journal of Public Policy & Marketing*, Vol.10, No.1, Spring 1991, pp.187–198. Wujin Chu, "Demand Signaling and Screening in Channels of Distribution", *Marketing Science*, Vol.11, No.4, Fall 1992, pp.327–347.

② Elizabeth M.M.Q. Farina et al., "Supermarkets and Their Impacts on the Agrifood System of Brazil: The Competition among Retailers", *Agribusiness*, Vol.21, No.2, Spring 2005, pp.133–147.

③ Roman Inderst and Christian Wey, "Buyer Power and Supplier Incentives", *European Economic Review*, Vol.51, No.3, April 2007, pp.647–667.

④ Pierpaolo Battigalli, Chiara Fumagalli, Michele Polo, "Buyer Power and Quality Improvements", *Research in Economics*, Vol.61, No.2, June 2007, pp.45–61.

⑤ Chung-Chi Hsieh and Cheng-Han Wu, "Coordinated Decisions for Substitutable Products in a Common Retailer Supply Chain", *European Journal of Operational Research*, Vol.196, No.1, July 2009, pp. 273–288.

“平台”企业，具有双边市场特征，双边市场分别由上游供应商与平台之间的上游市场和平台与消费者之间的下游市场共同组成，是一个具有交叉网络外部性的关联市场。在这种情况下，就不能简单以边际成本来判定大型零售商的定价是否合理，而是要考虑交叉网络外部性的强弱以及通过外部性的内化所产生的价值的大小等因素。尽管这种研究刚刚起步，但对零售商买方市场势力的研究也有不同的观点和视角。

Rochet 和 Tirole（2003）首先把双边市场定义为：当平台向需求双方索取的价格总水平 $P = P_B + P_S$ 不变时（P_B 为用户 B 的价格，P_S 为用户 S 的价格），任何用户价格的变化都会对平台的总需求和交易量产生直接的影响，那么这个平台市场被称为双边市场。他们将购物中心（Shoppingmalls）作为双边市场的一种，归于软件、媒体、支付系统之外的其他双边市场类型。双边市场具有“交叉网络外部性”（Cross-Group Network Externalities）特征，双边市场的这种网络外部性主要取决于交易平台的另一类型用户数量，是一种具有“交叉”性质的网络外部性。[①] Roson（2005）也认为，在经济交易活动中存在一类“平台”（Platform）企业，这些平台企业向两类用户提供产品或服务，并通过一定的价格策略促使两类用户在平台上实现交易，具有这种特征的市场被称为双边市场（Two-Sided Markets）。[②] 对于双边市场的网络外部性效应，Roson 与 Rochet 和 Tirole 看法不同。Rochet 和 Tirole（2003）提出消费方面的网络外部性效应，包括“成员外部性”、“使用外部性”，前者影响了生产企业和消费者的预期，后者降低了流通企业的运营成本，提高了流通企业的买方垄断势力和谈判势力。Roson（2005）则将这种“交叉网络外部性”分为“成员外部性”和“交易外部性”，认为这个网络外部性不仅取决于消费该平台产品的同类型消费者数量，而且更取决于消费该平台产品的另一类型消费者数量，也就是说双边市场同时向两类消费群体销售具有相互依赖性（Interdependent）和互补性（Complementary）的产品，流通企业不存在市场势力。

也有学者从网络平台对社会生产的影响角度，对零售商的平台性质做

① Jean-Charles Rochet and Jean Tirole, “Platform Competition in Two-Sided Markets”, *Journal of the European Economic Association*, Vol.1, No.4, June 2003, pp.990-1029.

② Roberto Roson. “Two-Sided Market: A Tentative Survey”, *Review of Network Economics*, Vol.4, No. 2, June 2005, pp.142-160.

了研究。Castells（2007）指出了网络平台技术对商业模式产生了巨大影响，认为网络平台使得网络化的商业世界变得具有可测量性（Scalability）、互动性（Interactivity）、弹性管理（Management of Flexibility）、商标（Branding）和客制化（Customization）。[①] Katsamakas 和 Bakos（2008）以网络市场交易为例，分析了三种网络所有权制度：由独立中介拥有的所有权、由卖方或销售方拥有的所有权，刻画了双边网络创造的价值及其在两边的分配，认为最优的所有权和投资结构是另一边参与人中享有最大网络效应的一方。[②] Galeotti 和 Moraga-Gonzalez（2009）在把零售商视作一个供生产企业和消费者进行交易的平台基础上，认为垄断的平台组织——零售商会抽取市场产生的所有经济租，但在市场分配的有效约束下，垄断的零售商不会产生市场势力，随着零售商数量的增加，平台的多样性能够得到提升，这样就会促进竞争。[③]

2. 国内相关研究

（1）从产业链纵向关系的角度，来分析流通企业与生产企业的一般纵向约束关系。张赞、郁义鸿（2006）基于 SCP 分析框架，对零售商买方垄断势力市场结构下的通道费及其福利效应进行了分析。[④] 汪浩（2006）认为通道费是零售商展示市场势力的工具，通道费加强了大型零售商的价格优势，使其获得更高的利润率和更大的市场份额，却抬高了其他市场力量较弱的零售商的进货价格，使其利润和市场份额降低。[⑤] 石奇、岳中刚（2008）运用双边市场理论，分析了零售商主导的市场环境下顾客、零售商、制造商三者的利益关系，并对零售商主导的逆向控制进行了绩效评价。[⑥] 吴绪亮（2010）考察当存在双边垄断的时候，在双侧垄断与单侧垄断竞争格局下零售商买方垄断势力日益增长的福利后果。研究发现，单侧

---

① [美] 曼纽尔·卡斯特：《网络星河：对互联网、商业和社会的反思》，郑波、武炜译，社会科学文献出版社 2007 年版，第 84 页。

② Yannis Bakos and Evangelos Katsamakas，"Design and Ownership of Two-Sided Networks：Implications for Internet Platforms"，*Management Information Systems*，Vol.25，No.2，Fall 2008，pp.171-202.

③ Andrea Galeotti，José Luis Moraga-González，"Platform Intermediation in a Market for Differentiated Products"，*European Economic Review*，Vol.53，No.4，May 2009，pp.417-428.

④ 张赞、郁义鸿：《零售商垄断势力、通道费与经济规制》，《财贸经济》2006 年第 3 期，第 60-65 页。

⑤ 汪浩：《通道费与零售商市场力量》，《经济评论》2006 年第 1 期，第 29-34 页。

⑥ 石奇、岳中刚：《零售商对制造商实施纵向约束的机制和绩效评价》，《中国工业经济》2008 年第 5 期，第 77-86 页。

垄断的纵向市场结构有效地克服了双重加价问题。因此，买方抗衡势力假说成立的可能性比双侧垄断的情形更大。[①] 张昊等（2011）认为，在由寡头零售商与垄断竞争供货商形成的渠道结构中，零售商纵向压价的动机可以在竞争对手的销售相对较小、且供货商不愿放弃销售机会的情况下变为现实；零售商都将不断扩张网点来抑制对手的低价购入与压价行为，并争夺供货商货源；随着零售商销售能力的提升，其对于供货商的谈判能力将不断增强，进而压低上游供货商的价格，影响渠道纵向关系。[②] 董烨然（2012）分析比较了大零售商市场主导下有关进场费的 4 组纵向合约的市场均衡和社会福利，认为政府在对待大零售商提出的合约问题时，应十分谨慎，应充分考虑大零售商可以选择的合约集合，以及市场结构的特点。单一禁止进场费，或者排他合约往往难以奏效。[③]

（2）联系中国实际，根据中国不同区域、不同市场结构具体探讨了跨国流通企业买方市场势力对我国制造业产业优化和升级的影响。这种研究的特点在于不是就一般的纵向约束关系展开理论论述，而是针对跨国零售商对我国企业的买方市场势力进行的研究，具有现实意义。汪旭晖、李飞（2006）从零售国际化过程视角，构建了研究跨国零售商在华市场行为及本土零售商应对的框架体系。[④] 宋则、李蕊（2007）认为伴随流通业影响力提升而出现的“影响力滥用”动向值得关注，外资在最具成长性的主流业态的超速扩张，正在从量变转化为质变，由此已经产生或可能产生的不良后果，值得高度警觉。[⑤] 陈甬军、胡德宝（2008）分析了买方势力的来源及其经济效应，并利用双边垄断理论解释了由此产生的抗衡势力，认为零售商“抗衡势力”造成的产品多样性的扭曲超过了消费者价格降低带来的收益，或者增强了供应商对创新进行投资的动力，必须考虑“抗衡势力”的长期效应。同时，指出中国零售业的买方势力还应该考虑到外资企

---

① 吴绪亮：《纵向市场结构与买方抗衡势力研究》，《产业经济研究》2010 年第 1 期，第 39–47 页。

② 张昊、唐成伟、骆毅：《零售寡头横向竞争对渠道纵向关系的影响》，《产业经济研究》2011 年第 5 期，第 45–52 页。

③ 董烨然：《大零售商逆纵向控制合约选择与零供企业收益比较》，《管理世界》2012 年第 4 期，第 115–124 页。

④ 汪旭晖、李飞：《跨国零售商在华战略及本土零售商的应对》，《中国工业经济》2006 年第 2 期，第 21–29 页。

⑤ 宋则、李蕊：《外资在流通业超速扩张值得高度警觉》，《商业经济与管理》2007 年第 3 期，第 3–8 页。

业大举进入我国的特殊影响。[①] 费明胜（2008）认为，目前跨国零售企业在华的空间扩张战略大体可以归为三类：跳跃式、渗透式以及渗透跳跃结合式，并对跨国零售企业的空间扩张战略进行了具体分析。[②] 张小蒂、赵榄（2009）采用案例研究的方法，通过揭示沃尔玛在全球价值链中基于渠道控制的市场势力构建模式的特征，阐明了沃尔玛提升渠道控制力、构建市场势力的机理。[③]

（3）买方市场势力的规制问题。根据目前跨国零售商在华的大举布展，很多学者提出了具体的规制愿景。巫景飞、李骏阳（2008）利用实地访谈、问卷调查等手段对我国《零售商供应商公平交易管理办法》实施效果进行了有效性评估，发现现存规制基本失效。[④] 那么，应怎样有效地对跨国零售商进行规制呢？对此，吴清萍、忻红（2008）认为，对零售商行使买方势力行为的反垄断规制应以“相对经济优势地位”为逻辑起点，即在界定零售商的相对经济优势地位时应把握相对性的特点，进行个案分析，遵循论辩规则对零售商进行反垄断调查。[⑤] 王平、赵亚平（2008）针对跨国零售商滥用市场优势地位越来越严重的情况，认为跨国零售商依然以各种方式滥用市场优势地位，零供矛盾没有得到彻底解决。为了增强规制效果，建议增强《反垄断法》的实效性，制定统一的《零售商供应商公平交易法》，发挥行业协会等非政府组织的积极作用。[⑥] 石奇、孔群喜（2009）从消费网络效应出发，也认为目前的规制是失败的，提出针对大型专业零售商的规制，要充分考虑其规模经济性，又要同时兼顾其反垄断的发展趋势，需要清楚地把握大型专业零售商不同发展阶段的规模经济特征、通道费水平和社会福利测度的指标等相关标准，这些现实经济问题的解决是相关机构对大型专业零售商规制目标的实现的必要条件。[⑦]

---

① 陈甬军、胡德宝：《中国的买方垄断势力研究》，《产业经济评论》2008 年第 4 期，第 41–57 页。

② 费明胜：《跨国零售企业在华空间扩张战略实证研究》，《经济学动态》2008 年第 3 期，第 45–48 页。

③ 张小蒂、赵榄：《基于渠道控制的市场势力构建模式特征分析》，《中国工业经济》2009 年第 2 期，第 131–140 页。

④ 巫景飞、李骏阳：《〈零售商供应商公平交易管理办法〉有效性分析与经济学反思》，《商业经济与管理》2008 年第 11 期，第 14–20 页。

⑤ 吴清萍、忻红：《我国零售商买方势力的反垄断规制研究》，《商业经济与管理》2008 年第 10 期，第 36–41 页。

⑥ 王平、赵亚平：《跨国零售滥用市场优势地位的规制评述》，《北京工商大学学报》（社会科学版）2008 年第 6 期，第 6–10 页。

⑦ 石奇、孔群喜：《消费网络效应与专业零售商买方势力规制》，《中国工业经济》2009 年第 10 期，第 77–85 页。

以上文献都对流通企业买方市场势力的研究提供了有力的参考价值，基本采用传统SCP范式分析，主要围绕市场结构而展开市场行为及市场绩效的产业内部单向角度来进行阐述，但是在很多问题上存在分歧。社会背景不同，实证结果将会有所不同，目前关于在华跨国流通企业买方市场势力的研究刚刚开始，不论是理论机理还是反竞争效应分析，都需要进一步研究。因此，今后的研究趋势将主要针对中国这样一个发展中国家，联系跨国公司主导的以追求更大弹性为目标的全球生产网络的重塑，将其纳入后福特制生产方式下跨国资本的产业控制体系，不仅从价值链的整体控制角度，而且从核心—外围的分工结构、资本—劳动关系的弹性化等多个维度对跨国流通企业买方市场势力及其反竞争效应进行分析。

三、全球流通组织的发展现状——以沃尔玛为例

在世界经济产业结构的演进历程中，按营业收入计算，全球性的大企业集团20世纪20年代在冶金产业，50年代在汽车产业，80年代在石油化工产业，90年代末在多媒体产业。但是自20世纪70年代末以来，长期被认为是传统产业的流通产业，充分利用现代信息技术改造传统的交易模式，获得了前所未有的发展，掀起了一场流通革命。在21世纪的未来20年里，流通企业将成为世界经济中非常有竞争力的一个市场主体。目前，在世界经济舞台上，流通企业起着越来越重要的作用，在最新的《财富》杂志公布的2011年世界500强企业中，排名前100位中竟然有12家零售连锁企业赫然在榜。这其中便有我们再熟悉不过的美国沃尔玛（排名第1位）、法国家乐福（排名32位）等零售巨人。表4-2是2011年度《财富》世界500强企业中的前100家中流通企业的基本情况，靠夫妻店起家的沃尔玛2010年的营业收入已达4000多亿美元，确实令人叹服。家乐福（Carrefour）排名第32位，虽然名次较2010年有所下降，但营业额依旧保持在1200亿美元，另外，美国的麦克森（McKesson）、CVS Caremark、卡地纳健康（Cardina Health）、克罗格（Kroger）、美源伯根（Amerisource Bergen）、好市多（COSTCO），德国的麦德龙（METRO），英国的特易购（TESCO）都位居世界500强企业的前100位。

表 4-2　2011 年度《财富》世界 500 强前 100 家中的流通企业

排名	企业名称	国家（地区）	营业收入（百万美元）
1	沃尔玛（Wal-Mart）	美国	421849
32	家乐福（Carrefour）	法国	120297
37	麦克森（McKesson）	美国	108702
53	卡地纳健康（Cardina Health）	美国	98602
57	CVS Caremark	美国	96413
61	特易购（TESCO）	英国	94185
65	麦德龙（METRO）	德国	89081
76	克罗格（Kroger）	美国	82189
84	美源伯根（Amerisource Bergen）	美国	77954
85	好市多（COSTCO）	美国	77946

资料来源：2011 年度《财富》世界 500 强企业名单。

各国流通企业之所以取得这样好的成绩，与它们在海外市场的开拓（见表 4-3）是分不开的，毕竟本国市场有限，价值的实现需要寻找新的销售市场。近年来，各个跨国流通企业纷纷在海外开拓，沃尔玛在墨西哥、加拿大、巴西、阿根廷、中国、英国、日本、哥斯达黎加、萨尔瓦多、危地马拉、洪都拉斯、尼加拉瓜、智利、印度 14 个国家开拓市场，家乐福在西班牙、比利时、意大利、希腊、波兰、塞浦路斯、捷克、土耳其、葡萄牙、罗马尼亚、斯洛伐克、瑞典、阿根廷、哥伦比亚、巴西、智利、多米尼亚、墨西哥、中国、新加坡、印度尼西亚、马来西亚、韩国、日本、埃及、阿曼、突尼斯、卡塔尔、阿联酋 29 个国家开拓市场。雇佣人数也大大增加，如沃尔玛在全球雇佣人数就超过 200 万人，家乐福、特易购的雇佣人数也将近 50 万人，如图 4-1 所示。

表 4-3　国外主要零售集团开拓国际市场区域（2011 年）

零售集团名称	源发国	海外扩张区域
沃尔玛	美国	墨西哥、加拿大、巴西、阿根廷、中国、英国、日本、哥斯达黎加、萨尔瓦多、危地马拉、洪都拉斯、尼加拉瓜、智利、印度
家乐福	法国	西班牙、比利时、意大利、希腊、波兰、塞浦路斯、捷克、土耳其、葡萄牙、罗马尼亚、斯洛伐克、瑞典、阿根廷、哥伦比亚、巴西、智利、多米尼亚、墨西哥、中国、新加坡、印度尼西亚、马来西亚、韩国、日本、埃及、阿曼、突尼斯、卡塔尔、阿联酋

续表

零售集团名称	源发国	海外扩张区域
麦德龙	德国	奥地利、比利时、保加利亚、中国、克罗地亚、捷克、丹麦、法国、英国、希腊、匈牙利、意大利、日本、荷兰、波兰、葡萄牙、罗马尼亚、俄罗斯、斯洛伐克、西班牙、印度、土耳其、越南、塞尔维亚、摩尔多瓦、埃及、乌克兰、巴基斯坦、哈萨克斯坦
特易购	英国	捷克、匈牙利、爱尔兰、波兰、斯洛伐克、泰国、中国、土耳其、日本、马来西亚、印度、美国
欧尚	法国	中国、匈牙利、意大利、卢森堡、波兰、葡萄牙、俄罗斯、西班牙、乌克兰、罗马尼亚

资料来源：各公司网站。

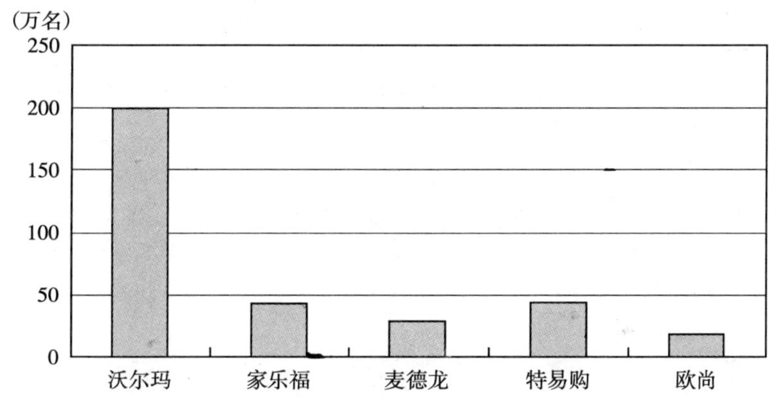

图 4-1　目前各跨国流通组织在全世界的雇佣员工数量

资料来源：各公司网站数据。

近年来，随着中国消费能力的增强和经济实力的突出表现，跨国流通企业纷纷将经营重心转到了中国市场，并大大加快了在中国市场的急剧扩张。从 2004 年底开始，沃尔玛、家乐福均以每年 15~20 家新门店数量在全国重要城市推进。2010 年在 21 家销售过百亿元的跨区域零售企业中，外资零售企业有 12 家，销售规模为 2768.6 亿元，占 21 家企业销售规模的 32.10%，如图 4-2 所示。目前，家乐福的销售规模已达到 420 亿元人民币，同比增幅 14.8%。2010 年，主要 5 家外资大型超市新增店铺 140 家，新开店数比 2009 年增加了 22%，如表 4-4 所示。其中，特易购门店数增长率为 38.0%，易买得门店数增长率为 35.0%，各国纷纷加快了在中国的布局，如图 4-3 所示。

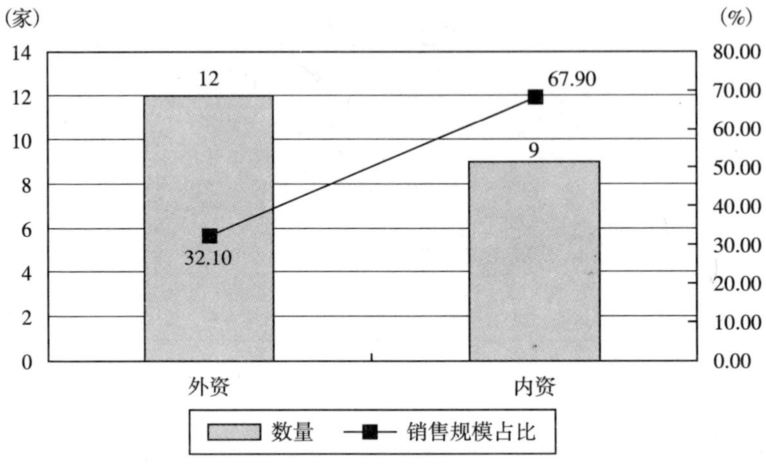

图 4-2　2010 年销售过百亿元跨区域企业中内外资企业分布情况

资料来源：中国连锁经营协会网站。

表 4-4　2010 年我国主要外资连锁零售企业经营情况

序号	企业名称	国别	销售规模（万元）	同比增幅（%）	门店数量（个）	同比增幅（%）
1	家乐福	法国	4200000	14.8	182	16.7
2	沃尔玛	美国	4000000	17.6	219	25.1
3	百盛	马来西亚	1656000	33.9	47	6.8
4	特易购	英国	1590000	19.5	109	38.0
5	易初莲花	泰国	1360000	4.6	74	–3.9
6	欧尚	法国	1350000	36.9	41	17.1
7	麦德龙	德国	1170000	13.0	48	14.3
8	永旺	日本	662620	11.9	27	28.6
9	易买得	韩国	400000	14.0	27	35.0

资料来源：中国连锁经营协会。

外资流通企业不仅在华开设新店，还加大了对中国大型零售企业的资本运营，零售网络资源的稀缺性决定了并购成为国内外零售巨头构建全国网络布局的手段，外资流通企业由单点扩张向资本运营转变。控股、并购和整体收购，成为外资扩大流通市场的重要形式。并购活动不仅规模较大，而且并购活动日益频繁，如 2007 年沃尔玛以 10 亿美元收购好又多 35%的股权、韩国乐天以 780 亿韩元收购中贸联万客隆 49%的股份等，如表 4–5 所示。

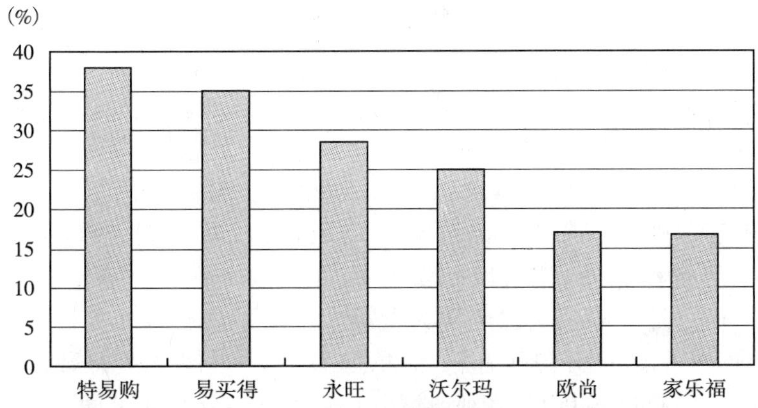

图 4-3　2010 年几个大型跨国零售商在华门店数量增长率

资料来源：中华商业信息网。

表 4-5　2004~2010 年中国零售企业主要外资并购事件

年份	收购方	被收购方	收购价格	备注
2004	特易购	乐购	1.4 亿英镑	收购 50%股权，首次外资企业通过收购进入中国
2006	百思买	江苏五星电器	1.8 亿美元	51%的股权
2006	安顺投资	民润超市	1.4 亿元人民币	
2007	沃尔玛	好又多	10 亿美元	35%的股份
2007	7-11	华联快客	3700 万元人民币	在穗的全部门店
2008	乐天	中贸联万客隆	780 亿韩元	49%的股份
2009	乐天	江苏时代	48.7 亿港元	
2010	家乐福	保龙仓		51%的股权

资料来源：中国连锁经营协会网站。

在这些跨国流通企业里，沃尔玛为我们展示了一个流通组织成功扩张并取得举世瞩目成绩的成功典范。沃尔玛百货有限公司由美国零售业的传奇人物山姆·沃尔顿（Sam Wolton）于 1962 年在阿肯色州成立。沃尔玛自 1962 年成立以来，其规模增长的速度令人吃惊，年营业额从最初的 100 万美元，1990 年超过西尔斯（Sears），成为美国第一大零售商；1991 年开始国际扩张，先后在墨西哥、波多黎各、加拿大、阿根廷、巴西、中国、韩国、德国和英国等国家开设分店；1992 年美国总统布什亲自飞往公司总部本维尔顿，授予山姆·沃尔顿“总统自由奖章”（美国最高的平民奖项），使平民出身的沃尔顿成为“美国梦的缩影”；1997 年成为美国第一大私人雇主；1999 年《财富》杂志全球 500 强排行榜上，沃尔玛排名第四，营业收入额 1392 亿美元，2001 年沃尔玛以年营业额 2198 亿美元超过通用汽车公司（General Motors）、埃克森美孚石油公司（Exxon Mobil），成为 2001 年《财富》世界 500 强中最大的企业，终于登上了世界 500 强第一的宝座。从这年起，由于油价攀升等原因，除 2006 年、2009 年沃尔玛分别处于第二名、第三名外，其余年份都是榜首。2011 年沃尔玛继续蝉联世界 500 强之首，销售规模达到 4218.49 亿美元，如图 4-4 所示。经过 40 余年的发展，沃尔玛百货有限公司已经成为世界上最大的连锁零售商。目前，沃尔玛在全球 15 个国家开设了超过 8445 家商场，全球员工总数超过 200 万人，其中美国超过 140 万，国际部超过 66.4 万，分布在美国、墨西哥、巴西、阿根廷、德国、波多黎各、英国、加拿大、中国、尼加拉瓜、日本、洪都拉斯、危地马拉、萨尔瓦多、哥斯达黎加 15 个国家，每周光临沃尔玛的顾客近 2 亿人次，说沃尔玛富可敌国一点都不过分。沃尔玛在金球的门店数量、员工数量比较如图 4-5 所示。

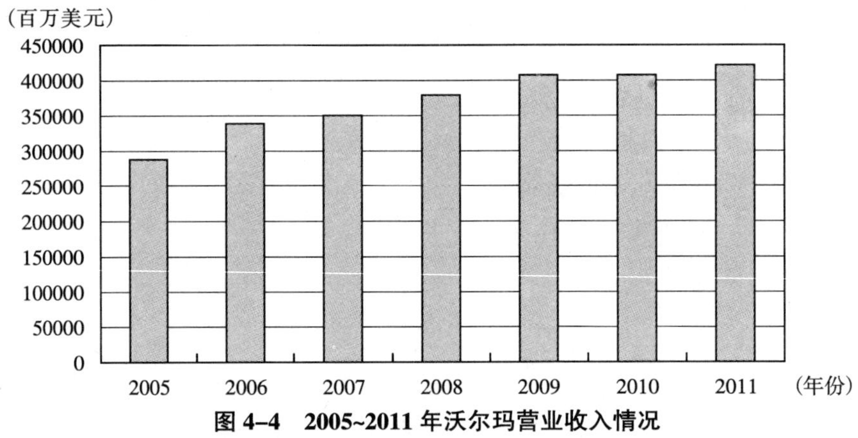

图 4-4　2005~2011 年沃尔玛营业收入情况

资料来源：2005~2011 年《财富》世界 500 强数据。

沃尔玛惊人的增长速度、经营业绩不仅让同行竞争者望尘莫及，而且也让生产领域里的制造业巨头刮目相看；不仅让“流通企业做不大”的说法感到难堪，而且也挑战了当前主流的企业规模理论。企业规模增大不总是联系于垂直一体化，也不只是停留于市场与企业的边界划分；分店扩张也是（流通）企业规模增大的一种有效形式（李陈华，2005）。沃尔玛之所以取得如此成功，就在于其不断复制分店的结果，在其复制分店的过程

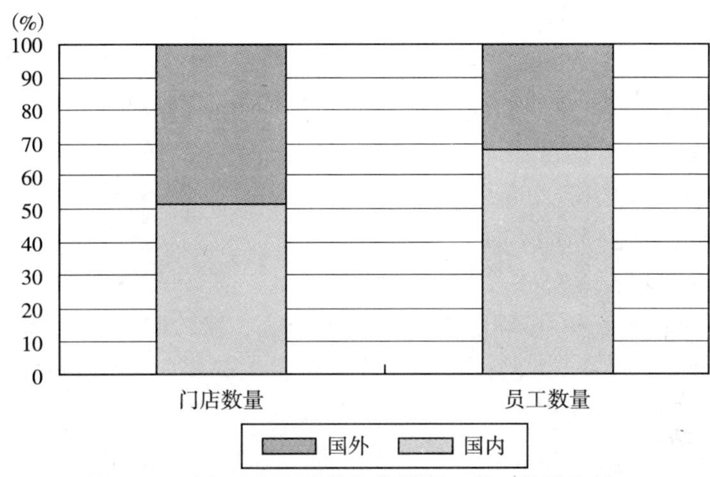

图 4–5　沃尔玛在全球的门店数量、员工数量比较

资料来源：根据沃尔玛公司网站数据整理。

中，技术与市场规模是其必然要考虑的两个首要问题。沃尔玛公司建立起了自动化的配送中心和现代化的通信系统，甚至花费巨资发射人造卫星，利用先进的网络信息系统即时采集商品销售、存货和订货信息，保持公司对复杂配送系统的跟踪；另外，公司还利用电子数据交换系统与供应商建立自动订货系统，这些系统利用条码扫描和卫星通信与供应商每日交换商品销售、运输和订货信息，包括商品规格、款式、颜色等细节。最快的时候，从发出订单、生产到将货物送达商店，总共不到 10 天，真正实现了敏捷流通，现在沃尔玛公司的计算机追踪着业务的每一环节，了解公司出售的一切商品。现代化信息技术的应用，使流通组织的规模扩张成为可能，并推动着流通组织的规模不断扩张。在规模扩张中，沃尔玛不仅活跃在小城镇，也活跃在富有生气的大都会郊区、新兴发展的中小城市；不仅在传统的中西部，也在政治、文化、经济中心的东北部和人口密集的西海岸发展，只要有市场空间，沃尔玛就进行复制，单店的规模可大可小，具体要由当地的市场、经济状况、人口、交通情况来定。另外沃尔玛还不断探索新的零售方式，从而扩展新的市场空间，例如大获成功的山姆仓储俱乐部就因为商品种类齐全、价格又特别便宜而获得了更广阔的市场空间。

在先进技术与市场规模的扩展的推动下，沃尔玛采取直营连锁的组织形式，即统一资本所有权，公司总部对各分店拥有所有权；统一经营管理权，公司总部对各分店的人事和经营事务具有决策权；统一企业标识、统一进货、统一配送、统一服务、统一价格政策，等等。这种集权使企业的内部组织化程度非常高、结构比较稳定，“选择性的干预”是有效的，从而在运营速度上具有优势，而且这种组织结构有利于企业向异地的数量扩张，占领更多的市场份额，从而形成规模力量。正是“大”与“快”保证了流通组织对市场份额的占有和市场垄断或准垄断力量的产生，保证了流通组织时间消灭空间的本质体现。

尽管沃尔玛在全球多个国家被评为“最受赞赏的企业”和“最适合工作的企业”之一，却在本国最重要的经济中心纽约吃了闭门羹，“偌大一个城市，竟然没有一个沃尔玛。在不少美国人眼里，沃尔玛是集恶之大成者，代表着资本家唯利是图的本性：工资过低、侵犯劳工权益、阻挠成立工会、压低供货商价格间接造成血汗工厂……”在美国人看来，它总是带着低价的诱惑进入当地市场，虽然暂时给顾客带来一些利益，但它逐渐吞噬周边本来活跃的经济，最后掌握当地零售业，让万花争艳变为一枝独秀，当地顾客买到了低价商品，付出的却是失业代价。

一进入中国市场，沃尔玛就一直积极谋划中国更大的销售市场，据中国连锁经营协会公布的《2005 年中国连锁百强企业》显示，沃尔玛以 99.3 亿元的销售额在当年连锁百强企业中位列第 22 名；随后几年，沃尔玛大举扩张，在《2008 年中国连锁百强企业》名单中，沃尔玛已位列第 9 名，其营业额高达 278 亿元；2009 年、2010 年沃尔玛一直稳居第 9 名的位置，销售规模已高达 400 亿元（见表 4-6），2010 年门店数量达到 219 家（见图 4-6）。

表 4-6 沃尔玛近几年在中国的销售情况

年份	销售规模（万元）	名次
2005	993370	22
2006	1503181	14
2007	2131500	13
2008	2782197	9
2009	3400000	9
2010	4000000	9

资料来源：中国连锁经营协会网站。

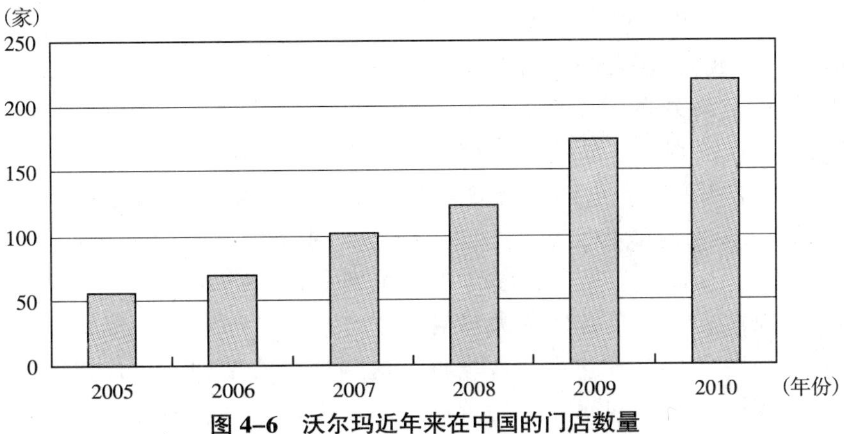

图 4-6　沃尔玛近年来在中国的门店数量

资料来源：中国连锁经营协会网站。

最让人惶恐的，不是沃尔玛在中国又开了多少家分店，而是沃尔玛正无声无息进行市场的产业链整合行动，它推动了非常多的农业公司打着中国农业公司的名义大量收购优质农田经营权。它通过自有品牌、直采基地、极低的物流成本，形成一套完整的产业链。“沃尔玛目前的战略根本不是在门店里进行杀价竞争，而是在整个产业链的上中下游一起竞争，因此它淘汰的行业不是中国的零售行业，而是所有中间环节。”① 根据统计，沃尔玛在美国有 140 万名员工，却只有 61 万名员工享有医疗保险的援助，仅占全美员工的 43%，海外的员工就更难取得这种福利了。难以想象当其形成垄断后，有多少企业将面临倒闭，有多少工人会丢失工作。当商品价格无法形成充分竞争，顾客的利益又从何得到保证？

第二节　流通组织买方市场势力的作用机理

一、生产力—生产方式—生产关系范式

生产力、生产方式以及生产关系一直是马克思主义经济学研究围绕的

① 郎咸平：《沃尔玛的产业链图谋》，《商周刊》2009 年第 18 期，第 82 页。

核心，是《资本论》中最重要的概念。马克思在提到《资本论》的研究对象时指出："我要在本书研究的，是资本主义生产方式以及和它相适应的生产关系和交换关系。"[①] 但是，关于生产方式和生产力与生产关系的本质和关系，至今存在很多争论。一些学者认为"生产方式"指的是"生产力和生产关系的统一"，进而强调政治经济学的研究对象应该把生产力包括在内。另一些学者认为，这个"生产方式"指的是"社会经济形态"或"生产关系"，从而断言政治经济学的研究对象不应包括生产力。这两种观点都值得商榷。前者是在用斯大林对"生产方式"的定义来理解马克思；[②] 后者的解释则显然在表述上不合逻辑。这些观点的不同，只是由于研究生产方式的逻辑起点不同而强调的重点不同而已。这种片面性使得人们无法完整地解释生产方式的地位和运行机制问题。

吴易风教授对上述不同观点进行了梳理和批评，指出应从"生产力—生产方式—生产关系"的原理来看待生产方式的含义。吴教授通过对马克思前前后后思想的形成逻辑及修改思路的研究，认为在马克思那里，生产力—生产方式—生产关系原理的基本内容是：第一，生产力决定生产方式。一定历史发展阶段上的生产力及其发展形式，是一定的生产方式赖以产生的历史条件和现成基础。生产力的变化引起生产方式的变化，新的生产力要求产生和它相适应的新的生产方式。第二，生产方式决定生产关系。生产关系是从生产方式中产生的，一定的生产关系是一定的生产方式所具有的必然关系。生产关系和生产方式相适应。生产方式的发展引起生产关系的发展，生产方式的改变导致生产关系的改变。第三，生产方式和生产关系具有历史暂时性。生产力是不断发展、不断变革的，因此同生产力相适应的生产方式具有特殊的、历史的和暂时的性质，同生产方式相适应的生产关系也具有特殊的、历史的和暂时的性质。[③] 在这里，生产方式不是教科书意义上的生产力和生产关系的统一，而是"劳动者和生产资料相结合以生产人们所需要的物质资料的特殊方式"。[④] 对于吴易风的理解，高峰教授指出："这是最符合马克思逻辑思路的分析。马克思从早在 1846

① 《马克思恩格斯全集》第 23 卷，人民出版社 1972 年版，第 8 页。
② 高峰：《论"生产方式"》，《政治经济学评论》2012 年第 2 期，第 4 页。
③ 吴易风：《论政治经济学或经济学的研究对象》，《中国社会科学》1997 年第 2 期，第 57 页。
④ 同③，第 58 页。

年致安年柯夫的信、1847 年《哲学的贫困》，直到《资本论》第三卷，的确都坚持了‘生产力—生产方式—生产关系’的分析原理”。[①]

因此，对于马克思所讲的生产方式，并不是将生产力和生产关系统一起来，把这两者包括在自身之内，而是介于这两者之间从而把它们联系起来的一个范畴。马克思说：“在一定的生产方式本身中具有其活生生的现实性，这种生产方式既表现为个人之间的相互关系，又表现为他们对无机自然界的一定的实际的关系，表现为一定的劳动方式。”[②] 它一方面与生产关系密切相关，受到生产的社会条件和经济关系的制约；另一方面又与生产力和生产的技术条件密切相关，随着生产工具和生产技术的发展而变化，直接体现生产力的发展水平和性质。关于生产方式、生产力、生产关系之间的相互关系，受机械力学的影响，人们在研究生产力、生产方式、生产关系之间关系的时候，尽管采用辩证法，却长期实行着一种两极对立、单向因果、作用与反作用、一元决定等原理构成的线性思维方法。因此，囿于这样的思维定式，面对复杂的社会系统中客观存在的随机多元交互规定、多向因果、多极多层次交互作用，理论的解释能力下降，禁锢着对生产方式作为中介的内在结构关系以及传导机制等细节的深入研究。生产方式的内容构成之间不是孤立存在的，而是相互生成和相互规定的关系，也就是说它们之间在自组织的基础上还存在着互组织。因此，它们之间决不是简单的决定与被决定的关系。

“资本主义生产方式”是社会化生产力与资本主义经济关系矛盾运动的中间承载体，同时体现劳动的技术方式和社会方式，它以生产力的社会化发展为基础，又被资本主义生产关系所规定、所塑造，具有明显的社会历史特征。“资本主义生产方式是一种特殊的、具有独特历史规定性的生产方式；它和任何其他一定的生产方式一样，把社会生产力及其发展形式的一定阶段作为自己的历史条件……同这种独特的、历史规定的生产方式相适应的生产关系……具有独特的、历史的和暂时的性质；最后，分配关系本质上和生产关系是同一的，是生产关系的反面，所以二者都具有同样的历史的暂时的性质。”[③] 资本是资本主义生产方式的推动者，资本的逻辑

① 高峰：《论“生产方式”》，《政治经济学评论》2012 年第 2 期，第 4 页。
② 《马克思恩格斯全集》第 46 卷（上），人民出版社 1979 年版，第 495 页。
③ 《马克思恩格斯全集》第 25 卷，人民出版社 1974 年版，第 993 页。

同样要在资本主义生产方式中展开。“我们不仅看到了资本是怎样进行生产的，而且看到了资本本身是怎样被生产出来的，资本作为一种发生了本质变化的关系，是怎样从生产过程中产生并在生产过程中发展起来的。一方面，资本改变着生产方式的形态，另一方面，生产方式的这种被改变了的形态和物质生产力的这种特殊发展阶段，是资本本身的基础和条件，是资本本身形成的前提。”①

正如马克思分析的那样，“在商品生产中，流通和生产本身一样必要，从而流通当事人也和生产当事人一样必要”。② 随着生产的发展，社会分工越来越细，一个个生产单位正是经过流通过程才结成一个有机整体，流通企业的运营成为产业资本实现正常循环的必要条件，“产业资本不论作为货币资本还是作为商品资本的循环，是和各种不同的社会生产方式的商品流通交错在一起的，只要这些生产方式同时是商品生产”。③ 在社会化大生产条件下，流通是社会经济运动的脉络。所以，流通也成为生产方式的内容构成。“交换作为在社会分工各部门配置总劳动的媒介，在概念上隶属于生产方式。这样一种交换范畴在历史上的出现，是资本积累将商品生产在全社会范围内强行普遍化的结果。”④

二、流通组织买方市场势力的作用机理

1. 信息技术的提升

在新古典经济学的经济增长理论中，进入生产函数的主要是劳动力、资本、土地等传统物质生产要素，而把知识和技术看成是外生变量。传统生产三要素遵循的是边际收益递减规律，人口的剧增以及大量的不可再生资源的消耗决定了依靠有数量硬约束的物质要素的经济增长是不可持续的。以罗默和卢卡斯为代表的新经济增长理论，对经济增长的源泉进行了重新解释。将规模报酬、不完全竞争以及人力资本等因素引入模型中，将知识、技术进步作为一种内生变量引入生产函数（而在新古典增长理论

① 《马克思恩格斯全集》第48卷，人民出版社1985年版，第36页。
② 《马克思恩格斯全集》第24卷，人民出版社1972年版，第144页。
③ 同②，第126页。
④ 孟捷：《马克思主义经济学范式中的生产方式与资源配置方式》，《教学与研究》2000年第6期，第24页。

中，经济增长源泉的技术进步是外生给定的）。知识的最大特点是充裕性和低成本或者说近乎无成本复制，知识与传统物质生产要素最大的不同在于它遵循的是边际报酬递增规律，当知识作为第四种生产要素成为经济增长的基础推动力量时，经济增长的可持续性得到了最大限度的保证。随着新经济的出现，生产力结构开始由传统的“物质要素主导性”向“智力要素主导型”转变。

随着技术的演进，大机器生产的出现，形成了大规模的商品生产，这样就要求商品流通的规模也要随之扩大，与生产规模的扩大保持一致。于是，一些最新发明的技术被用于商品流通。以机械为动力的轮船代替了原来的帆船，汽车、火车代替了骡马，各种起重、搬运机械代替人力。另外，随着电报、电话的发明，新的通信技术随即被商人们用于传递商品信息，从而大大降低了因信息缺乏而带来的商业风险。由于商业技术的前所未有的突破，也推动了流通组织的变革，应城市化和大规模销售的要求，在法国出现了世界上第一家新型零售组织——百货商店。之后，百货商店逐渐代替了传统的杂货店，成为商品零售的主要形式。在百货商店内部，各种商业机械、设施和技术也被广泛应用，使其成本大大降低，商品周转速度大大提高。由此可见，商业技术的发展为现代流通组织的产生和发展提供了必要的技术支撑和条件。

根据戈德曼（Goldman）的定义，零售技术作为零售企业所采用的系统、方法、程序和技巧，[①] 它决定着零售企业的经营优势与战略方向，具体包含四方面内容：一是信息技术，主要指零售商在整个供应链中采用的对信息流、物流、资金流进行管理的技术。这具体包括条形码技术、POS数据读取系统、人工智能（AI）或专家系统、射频技术（Radio Frequency，RF）、地理信息系统（Geographical Information System，GIS）、全球定位系统（Global Positioning System，GPS）以及快速反应系统（Quick Response，QR）、有效消费者回应系统（Efficient Customer Response，ECR）、企业资源计划系统（Enterprise Resources Planning，ERP）、商品分类管理（Category Management，CM）等一系列供应链管理技术。二是供应链关系管理技术，主要涉及供应商选择与谈判，以及维系供应链合作关系的技

① Arieh Goldman，“Transfer of a Retailing Technology into the Less Developed Countries：The Supermarket Case”，*Journal of Retailing*，Vol.57，Summer 1981，pp.5-29.

术。这里实际是指在信息技术发展的基础之上，具体针对零售商与供应商关系管理的技术，如供应商等级评估系统技术。三是店铺选址与店铺发展技术，如能够在最短时间内提供各种店铺内外设计的备选方案的计算机辅助设计系统（Computer-Aided Design，CAD）等。四是现金流管理技术，主要涉及不同业态的财务状况分析的技术。彼得·迪肯也认为，目前在敏捷流通体系中，流通组织核心的三个关键技术要素是电子数据交换（EDI）、条形码系统以及“接驳转运”（Cross-Docking）的流通中心。①

利用这些高新技术，流通组织以信息流引领物流和商品流，并由此形成了区别于其他商业企业的核心竞争力。应充分利用现代信息技术打造的物流管理体系和产品订货系统，使流通组织能将产品全球价值链中附加值较高的重要两环牢牢掌控在自己手中，并进一步增强对生产制造环节的控制力。例如，沃尔玛自20世纪60年代末成为最早采用计算机跟踪库存的商业企业之一起，就再也没有停止过对先进信息技术的不懈投入和运用。1981年，沃尔玛开始试验利用商品条形码和电子扫描器实现存货自动控制。商品条形码加上便携式扫描仪的运用，可以控制门店内存货水平，方便地记录下商品品种、数量、进价、售价等信息，使公司能更快地规划存货要求，节约物流配送的时间。通过应用上述技术，沃尔玛在对商品的整个处理过程中，总共节省了约60%的人工。1983年，沃尔玛斥资2400万美元开始建立自己的卫星通信系统，之后更是花了7亿多美元建成目前所拥有的计算机和卫星系统。正如沃尔顿所说：“卫星通信系统，是我们最棒的工具和最大的优势。”通过这套卫星通信系统的应用，沃尔玛总部可在1小时内，对遍布全球的5300多家门店的每种商品的库存上架及销量全部盘点一遍；也可使配送中心、供货商及每一销售点都能形成连线作业，在短短数小时内完成“填妥订单—各分店订单汇总送出订单”的整个流程，大大提高了配送的高效性和准确性。与此同时，沃尔玛也开始逐步运用EDI与供应商进行交易。截至1990年，沃尔玛已经与它的5000余家供应商中的1800家实现了电子数据交换，大大降低了办公成本，提高了信息沟通速度。在条形码技术、卫星通信技术以及EDI技术的基础上，沃尔玛进一步开发了电子自动订货系统（Electronic Ordering System，EOS）

① [英] 彼得·迪肯：《全球性转变——重塑21世纪的全球经济地图》，刘卫东等译，商务印书馆2009年版，第395页。

以及自动补货系统（Automatic Replenishment）。EOS 是企业间利用通信网络和终端设备，以在线连接方式进行订货作业和订货信息交换的系统。EOS 不仅缩短了订货商品的交货期，减少了商品订单的出错率、节省了订货的日常费用，而且有利于减少企业的库存水平，提高库存资金周转速度，有效防止销售缺货现象。自动补货系统则是对 EOS 的配套补充，它是供货商预测未来商品需求，担负起替零售商补货的责任并与零售商维持长久稳定合作关系的一个系统。自动补货系统能够使供货商对其所供应的所有分门别类的货物记载其销售点的库存情况了如指掌，从而自动跟踪补充各个销售点的货源，使供应商提高了供货的灵活性和预见性，即由供货商管理零售库存，并承担零售店里的全部产品的定位责任，使零售商大大降低零售成本。沃尔玛成功地应用了自动订货和补货系统以后，有效地减少了门店的库存量，不仅降低了物流成本，还增加了存货的流通速度，大大提高了沃尔玛公司的经济效益和作业效率。

正是通过上述各种先进信息技术的配合使用，沃尔玛公司得以突破组织成本增加的“瓶颈”，获取将物流和订单环节内部化的优势，提高了公司在销售产品过程中的时效性，降低了产品销售成本。同时，先进的信息技术使得供应商和沃尔玛之间实现了库存报告、销售预测报告和订购报告等有关商业信息的最新销售数据实时交换，不仅提高了沃尔玛采购订单的计划性、时效性、市场预测的准确性、供应链运作效率和存货周转率，保证了其对物流和订单环节的利润控制，而且也对处于生产制造环节的企业形成更强的议价能力，从而增强对整个全球价值链利润的控制。

在后福特制生产方式下，随着流通规模的极大增加，现代技术成为流通组织全球化管理的重要工具。信息技术不断突破企业经营有形实体的局限，使其实现了零库存成本、零时间障碍、零空间障碍，市场规模不断拓展。①信息技术实现了企业经营的零库存成本。过去，因为商家和客户上下游之间信息沟通不畅，为了保证企业经营能够顺利进行，产品能够及时补给，企业经营者需要存储足够的产品，从而产生的库存成本成为很多企业生产经营的困境。现在，通过信息技术打造的统一信息平台，产品经营的上下游企业能够时时了解和掌握从初级原料供应商到终端顾客之间的所有需求和供给情况的变化，使产业链各个环节都可做到按需生产，无缝链接，不需要进入库存环节，从而将库存成本降至为零，即实行“零库存下的即需即供体制”。②信息技术实现了企业经营的零时间障碍。传统企业的经营活动，采用信件、实地旅行的方式进行商务交流，经营成本很高，效率低下，导致企业失去很多重要的发展时机。即使在企业内部，上下级和各部门之间的交流效率也很低，企业内部垂直分布的管理层级是管理大厦的天花板和地板，常常使信息、资源、创意和活力在上下层之间的自由流动受到阻碍，导致企业整体对市场变化反应迟钝、缺乏创造力。现在，信息技术使企业内外实现了即时交流和沟通，利用电话会议、视频会议、远程监控等即时交流方式，解除了地理空间造成的时间障碍。③信息技术实现了企业经营的零空间障碍。借助信息技术，市场空间在虚拟空间中得到了逻辑再现。虚拟空间里不存在地理空间的局限，所有资源都能在这个无边界的空间里聚集，通过虚拟运作，企业在研发、生产、销售、物流诸环节上都可对这些丰富的资源加以利用，从而使企业经营能力的无边界发展成为可能。

2. 市场规模的拓展

市场规模拓展包括两个含义：一是消费者数量的增加，二是彼此独立的行业数量的增多。[①] 消费者和行业数量都是随着企业内部分工和社会分工在技术创新基础上的动态相互作用中逐渐增大的。随着技术尤其是交通运输技术的进步，越来越多的人口通过商品交换被吸收进社会分工体系。这不仅进一步扩展了行业的数量，而且也扩展了消费者的数量。社会分工的发展使产品的使用价值对产品的生产者本身越来越无关紧要，从而使原来自给自足的生产者越来越依靠通过出售自己的劳动产品，然后购买他人的劳动产品来获得自己的消费资料，消费者范围和消费领域不断扩大。同时，企业内部分工的发展使某些工序越来越分化、专门化和独立化，使产品生产和消费之间的中间环节不断增加——许多新的行业由此产生，而且人类的需要即消费的产品系列也不断扩展。

当社会分工的发展使市场规模不仅扩展到国内一切领域，而且进一步扩展到其他国家的很多领域，标准化产品需求在很多方面已饱和。市场的扩大主要体现在交换深度——同类产品的差异需求不断增长，产品的需求变化要求整个流通过程中的各个环节或相关部门进行再造和完善。在这样一个广阔的市场空间里，流通组织努力实现空间扩张，大力跨地区发展，实现流通组织的规模经济和范围经济。

① 《马克思恩格斯全集》第 26 卷第 3 册，人民出版社 1974 年版，第 296 页。

由于受到一定区域购买力等因素的影响，零售商的单店规模受到限制，大型零售商的规模扩张主要通过开设分店来实现，其不断增加的规模经济效益主要通过两个方面来实现，一个是分店扩张带来销售量的急剧增加导致单位产品的平均固定成本大幅下降带来的收益，另一个是由于采购存在的规模经济性使得它有条件对供应商实施买主势力，获得优惠的折扣，降低平均可变成本带来的收益。

定制化的社会条件下，市场规模的扩展不仅表现在市场空间的不断扩展，而且表现在市场内容上随着人们消费层次的个性化而出现商品多样化的特点。许多大型零售商通过引进大型综合超市业态等多种业态组合和产品搭配从而获得范围经济。所谓范围经济收益是指当企业同时生产或销售两种或两种以上产品时，比同样数量的产品分别交给不同企业生产或销售更能实现成本的节约。范围经济的存在，一方面来自交易成本和运输成本的节约，另一方面则来自技术、管理、信息上的集聚效应，特别是通过使用复杂的订货系统来保持精确的库存，通过集中配送降低单位产品的物流费用等方式获得分销和仓储的效率提高。

对于市场规模扩展引起的流通企业规模经济和范围经济效应，威廉姆森曾认为，如果将企业复制成企业集合，必然要辅之以选择性干预（只在预期净收益为正时才进行干预），但实际上选择性干预是不可能的。原因是，随着企业规模增大，企业科层的纵向和横向关系将更加复杂，内部信息传递的扭曲程度也越来越大，再加上个人机会主义行为动机（如会计造假）、官僚主义无能、个人激励弱化、内部游说的危害等，共同造成了企业内部管理控制的低效率，即“控制损失”(Control Loss)。但是，这些新制度理论并不适于解释当今后福特制下的流通企业。当前许多大型的国际流通企业正是通过分店的复制和选择性干预实现了规模经济和范围经济。①通过复制、连锁使流通企业核心能力无边界增长。通过复制，某一流通企业单店可以变成无数具有同样功能和特征的核心能力模块群，将这些模块分配到多个市场进行连锁经营，这样，累加起来的核心能力总和将会实现无限扩大，复制后的企业并不存在规模不经济。②通过复制、联盟使流通企业核心能力无边界增长。核心能力连锁是流通企业能力的累加式增长，而核心能力联盟可以实现流通企业能力以乘数方式甚至是几何方式增长。通过并购、兼并等形式，某一流通企业可以与其他企业进行联盟，尤其是一个流通企业同时和多个流通企业进行联盟，将其核心能力的功能成倍发挥，从而可实现流通企业的无边界发展。

尤其是随着企业技术水平的提高，管理的现代化、网络化，企业管理超越垂直边界，不断设计销售制度，将流通组织虚拟化，利用网络技术建立庞大的虚拟流通组织网络，这个组织随着其产品受众的不断增加而无边界扩展。同时，还可以将流通过程虚拟化，利用信息、网络、多媒体等技术将流通活动的各个环节在互联网中进行虚拟再现，直接通过互联网将产品销售给客户。以网上商城为例，它是专业的网络销售公司，没有实体销售店铺，所有产品都以数字形式展现在互联网中的虚拟商店里，顾客从商品搜寻、挑选到付款结账及售后服务的。整个过程都以信息化的方式实现，产品销售过程主要依靠顾客 DIY。网上商城自己不生产产品，它所销售的商品来自无数不同的产品生产企业。从销售地理范围看，因为网上商城存在于虚拟的互联网中，其销售市场空间面向全球无限延伸；从销售产品种类和数量看，网上商城所展示的是数字化的产品，它可以低成本容纳无限多的产品种类和数量。这样，流通企业就实现了经营的零空间障碍，市场空间在虚拟空间中得到了逻辑再现。虚拟空间里不存在地理空间的局限，所有资源都能在这个无边界的空间里聚集，通过虚拟运作，企业再销售、物流诸环节上都可对这些丰富的资源加以利用，从而使企业经营能力的无边界发展成为可能。

企业的复制为流通企业带来更强的市场竞争力。作为受人关注的全球大买家，沃尔玛每年的国际采购量就约为 1000 亿美元，[①] 如此大的集中采购足以对供货商产生强大的吸引力和价格压制力。现代零售商通过广布门店的经营方式形成了一个巨大的信息网络，每一台收银机都是一个信息搜集器，它们汇集了零售店的商圈内的消费者的需求信息。根据及时、准确、丰富的需求信息来调节生产供给对于生产商降低生产和供货的盲目性的作用是举足轻重的。因此，大型零售商也就有了与供应商谈判的资本。国内一位生鲜食品的供应商就表示，与沃尔玛、家乐福等毛利虽然不高但风险低的企业合作，由于周转率高，即使单位商品赚得少一点、利润薄点，总体毛利润仍然可以保持在一个比较高的水准。平价销售带来的对消费者吸引力的提高和销售量的增长，反过来又提升了供货商对沃尔玛的依赖程度，强化了其低价为沃尔玛供货的动力和能力。因此，沃尔玛由于自

① 全秋梅：《沃尔玛上海“裁员风波”折射工会缺位》，《第一财经日报》2007 年 11 月 8 日。

身规模经济和范围经济带来的市场份额的扩大，不仅使供货商在生产中实施规模经济成为了可能，并且沃尔玛由规模经济和范围经济带来的议价能力的提升又进一步增强了供货商和消费者对沃尔玛的依赖程度，从而提升了沃尔玛对价值链销售环节和生产环节的控制力。

3. 后福特制生产方式的中心——外围分工结构

后福特制生产方式下，企业实行业务外包以提高核心竞争力，这种竞争理念的深刻变化推动了国际分工的新发展。20 世纪 90 年代以来，随着技术创新的加快和企业竞争的加剧，强调核心竞争力的培育成为企业参与国际竞争的主要战略。越来越多的企业通过业务外包将生产阶段委托给合同制造商去完成，而将力量集中于研发和营销。一些企业在开发设计出产品后，无须自己建立生产线去生产，而是直接将设计的产品交给合同制造商生产，从而大大缩短了从开发到投放市场的时间，迅速占领市场。与此同时，由于许多企业将制造过程外包，产生了一批专业代工企业。[①] 专业代工企业具有快速响应能力，可以提供优质的产品和服务。外包使国际分工呈现出一种新的态势，即产品价值链中以生产部分为主的环节从发达国家向发展中国家转移。起初是传统产业和劳动密集型产品生产的转移（但产品的研发设计及部分高附加值产品生产仍在法、意、美、日等发达国家），随后是高技术产品生产的转移，甚至部分设计、供应也开始向发展中国家转移，从而在国际范围内，按照知识流量大小，产品价值链在发达国家、新兴工业化国家和地区、发展中国家之间呈现由高到低的梯度分布。

在分析国际分工格局时，依附论和世界体系论是传统的理论分析工具。所谓“依附”，是指“一些国家的经济受制于它所依附的另一国经济的发展和扩张”。[②] 当有些国家（主导国）能够扩展和自我发展，而另一些国家（依附国）只是这种经济扩展的被动、消极的反映，这时两种或两种以上经济形式之间以及这些国家和世界贸易之间相互依存的关系就采取了

① 制造过程外包中较为典型的例子如电子产品制造服务（EMS），专业制造电子类产品，制造项目涉及消费性电子产品、计算机、医疗器械、通信设备、航天产品等广泛的领域。2001 年 6 月，美国《商业周刊》评出的全球科技 100 强企业的前 25 位中，有 7 家是 EMS 企业。同年，总部设在新加坡的伟创力（Flextronics）以 138 亿美元的营业收入成为全球最大的 EMS 企业。

② [巴西] 特奥托尼奥·多斯桑托斯：《帝国主义与依附》，杨衍永等译，社会科学文献出版社 1999 年版，第 302 页。

依附的形式。依附论源于劳尔·普雷维什的“中心—外围”概念，并吸收了巴兰的经济剩余理论，[①]采用二元方法把世界划分为“中心”和“外围”两个部分。普雷维什认为，世界经济体系是由“中心”和“外围”相互排斥又互为条件的动态两极组成，一极是工业发达的资本主义国家，另一极是持续贫困的发展中国家；中心在全球扩张的目的是为了利用外围，从而限制和阻碍了外围的发展，中心和外围相互间是不平等的依附关系，结果形成发达国家日益发达，外围国家则无法摆脱不发达状态的国际格局。[②]后来弗兰克（A.G.Frank）和阿明（Samir Amin ）等人将其进一步发展成为依附理论。依附理论的核心观点是，在世界规模上积累资本的过程是一个非常不平衡的过程，由此会不断地产生并深化世界生产的中心区与外围区结构。中心区从事着高额垄断利润的国际分工，而外围区则从事着低利润的分工。这一关系的不平等，就成为世界体系中国家间与国家内持续政治冲突的基础。不平等关系的根源是资本在当前的世界生产体系中仍占据主导地位，资本的积累要以劳动力报酬的不平等为伴生物。霍普金斯、沃勒斯坦认为，“如果劳动力的报酬在世界各地是一致的，那么，利润水平也就是相同的，而且将是极低的。尽管在不断扩大的商品生产链中的垄断所在地也许有少量报酬较高的劳动力，但那里的高利润是依赖于以极低的工资支付给那里提供各种投入品的工人劳动而存在的。由此，世界的劳动力在各种商品生产链条内，构成了一种特定的等级”。[③]这一理论认为，目前所见的前景并不说明在资本主义背景下中心和外围之间的差距会不断缩小：一方面，跨国公司正在利用这一差距，它们把劳动密集型工业大规模转移，使外围地区继承那些发展范围有限的工业，而中心地区则保有那些具有较大发展潜力的工业；另一方面，只要资本有需要，劳动力是随叫随到的。这使得外围地区的人才大量流向中心地区。这种不平等的经济结构把外围国家的生产盈余转移到了中心国。[④]外围国家为了应付这种转移对

① [美] 保罗·巴兰：《增长的政治经济学》，蔡中兴等译，商务印书馆 2000 年版，第 106–107 页。

② [阿根廷] 劳尔·普雷维什：《外围资本主义：危机与改革》，苏振兴、袁兴昌译，商务印书馆 1990 年版，第 132–136 页。

③ [美] 霍普金斯、沃勒斯坦：《转型时代世界体系的发展轨迹：1945–2025》，吴英译，高等教育出版社 2002 年版，第 4–5 页。

④ 转移的方式是多种多样的：或者把利润直接汇回国内，或者通过额外加价的形式购买本国母公司的产品，或者利用技术服务、专利权、特许权等伪装形式汇回利润。

国家经济安全的影响，不得不竭力创造大量的盈余，但又不是通过掌握先进的技术来实现，而是依靠遭受劳动力的超额剥削来实现的。这就限制了国内人民在技术、文化、身心健康方面的发展。这种转移和对外围国家状况的恶化加重了那种不平等，并把不平等变成了世界经济中心必不可少的结构性因素。利润的转移使资本在中心国家集聚起来，提供了实现进一步技术革新的基金。再者，中心国家的财政力量和政治力量也随之越来越强大，也就越有能力降低外围国家在分工链中的等级。

20世纪70年代，伊曼纽尔提出了一个以世界体系为分析单位、以核心—半外围—外围为基本结构的“世界体系”理论，对依附理论进行了发展。沃勒斯坦进一步认为，人类历史虽然包含着各个不同的部落、种族、民族和民族国家的历史，但这些历史不是孤立发展的，而是相互联系着发展和演变的，总是形成一定的“世界性体系”，从而提出了著名的世界体系论。沃勒斯坦根据资本积累、技术以及劳动分工的影响，认为资本主义世界经济存在三重结构：中心、边缘以及介于二者之间的半边缘。中心国家是那些在世界体系中占据主导地位，依靠先进技术和工业产品控制支配其他国家的国家；边缘国家指那些不得不以出口自然资源和初级产品而受控于中心国家的国家；而半边缘国家指那些既可以某种程度上控制边缘国家，又在某种程度上受控于中心国家的国家。在世界体系论学者看来，16世纪开始形成的资本主义世界体系是第一个市场贸易充分发展且经济势力支配一切的世界经济，在这个体系中不同的地区执行不同的经济职能，这样就构成了世界体系的三级结构：最上层是主要生产高利润、高技术、高工资的多样产品的中心国，最下层是主要生产低利润、低技术、低工资且种类不多产品的外围国，介于其间的则是相对于中心处于外围位置，相对于外围则俨然属于中心、兼具被剥削与剥削者角色的半外围国家。这种三级结构避免两极分化可能造成的尖锐对立，从而巩固了世界体系。[①] 各国在世界体系内的位置会有所变动，即核心可能下降为半外围，外围可能上升为半外围，半外围可能上升为核心。资本主义体系本身的结构始终有升有落，但不可能所有的国家都同时“发展”为国强民富的中心国。与自由贸易理论所主张的贸易对交换双方均有利的观点不同，世界体系理论认

---

① 参阅［美］伊曼纽尔·沃勒斯坦：《现代世界体系》（第一卷、第二卷），高等教育出版社 1998 年版。

为，资本主义世界体系之所以能够发展，其根本动力在于存在着不等价交换和剥削。世界体系论把依附理论的中心—外围两极结构，改为核心—半外围—外围的三级结构。由于引入了一个半外围概念，从而赋予各个国家在世界体系中上下流动的可能性：核心可能下降为半外围，外围可能上升为半外围，半外围可能上升为核心，资本主义体系本身的结构始终是有着升降起落的一个动态体系。这样就避免了依附理论所具有的静态倾向，形成更加全面的历史性视野。①

无论是依附论还是世界体系论，它们自出台伊始便饱受学术界的诟病。特别是作为一种解释发展中国家经济发展的理论，因为以外因解释不发达的原因和理论的过于“简单”而被各主流和非主流学派所不容。但在笔者看来，依附论也许存在不足，但其独特的视角及其与现实的紧密结合仍然具有重要的意义。这两种理论一定程度上改变了以前那种站在发达资本主义国家角度阐释不发达问题的局面，对发展中国家学者探索本国经济发展道路起到了很大的推动作用，这对于认清不发达国家在发达国家跨国公司扩张进程中的地位，以及这一进程对不发达国家内部阶级关系和政治关系的影响，仍然具有重要的理论和现实意义。

在中心—外围的分工格局中，跨国流通组织与生产组织结成企业战略联盟，强化了跨国生产网络中发达国家的生产商和流通商。后福特制生产方式下，为了适应大规模定制的需要，有效利用稍纵即逝的市场机会，由一两家企业组织牵头，多家生产组织或流通组织协作进行生产经营的方式可以利用市场信息，利用企业外部资源，以最低的成本增加生产的弹性。例如，沃尔玛通过战略联盟将自己和供货商的利益紧密联系在一起，视供货商为自己的战略合作伙伴，把供货商的生产成本、技术研发、管理费用纳入到沃尔玛公司的管理体系中来，并利用计算机联网和电子数据交换系统让供货商和它分享宝贵的商业信息。这样，供货商就可以通过沃尔玛的销售统计，及时准确地掌握自己产品的销售情况，制定更加富有针对性的生产计划，从而不断提高效率、降低成本，而沃尔玛也分享了产品成本下降以及销路扩大带来的好处。同时，对于未来产品设计与制造，由于沃尔玛公司作为分店遍布全球的大型商业企业，能通过产品的销售情况迅速掌

① 张宇：《马克思主义的全球化理论及其从经典到现代的发展》，《政治经济学评论》2004 年第 3 期第 20 页。

握各个细分市场的文化差异以及消费者的消费习惯，并及时将这些信息反馈给供货商，这些供货商则能够利用沃尔玛提供的信息迅速对生产计划做出调整和改进，保证生产出的产品能满足各细分市场上顾客的差异化需求，从而降低经营风险。因此，跨国流通组织的全球性敏捷流通，进一步巩固了跨国生产商和流通商的中心地位，生产商与流通商的良性互动使全球生产网络得到更好的维护，中心—外围的分工格局更加深化。

4. 资本—劳动关系的弹性化

在后福特制生产方式下，生产关系也发生了变化。在福特制危机出现以前，大规模生产方式对工人的控制，是通过分解工人的劳动，以及分离劳动过程中的“概念”（Conception）和“执行”（Execution）来实现的。[①] 马克思对此进行了深刻揭露，“工场手工业使工人畸形发展，变成局部工人，大工业则把科学作为一种独立的生产能力与劳动分离开来，并迫使它为资本服务。在工场手工业中总体工人从而资本在社会生产力上的富有，是以工人在个人生产力上的贫乏为条件的”。[②] 这是资本与劳动间利益对抗的重要方面，资本对劳动拥有绝对的控制权，资本与劳动的关系也表现为冲突和对立。尤其在福特制生产方式下，社会生产率的提高正是通过这种绝对控制与工人的服从来实现，并进而生产出资本统治劳动的新条件。

由于长期以来的利润率下降危机和竞争的压力，在后福特制生产方式下，管理者开始把提高竞争力的注意力转移到了工人身上，通过设立人事部门，将工头纳入管理层、建立公司工会、内部国家（主要指集体谈判）等多种方式赢得工人对生产和管理的认同，来加强劳资之间的合作，[③] 同意的重要性上升了而强制的则下降了。[④] 在具体策略上，资产阶级通过它们的空间策略——分散、分而治之、在地理上瓦解工人，跨国公司及其相关网络通过业务的外包，在全球雇佣劳动力并组织全球经济的核心劳动力。在跨国公司及相关网络的不同功能和策略下，位于不同国家的劳动力形成了分工与依赖关系。尽管大多数劳动力不会在网络里流通，但他们必

---

① ［美］哈里·布雷弗曼：《劳动与垄断资本》，方生等译，商务印书馆 1979 年版，第 103–112 页。

②《马克思恩格斯全集》第 23 卷，人民出版社 1972 年版，第 400 页。

③ ［美］威廉·拉佐尼克：《车间竞争的优势》，徐华、黄虹译，中国人民大学出版社 2007 年版，第 259–264 页。

④ ［美］迈克尔·布诺威：《制造同意——垄断资本主义劳动过程的变迁》，李荣荣译，商务印书馆 2008 年版，第 3 页。

须依赖网络中其他区段的功能、演变和行为，这就造成劳动力的层级化、区段化。[①]

随着跨国流通企业在全球的拓展，称得上安全、稳定、有保障的工作愈来愈少了。跨国流通企业在空间的拓展中大量使用临时工、兼职工或把非正式公司作为低级别的供应商。这不仅导致跨国组织之间、核心组织和外围组织、全日制工和临时或兼职工人之间产生了分化，将劳资矛盾转化为这些工人之间的矛盾，而且加强了资方对核心组织内工人、全日制工人的控制。因此，跨国流通组织的全球化组织形式是一种更“精巧的结构化劳动控制体系”。在劳资关系方面，它比福特制具有更强的将劳资冲突整合为劳资双方在资方控制下进行“合作”的能力。[②] 后福特制下的不同国家和地区的工人更加原子化、碎片化，核心工人不断减少，而边缘工人或弹性工人日益增多，强资本弱劳工的劳资关系得到了进一步强化。

如前所述，企业追求的弹性与敏捷以及工人的分化和分层都离不开信息技术基础。信息技术提供弹性和适应性的基础设施，应用于全球生产网络的整个生产和管理过程，通过产品线或市场区隔战略整合不同的程序，实现劳动力在功能上的重新整合，而不是在组织上分配，以此突破这一限制。这促使“全球劳动力”出现和全球劳动力市场的形成。[③] 当然，相对资本的自由流动而言，劳动力流动受到制度、法律、国界等诸多因素的束缚，并不能随意跨越国界运动；但资本的全球自由流动将相对固定的劳动力纳入了网络之中，取得了相对流动性，从而劳动力的新景观在资本的切割和引导下形成。在跨国流通组织的全球扩张与渗透过程中，处于网络中的各个国家的劳动力不仅在功能上互赖性增强，同时在劳动力就业条件层面上的相互依赖性也在增强。尽管各国国内有不同的薪资与审核保护水平，但是各国劳动力在技能与技术方面的差异却日渐缩小。随着网络中劳动力供给的增加，工人工资在不断下降。同时，劳动力收入也在分化，日本学者大前研一通过对日本各个阶级收入的分析指出，日本的 M 型社会

---

① [美] 曼纽尔·卡斯特:《网络社会的崛起》，夏铸九、王志弘等译，社会科学文献出版社 2003 年版，第 285 页。

② 谢富胜:《分工、技术与生产组织变迁》，经济科学出版社 2005 年版，第 259 页。

③ 同①，第 280–289 页。

正在形成。[①] 美国学者通过实证研究也认为，美国的沙漏型社会已经形成。[②] 在任何历史转变的过程中，系统变迁最直接的表现之一，乃是就业与职业结构的转型。随着劳动力的层级化和区段化，被纳入全球生产网络之中的劳动力就业结构和职业结构也在悄然改变。

总之，生产力的分工作用引致信息技术的提升和市场规模的拓展，生产方式目前发展为后福特制生产方式，生产关系的资本属性引致企业垂直分离，通过价值链的整体控制及企业关系重构，实现了买方市场势力的增强，垄断利润得到快速提高，而这又使得反映规模经济、范围经济和垄断利润的当代生产力—生产方式—生产关系系统不断深化。上述机理可以用图 4-7 来表示。

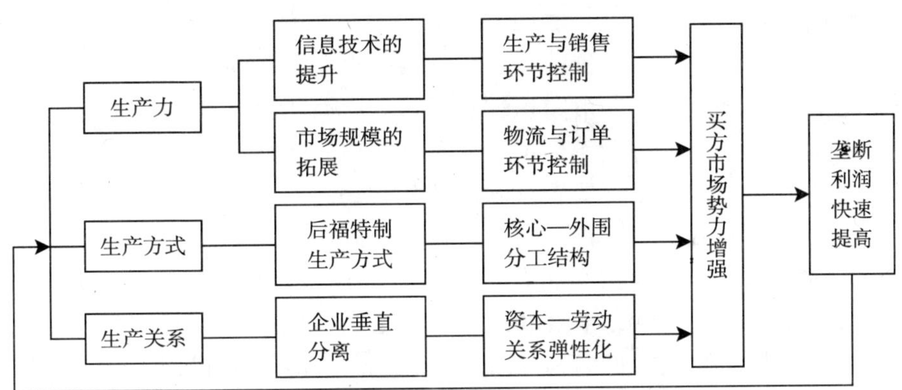

图 4-7　四个维度基础上的买方市场势力正反馈和自增强路径模型

① [日] 大前研一：《M 型社会：中产阶级消失的危机与商机》，刘锦秀等译，中信出版社 2007 年版，第 40 页。

② Bennett Harrison，*Lean and Mean*：*The Changing Landscape of Corporate Power in the Age of Flexibility*，New York：Guilford Press，1997.

第三节 流通组织买方市场势力下的纵向约束关系

一、对本土消费者实施价格歧视

沃尔玛、家乐福这样的世界级零售公司也会玩弄“价格欺诈”，尽管难以想象，但确实是事实，近一两年来，沃尔玛、家乐福对本土消费者的价格歧视措施不绝于耳。一些城市的家乐福、沃尔玛等超市门店存在虚构原价、低价招徕顾客，高价结算、误导性价格标示等欺诈行为。具体表现为：①虚构原价。在长春市家乐福新民店，一套七匹狼男士内衣标示原价每套 169 元，促销价每套 50.70 元，而真实原价才每套 119 元。②低价招揽顾客高价结算。两名消费者反映在沃尔玛昌平店购物，被多收钱，标价 6.9 元一斤的香梨，买了 1.4 公斤，结账时被收近 160 元。③不履行价格承诺。在上海市家乐福张江店，碧根果广告宣传每斤 44.88 元，实际结算价为每斤 60.80 元。④误导价格标示。在昆明市家乐福世纪城店，鱿鱼丝销售价为每袋 138 元，标签标示却用大号字体标示“13”，诱导消费者误认为每一袋 13.80 元。

一般说来，如果不同的消费者对同一商品有不同的购买意愿，而且消费者之间的转卖难以发生，流通企业对不同消费者收取不同价格就有利可图。消费者投之以桃，却没有换来超市的报之以李。外资跨国流通企业在我国实施的价格歧视带来了巨大的负面影响：①将租金从消费者转移给跨国流通企业，损害了消费者福利。②价格歧视还被跨国流通企业用来阻碍竞争，使消费者长期福利受到损害。比如，一个跨国流通企业同时在他国和中国市场经营，如果它在中国市场面临本土流通企业的竞争，而且这一本土流通企业只在中国市场存在，这时候，为了驱除中国市场的本土流通企业，它就可能在中国市场实施低价策略。用他国市场的利润来补贴中国市场低价造成的亏损。这就是一些跨国流通企业声称要在中国市场亏损 5~10 年的原因。③提高消费者的转换成本，间接危害竞争。

尽管国家发改委公开通报了多地家乐福、沃尔玛超市存在的价格欺诈行为，并责成相关地方价格主管部门依法予以严肃处理，责令这些超市改正，没收违法所得，并处违法所得5倍罚款，而对没有违反所得的或无法计算违法所得的，处以法定最高额度50万元的罚款。但是跨国零售巨头敢于置公共道德不顾，敢于欺诈消费者，说明在利益面前再成功的企业，其品牌效应和内在规范并非保证市场秩序良性运转的可靠屏障。

二、对本土流通企业采取掠夺性定价行为

外资跨国流通企业实施的掠夺性定价，是指他们为了将本土流通企业挤出市场或者阻止潜在本土流通企业进入某一市场，它们首先将价格定得低于商品的平均成本，待目标流通企业退出市场以后，再提高价格。不同于制造商，外资流通企业一般是通过实施多产品亏损诱饵策略（Loss-Leader Strategy），即交叉补贴来实施掠夺性定价。一般说来，当消费者所需商品较便宜时，他并没有动机去四处比较，以找到每一种商品的最低价格的流通企业，而是径直去他认为以合理价格销售产品的流通企业那儿购买。对个别商品来讲，消费者可能准确地知晓哪家流通企业以何种价格销售。然而大多数情况下，消费者对于单个商品的相对价格和相对质量却只有模糊的认识。在这种情况下，消费者就会根据流通企业在储存商品和低价格方面建立的声誉来选择流通企业。外资跨国流通企业通过将部分商品的价格降到平均成本以下，并对这些商品进行促销或者广而告之，鼓励消费者使用这些低价格商品去和其他流通企业的商品进行价格比较，以低价格销售的商品就是所谓的亏损诱饵，而销售这些商品所蒙受的损失将会从其他商品的高价中得到补偿。这样，那些经营与外资跨国流通企业亏损诱饵相同商品或者以诱饵产品为主力的本土流通企业将无法与之展开公平竞争。大批实力较弱的本土中小型零售机构纷纷退出零售业。

其次是一些较大的本土零售机构出现过度反应。一些跨国零售巨头的加速扩张和大批中小型流通企业的倒闭迫使或刺激本土流通企业有可能不顾企业现实和能力加快扩张速度，加快“抢滩”，而这可能造成经营风险的迅速增长，最终可能导致这些流通企业出现经营困境，直至退出零售行业，或为大型跨国零售集团所兼并（这些年来跨国零售巨头开始对新兴市场的本土流通企业实施大规模并购）。大型流通企业在跨国扩张的过程中，

一方面加快了开店的速度，另一方面也积累了越来越多的风险。

三、对本土生产企业滥用纵向约束

跨国流通企业实施的纵向约束是指它们与上游供应商签订的长期的、具有约束力的合约，合同中载明它认为需要供应商遵守的条款，比如价格、销售数量、折扣水平以及行为方式等。研究表明，流通企业目前对供应商主要实施的几种纵向约束形式如下：①通路费（Slotting Fees），俗称上架费、进场费，是指供应商为了鼓励流通企业引进它们的新产品以及为已存产品分配好的货架空间，一次性支付给它们的大笔费用，包括新产品引进费、产品库存费、销售展示费、特别促销展示费等。②自有品牌（Private Brands），是指那些流通企业委托供应商加工的产品，但产品品牌是流通企业创造的排他性名称。通过开发自有品牌，流通企业一方面牢牢控制为其加工自有品牌产品的供应商，另一方面增加了它与品牌制造商讨价还价的能力。③有条件采购（Conditional Purchasebehaviors），是指只有在供应商满足流通企业的采购条件之后，流通企业才愿意购买该商品，如一些流通企业就公然声称如果它的供应商向折扣店供货的话，就将停止采购他们的产品。④排他性合约（Exclusivity Contracts），流通企业与供应商签订排他性合约，可以把外部性问题内部化，如允许交易双方实施非线形转移定价合约。⑤合作促销（Joint Marketing），零售企业要求供应商与之进行合作促销，这样它的个别门店就能从供应商处获得折扣。⑥相互交易（Reciprocal Dealing），是指流通企业同意从供应商那儿采购某些商品，但条件是该供应商也必须从它那儿采购某些商品。关于这些纵向约束形式的竞争效应，目前尚无定论，折中的结论认为它们可能是一些增强效率的机制，比如可以防止外部性、分散风险、促进产出。但是这些形式也可能被跨国流通企业用来提高进入壁垒、促进合谋、阻碍竞争，或者直接利用它们损害供应商利益。如果交易双方市场地位不对等并且所在市场缺乏完善的反托拉斯法，反竞争的结果更可能发生。比如，通路费可能变成跨国流通企业转嫁经营风险、转移经营成本甚至成为利润的主要来源；自有品牌可能成为跨国流通企业压低制造商品牌产品价格最有力的威胁方式；有条件采购行为可能变成跨国流通企业对供应商实施的强制性交易；排他性合约可能成为跨国流通企业制定有损供应商利益的格式合同的手段；合作促销可能为跨国流通企业强制供应商提供经济性好处找到了借口。据管理咨询机构麦肯锡公司的估算，目前供货商支付的销售回扣总计达到了全部销售额的 10%~15%，而在 20 年前，这一费率只有 4%。家乐福的一家长期供货商表示，2010 年家乐福的销售返点上涨到了 21%，这将小供应商逼到了死角；相互交易可能变成跨国流通企业强制供应商回收过时存货的砝码。

在后福特制生产方式下，随着生产企业出于增强自身市场势力的目的，它们越来越多地运用产品差异策略来压缩或减小消费者需求弹性，单个生产企业追求的产品差异度越来越被过于广泛的产品差异所淹没，差异化产品越来越难以在铺天盖地的“差异渲染”中被识别出来，现代意义的大型流通企业的作用就凸显出来。大型流通企业陈列众多的差异化产品，在差异化产品的相互比照中展示产品差异，充分发挥提高交易频率、增加交易对象、扩大交易范围的市场创造作用，提高了商品分销和纵向结构的效率。

跨国流通企业在商品采购方面有一套精细的定价管理系统，对商品成本的核定相当苛刻。例如，沃尔玛甚至对有些商品每个组成部分进行成本核算，确定最低进货价位，以此降低采购成本，保证卖场的“天天平价”，招徕客流、薄利多销。沃尔玛一贯主张在市场上销售比竞争对手更加便宜的货品，所以对于货品价格的控制非常严格，对一般品类的供应商签约周期都不长，沃尔玛一旦发现同类产品中有更加便宜的供货渠道，随时就会调换供应商，这一点在纺织品、服装产品、食品领域尤为突出。众多供应商却要面对商品各项成本上涨的压力，由此陷入不提价即“死”、提价即被踢出供应商队伍的两难境地。

大型跨国流通企业由于自身拥有强大的集采购、运输、流通加工、信息服务以及售后服务等功能在内的供应链系统，其实际拥有了对生产企业的控制权，跨国流通企业与本土生产企业之间形成了一个循环，导致流通企业的买方市场势力不断增强，从而使其超越了企业内部管理与外界沟通的范畴，形成了以自身为链主、链接生产厂商与顾客的全国（全球）供应链，最终完成了对自身纯粹商业企业身份的超越。这种纵向约束关系如图4-8 所示。

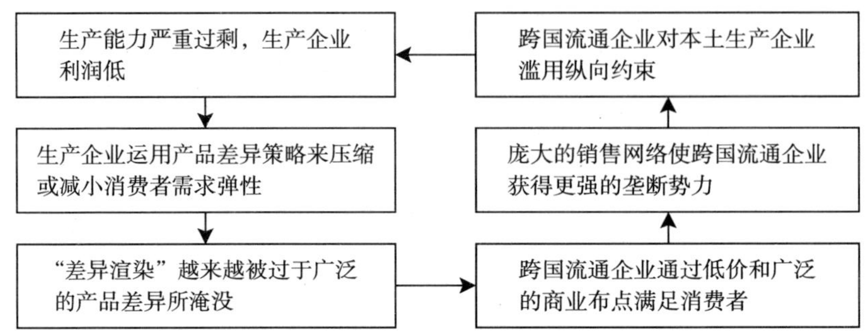

图 4-8　流通企业形成买方市场势力的循环

四、农超对接的背后

“农超对接”指的是农户和商家签订意向性协议书，由农户向超市、菜市场和便民店直供农产品的新型流通方式。其本质是将现代流通方式引向农村，将千家万户的小生产与千变万化的大市场对接起来，构建市场经济条件下的产销一体化链条，实现商家、农民、消费者共赢。在这个新模式中，大型零售超市利用自身在市场信息、管理等方面的优势参与农业生产、加工、流通的全过程，为农业生产提供技术、物流配送、信息咨询、产品销售等一整套服务。这与农产品的传统流通模式的最大区别就是，超市直接参与了农产品生产过程的监控和管理。

据 TESCO 介绍，其对农超对接的探索开始于 2004 年，截至目前，在中国各地已与多家企业签订了农超对接协议，涵盖了水果、叶菜、肉类、水产等商品品类。作为最早试验这种新模式的零售商之一，TESCO 将其定位为“一个政府、社会、顾客、农民四方共赢的采购模式”。现在农超对接已成为 TESCO 农产品采购的首要模式，其中国 70%的农产品来自于农超对接。在今后中国市场的开拓中，这种模式会得到更加广泛的利用。由于农超对接减少了中间流通环节，TESCO 农产品的售价和成本都平均下降了 20%。

在沃尔玛中国的绿色价值链中，重要的一环就是在全国推广“农超对接”，以减少中间流通环节，为消费者提供更质优价廉的农产品。沃尔玛中国自 2007 年开始农超对接项目，2009 年 10 月，与商务部和农业部签署《共促“农超对接”合作备忘录》，大力发展“农超对接”项目。截至 2010

年 10 月 19 日，沃尔玛中国已先后在全国 18 个省、市建立了 56 个农超对接基地，面积近 50 万亩，项目惠及 63 万名农民。到 2015 年底，计划使 200 万名农民参与其中。

TESCO 以及家乐福、沃尔玛、物美、京客隆等零售商正在跟进的跨国中间商直接从农村采购生鲜农产品的农超对接项目，被业内称为“中国超市的第三次革命”。而且，这个“革命”得到了政府的支持。2009 年，商务部、财政部、农业部安排了 4 亿元资金，在全国选择了 15 个条件相对成熟的省份开展农超对接试点。到目前为止，第一批参与试点的企业在全国建立的农产品直采基地已有 1000 多个。在农超对接成为大势的情况下，那些未曾入选的各地大型超市也已经自发地开始采用农超对接模式。目前，“超市 + 专业合作社 + 农户”是商务部支持发展的主要模式。同时，也存在企业直接与农户对接的“公司 + 农户”模式，以及通过基地中介组织对接的“公司 + 中介组织 + 农户”模式。

现代商业连锁超市下乡，使农产品从田间地头直接装车运到超市，一方面减少了很多流通环节，降低了农村商品流通成本，农产品价格相对较便宜，而且把假冒伪劣商品挡在了门外，保证了商品质量，有利于消费者福利；另一方面为农产品的销售市场找到了出路，方便了农民。因此，“农超对接”模式不仅有力推动农产品流通特别是鲜活农产品流通的发展，而且对保持物价稳定、促进产销对接、扩大就业、增加农民收入等方面也具有积极意义。

对超市而言，“农超对接”也是一件意义深远的事情。传统的农产品采购中间环节较多，农产品到超市销售终端甚至要经历“农户—小商贩—地头市场—区域批发经纪商—市批发经纪商—农贸市场商户”等一条或多条冗长的供应链，每个环节的加价平均为 10%。这不仅导致蔬果成本大幅提高，商品损耗不断增加，而且蔬果经历了多次装车、配货、卸车、改包装等过程后，从采摘到市场的时间可能远超过 48 小时，商品鲜度和品质也可能出现明显下降，35% 的新鲜食品因腐烂变质而失去价值。所以，“农超对接”对超市降低成本、增加利润、吸引顾客具有重要意义。

但是资本是逐利的，商场上不会存在共赢，必然有人买单。通过“农超对接”实现农业产业化，带动农民致富，事实上还是资本下乡。跨国流通组织将前端原料基地建设、产品研发、大宗粮油商品期货贸易以及后端销售、物流网络与品牌两条产业链连接起来，带动了中间制造加工业、养殖业和种植业，在产业链中取得话语权，实现了全程把控在粮食、食品领域产业链的每一个环节，是产业链的组织者和领导者，甚至于农超对接后，跨国流通组织可通过农资连锁网络，对口农资和农药产品市场，以此掌控农产品的质量和安全。在具体操作中，跨国流通组织主要是对接资本市场，采取合资方式，瞄准三线城市和地级市，并逐步渗透到乡镇，以生鲜为主打品牌，与集团的食品、粮食产业形成互动。面对如此强大的资本势力，农民欠缺资本，欠缺谈判条件，权力完全掌握于资方。这样的政策可能会导致农民依附性增强，促使其自身缺乏主体性，失去更多本来自己应该获得的利润作为代价。最后的结果会导致城乡之间更大的差距。

第五章　后福特制生产方式下流通组织的实质考察：资本的视角

目前，对于跨国流通组织买方市场势力的研究基本采用传统的 SCP 范式，主要围绕市场结构而展开市场行为及市场绩效的产业内部单向角度来进行阐述，但是目前的研究显然在很多问题上尚没有形成一致的结论，国外主流学术期刊还没有在华跨国流通企业的样本研究，国内关于跨国流通企业纵向控制的研究则刚刚开始，对跨国流通组织买方市场势力的研究主要从现象出发。跨国流通组织买方市场势力的研究必须联系资本的逻辑，从当代垄断资本积累的角度来深入分析跨国流通组织买方市场势力的实质。在自由竞争阶段，资本的积累主要以时间为境域，进入到垄断阶段之后，随着时间的“0”度化，资本的全球化空间规划日益明显，垄断资本的空间生产构成资本积累的重要境域。跨国流通企业作为垄断资本价值实现以及再辖域化过程的主要推动者，其空间生产意蕴突出。因此，对于跨国流通企业买方市场势力的研究，必须针对中国这样一个发展中国家，根植于资本逻辑引导的空间非均衡发展差异样态，联系跨国公司主导的以追求更大弹性为目标的全球生产网络的重塑，将其纳入后福特制生产方式下跨国资本的产业控制体系来进行分析。

第一节　资本的逻辑

一、资本形态的演进

资本是商品经济高度发展的产物。15 世纪末 16 世纪初出现世界贸易、形成世界市场时，商品经济才开始转变为资本主义经济，资本的最初形态货币也随之转化为资本。从逻辑上看，商品内在矛盾运动促使货币产生，货币带来增加值，宣告资本的诞生。从历史上看，资本从商品生产和商品流通中发展起来，但只有到了商品生产和商品流通占统治地位的资本主义生产方式下，劳动力成了商品，货币才转化为资本。从实践上看，追求货币来实现资本原始积累的动因使商业部门备受重视。从理论上看，此时对资本的研究在理论界占主导地位的也是更多关注流通领域，以商业部门或商业资本为研究对象的重商主义学说认为价值和财富来自流通领域，国民财富的积累也通过流通领域来实现。由此，商业资本成为历史上最早被研究的资本形态。商业资本也是理论上资本运动的起点和最初形态。重商主义学者开启了对资本的研究，并初步阐明了资本追逐利润的本质特性。这种资本的本质特性，即使到了今天也没有改变。随着资本主义生产方式在英国的建立，工业生产在社会经济中逐渐占据了统治地位，工业资本形态成为统治资本主义经济的主导形态。以工业资本为研究对象的英国古典政治经济学家，如威廉·配第、亚当·斯密、大卫·李嘉图等学者，他们把研究的对象从流通领域转到生产领域，认为财富来自工业生产部门，即生产领域是财富积累的源泉。英国的古典政治经济学对资本的界定不是具有多重性就是缺乏历史性，但他们抓住了工业时代资本的典型形态——工业资本，将其作为研究对象，并从剩余价值的源头抓住了资本的本质，这是他们对资本研究的重大历史贡献。

在工业时代，除了占主导地位的工业资本以外，法国重农学派研究的农业资本成为资本的另一重要形态。他们认为只有农业生产部门才能真正创造出社会财富，而土地是财富的唯一源泉。对农业部门的研究丰富了资本的形态，也扩展了资本运动的领域。

在前人研究的基础上，马克思对资本进行了系统科学的研究。随着社会生产力的发展与技术的进步，资本的逐利本性显露无遗，资本的载体也随着经济活动主导产业的演变不断丰富、转移和变换。在马克思看来，尽管商品流通是资本的起点，是资本产生的历史前提，但对资本的分析必须从资本的生产本身开始。“对现代生产方式的最初的理论探讨——重商主义——必然从流通过程独立化为商业资本运动时呈现出的表面现象出发，因此只是抓住了假象。这部分因为商业资本是资本本身的最早的自由存在方式；部分因为它在封建生产的最早的变革时期，即现代生产的发生时期，产生过压倒一切的影响。真正的现代经济科学只是当理论研究从流通过程转向生产过程的时候才开始。”① 因此，尽管商业资本是资本生产的历史上的必然起点，但对资本的分析马克思认为应该从企业内部组织的系统分工开始，即必须将工场手工业的资本主义性质确认为资本主义工厂的真正起源，将工场手工业内部的系统分析视为关于资本主义生产方式的独特创造。正是由于准确地抓住了资本运动的本质和特征，马克思从哲学、经济学和社会学层面跨学科来研究资本，这里给出的“资本”概念和解释才是最透彻的。在这里，马克思以产业资本为研究对象，将货币资本、生产资本和商品资本统一到资本的循环和周转过程之中，详细地考察了资本是如何在运动中增殖的，并进一步分析了资本关系。

二、资本的共生循环

产业资本的运动由三个阶段构成，每个阶段执行不同的经济职能。第一阶段的货币资本执行购买职能，由于生产过程中的货币供求状况不同，出现了借贷资本进而发展出了专营货币及其衍生形态的金融资本。当前，金融资本已经成为与产业资本同时存在并且比重越来越大、日益国际化的资本形式，主导着全球经济的风向标并在国际化过程中编织了复杂的金融网络体系。

产业资本运动第二个阶段的生产资本执行了生产剩余价值的职能。生产资本起初局限于一国之内，随着国际分工的发展，生产过程开始国际

① 《马克思恩格斯全集》第 25 卷，人民出版社 1974 年版，第 376 页。

化，发达国家的对外直接投资（FDI）数量持续增长，跨国公司通过实施“归核化”战略（Focus Strategy），将原来集成于企业内部的上、下游业务活动垂直分解，产业组织因而出现纵向分离的趋势，通过垂直反整合进行模块化解构，跨国公司将大量非核心、低附加值业务外包到具有资源优势、拥有最低的劳动力成本和最少的企业日常管理费用的国家和地区，跨国资本在全世界雇用劳动力、寻找原材料的过程中编织起具有非对称性权力结构的跨国公司生产网络，核心业务环节和高附加值部分以及标准掌控在跨国公司手中，发展中国家的地区和企业构成了发达国家的外围地区，由此形成了核心—外围生产系统。

产业资本运动的第三个阶段是商品资本的销售阶段，通过惊险的跳跃实现剩余价值。商品除了在国内市场流动以外，还通过国际贸易实现商品的国际流动和售卖。商品的销售在流通领域中完成，它要借助于物流网络和通信网络，只有完备的物流基础设施网络和通信网络才能实现商品的瞬时售卖或零库存、供给需求及时对接。尤其在网络经济与电子商务蓬勃发展的条件下，物流配送网络与通信网络尤为重要。没有这些网络的发展与完善，全球化下的“时空压缩”几乎不能实现。因此，全球生产网络的形成离不开物流网络与通信网络的支撑，后者是前者的骨架。

三个阶段的资本并不是独立的资本，货币资本、生产资本、商品资本空间上并存，时间上继起，产业资本是在总循环过程中采取而又抛弃这些形式，并在每一个形式中执行相应职能的资本，产业资本的循环只有不停顿地从一个阶段转入另一个阶段，才能保持经济的顺利进行。无论是货币资本的循环、生产资本的循环还是商品资本的循环，都是总过程的一部分。

三、资本逻辑表现

在新古典主义经济学的视野下，资本被认为是一种与劳动、土地等要素作用相似的生产要素，“……‘资本’定义是指在一个适当的时期内获得有价值的服务的任何东西。……因此，资本就囊括了除人和易腐品之外的一切经济物品。……每一种资本货物都要在一个适当的时期内提供服务，……资本也可以被看做是一般生产能力的累积储备，即过去的收入体现为某种特定的物质形式，它能在未来获得货币收入”。[①] 也就是说，资本是一种纯技术性的生产要素，更重要的，资本是“将来收入的折现，或者说是将来收入的资本化。任何财产的价值，或财富权利的价值，是它作为收入泉源的价值，是由这一预期收入的折现来求得的”。[②]

与主流经济理论不同，马克思主义视角中的资本有着自身的逻辑及其丰富的内涵。马克思认为，资本是价值形式发展的产物，是社会关系的载体，是一个历史范畴。资本具有内在的自身逻辑，即“支配社会资源的流动，分配社会财富，组织社会的扩大再生产，使整个社会组织成为追求资本增殖的机器”。[③] 资本逻辑体现着资本运动的内在规律和必然趋势，它以一种必然如此的方式贯穿于资本发展的全过程，并通过一系列经济环节和经济现象体现出来。具体讲，资本逻辑主要表现在以下几个方面：

1. *资本研究的历史唯物主义方法论*

马克思对历史唯物主义的把握，是在对古典政治经济学的借鉴性批判中形成的。在对古典政治经济学的研究中，马克思发现，自斯密开始，古典经济学家就将自然科学中的经验论唯物主义方法引入到经济事实的研究中，从而探究社会上实际存在的事物本质与发展过程，但他们在理论建构中将这种劳动的意义一般化了，一切劳动都是物与物、物与人的结合。历史性视野的丧失，使他们无法真正地理解资本主义社会关系的形式规定性，而是直接将这种社会关系永恒化。当这种理念超越了资本主义的历史限制而扩展到对一切社会的看法时，就只能得出粗俗的唯物主义观念：“经济学家们把人们的社会生产关系和受这些关系支配的物所获得的规定性看做物的自然属性，这种粗俗的唯物主义，是一种同样粗俗的唯心主义，甚至是一种拜物教，它把社会关系作为物的内在规定归之于物，从而使物神秘化。”[④] 同样，马克思在批判蒲鲁东无法真正理解真实的历史进程时认为，“他的历史是在想象的云雾中发生并高高超越于时间和空间的。一句话，这是黑格尔式的废物，这不是历史，不是世俗的历史——人类的

① [美] 乔治·斯蒂格勒：《价格理论》，施仁译，北京经济学院出版社 1990 年版，第 312–313 页。
② [美] 菲歇尔：《利息理论》，陈彪如译，上海人民出版社 1999 年版，第 9–10 页。
③ 鲁品越：《资本逻辑与当代现实》，上海财经大学出版社 2006 年版，第 13 页。
④《马克思恩格斯全集》第 31 卷，人民出版社 1998 年版，第 85 页。

历史，而是神圣的历史——观念的历史”。[①] 在马克思看来，“人们借以进行生产、消费和交换的经济形式是暂时的和历史性的形式”。[②] 一切经济范畴都是历史的产物，一切经济规律都只能看做历史性的规律——只是适于一定的历史发展阶段、一定的生产力发展阶段的规律。

2. 资本是一定历史阶段的产物，有其自身的演化规律

资本产生的历史前提是发达的商品流通，“商品流通是资本的起点。商品生产和发达的商品流通，即贸易，是资本产生的历史前提”。[③] 商品流通的结果产生了货币，而货币正是资本最初的表现形式。在资本主义社会里，一切新资本最初都以货币形式出现在商品市场、劳动市场或货币市场上，经过一定的过程，这个货币就转化为资本。但是货币本身并不是资本。必须把资本和资本所采取的形式区别开来，作为商品流通媒介的货币和作为资本的货币是不同的。在简单商品流通中，小生产者用来购买原料和工具的货币并不是资本。有了商品流通和货币流通，并不是就具备了资本存在的历史条件。只有当生产资料和生活资料的所有者在市场上找到出卖自己劳动力的自由工人时，也就是说，只有劳动力转化为商品的时候，资本才会产生。劳动力这一商品具有独特的使用价值，即劳动力的使用能创造价值，而且它所创造的价值大于劳动力这一商品本身所具有的价值，能给资本家带来剩余价值。所以，劳动力成为商品是货币转化为资本的前提条件。对资本未来趋势的判断，马克思与主流理论也完全不同，“在主流社会理论中，‘资本’的构成物由人类主体使用并直到人类的灭亡（资本永恒论）。与此形成鲜明对照的是，马克思坚信资本主义社会关系只存在于特定的时间和空间，是‘资本’作为一种更高级的‘主体’出现时的一种异乎寻常的主客倒置，它的终结也将属于人类的活动”。[④]

3. 资本是能够带来剩余价值的价值

既然资本是价值形态发展的产物，作为价值，必然体现为一定抽象劳动的凝结，但是这种抽象劳动的凝结，绝对不是原来意义上的重复，而是

①②《马克思恩格斯全集》第47卷，人民出版社2004年版，第441页。

③《马克思恩格斯文集》第5卷，人民出版社2009年版，第171页。

④ 托尼·史密斯：《1861-1863年手稿中关于机器问题的论述》，载［意］理查德·贝洛菲尔、罗伯特·芬奇：《重读马克思——历史考证版之后的新视野》，徐素华译，东方出版社2010年版，第162页。

一种增殖。资本生产的目的并不是满足消费的使用价值，而是交换价值；对于交换价值来说，质的规定性并不是资本家所追求的，他所关心的是价值量问题，“资本主义生产过程的结果，既不是单纯的产品（使用价值），也不是商品，即具有一定交换价值的使用价值。它的结果、它的产品，是为资本创造剩余价值，因而，是货币或商品实际转化为资本；……因为资本本身（因而资本家本身）的任务，既不是生产直接供自己消费的使用价值，也不是生产用来转化为货币再转化为使用价值的商品。资本主义生产的目的是发财致富、是价值的增殖、是价值的增大，因而是保存原有价值并创造剩余价值”。[①] 而且，这种对增殖的渴望在内在压力和外在竞争的作用下，越来越强烈，“资本害怕没有利润或利润太少，就像自然界害怕真空一样。一旦有适当的利润，资本就大胆起来。如果有 10%的利润，它就保证到处被使用；有 20%的利润，它就活跃起来；有 50%的利润，它就铤而走险；为了 100%的利润，它就敢践踏一切人间法律；有 300%的利润，它就敢犯任何罪行，甚至冒绞首的危险”。[②] 追求资本的不断增殖构成资本主义社会最基本的法则。

4. 资本只有在运动中才能增殖

在马克思主义的框架中，资本的增殖是通过运动完成的，资本不是静止物，而是一种运动。资本增殖的媒介是运动。资本“是一种运动，是一个经过各个不同阶段的循环过程，这个过程本身又包含循环过程的三种不同的形式。因此，它只能理解为运动，而不能理解为静止物”。[③] 剩余价值就是在资本运动中生产和实现的。在资本流通过程中，“开端和终结是一样的，都是货币，都是交换价值，单是由于这一点，这种运动就已经是没有止境的了。……作为资本的货币的流通本身就是目的，因为只有在这个不断更新的运动中才有价值的增殖。因此，资本的运动是没有限度的。……（资本家的目的）不是取得一次利润，而是谋取利润的无休止的运动”。[④] 资本的运动过程是一个有着内在裂变关系的总体化过程，即是一个有危机、有涨落的过程。在这个过程中，主体、物以及结构，都成为资本逻辑

---

① 马克思：《剩余价值理论》第 1 册，人民出版社 1975 年版，第 430 页。
②《马克思恩格斯文集》第 5 卷，人民出版社 2009 年版，第 871 页。
③《马克思恩格斯文集》第 6 卷，人民出版社 2009 年版，第 121–122 页。
④ 同②，第 177–179 页。

不断建构与创造新秩序的内在构成部分，“我们不仅看到了资本是怎样进行生产的，而且看到了资本本身是怎样被生产出来的，资本作为一种发生了本质变化的关系，是怎样从生产过程中产生并在生产过程中发展起来的。一方面，资本改变了生产方式的形态，另一方面，生产方式的这种被改变了的形态和物质生产力的这种特殊发展阶段，是资本本身形成的基础和条件，是资本本身形成的前提”。[①]

5. 资本的本质是“以物为中介的人和人之间的社会关系”[②]

在资本主义社会中，从表面上看，资本表现为一种物（生产要素、货币和商品等），但“资本不是物，而是一定的、社会的、属于一定社会历史形态的生产关系，后者体现在一个物上，并赋予这个物以独特的社会性质。资本不是物质的和生产出来的生产资料的总和。资本是已经转化为资本的生产资料，这种生产资料本身不是资本，就像金或银本身不是货币一样”。[③] 在马克思看来，资本是一种以物为媒介的人和人之间的社会关系，是一种社会属性，“资本不是物，而是一定组合的社会关系，它属于人类发展一定历史时期，并对这些关系网中的物体赋予社会物体的特殊内容。因此，要了解资本，人们必须根据它作为社会关系的特性来作解释”。[④] 在资本主义社会，资本是用于剥削雇用工人创造的剩余价值的价值，体现了资产阶级剥削无产阶级的生产关系。在《资本论》中，马克思指出：“生产资料和生活资料，作为直接生产者的财产，不是资本。它们只有在同时还充当剥削和统治工人的手段的条件下，才成为资本。”[⑤] 也就是说，“资本作为自行增殖的价值，不仅包含着阶级关系，包含着建立在劳动作为雇用劳动而存在的基础上的一定的社会性质”。[⑥] 资本的生产过程体现了资本主义社会的本质规定性。

---

①《马克思恩格斯文集》第 8 卷，人民出版社 2009 年版，第 392 页。

②⑤《马克思恩格斯文集》第 5 卷，人民出版社 2009 年版，第 878 页。

③《马克思恩格斯文集》第 7 卷，人民出版社 2009 年版，第 922 页。

④［英］约翰·伊特韦尔、默里·米尔盖特、彼得·纽曼：《新帕尔格雷夫经济学大辞典》第 1 卷，陈岱孙主编译，经济科学出版社 1996 年版，第 363 页。

⑥《马克思恩格斯文集》第 6 卷，人民出版社 2009 年版，第 121 页。

第二节　全球生产能力过剩与资本积累方式的转变

一、全球生产能力过剩

按照新古典主义的逻辑，在一个功能完善的市场体系中，生产能力过剩是一个能自我校正的短暂现象，不可能长期持续。然而不幸的是，这样的描述只是一个神话。在资本逻辑的作用下，资本做着息息法斯式的积累，资本增殖的本质促使资本的运动是一个没有限制的活动，资本不断扩大生产，所有一切经济活动、经济主体必须服从于这一根本原则。然而，资本的不断增殖却带来了生产能力的过剩，整个生产领域充满了过剩的资本，其结果是越来越多的利润进入投机领域。如果这种新的积累由于缺乏投资机会，难以找到用途，也就是说，各生产部门过分膨胀，借贷资本供给过多，这些过剩的可贷货币资本就表明了资本主义生产方式的局限性。接着而来的信用欺诈证明，这种过剩资本的应用，并没有什么实际的障碍。唯一的障碍，是由于资本增殖的规律、由于资本作为资本能够增殖的界限而产生的。因此，在马克思看来，“资本主义生产的真正限制是资本自身，这就是说：资本及其自行增殖，表现为生产的起点和终点，表现为生产的动机和目的；生产只是为资本而生产，而不是相反：生产资料只是不断扩大生产者社会的生活过程的手段”。①

在全球新自由资本主义时代，持续的生产能力过剩有增无减。20世纪70年代和80年代初的全球总需求衰退，造成生产能力过剩的扩大化。随着跨境商品和资金流动壁垒的削弱，竞争更加激烈，生产能力过剩又进一步加剧了竞争强度的升级。越是面临激烈的竞争，企业越倾向于裁员、减薪，打压工会，雇用低工资的临时工，而不是工资水平更高的长期工人，这导致需求进一步缩小，生产能力过剩更加强化。商界和高收入人群给政

① 《马克思恩格斯全集》第25卷，人民出版社1974年版，第278页。

府施加压力，要求减少社会福利和基础投资支出，为的是降低企业和富人的税收，又不至于造成预算赤字。政府也感到有必要对资本减税，以激活和支持跨国商务。但是，所有这些都会进一步制约全球总需求的增长，造成更激烈的竞争，走向一个没有尽头的螺旋式衰退。

令人眩晕的自由化的金融市场使得非金融部门信贷的大规模错误配置成为可能，以致出现了并购形式下的投机狂欢。去规制后的美国金融部门驱动了一场错误导向的大规模的错误资本配置：把资本投进用高科技从事的资产所有权凭证的投机买卖中；在已经过剩的制造行业，再增添新的工厂、设备和软件；还把生产能力过剩的危机蔓延到新经济的中心地带，尤其是计算机及芯片行业、电信及其零部件行业等世界范围的新自由主义，放缓了需求的增长，造成大面积的生产能力过剩，消除了跨境竞争的保护壁垒，加剧了竞争。因此，"在 1997~2000 年，即使是在繁荣达到巅峰的时候，非金融公司部门的利润率在总体上仍下降了 15%，从而为 2000 年股市崩溃以及随之而来的 2001 年经济衰退打开了道路"。①

二、资本积累的空间生产

随着资本金融化的发展，资本天生所具有的对利润的追求和扩张冲动，使自身处于不断积累膨胀的状态，使以资本为基础的生产处于不断扩大的循环运动之中，出现了大量盈余资本，这些过剩资本在资本主义体系内部是无法消化的，因此产生了资本过度积累危机，"特定地域系统（Territorial System）的过度积累意味着该地域出现了劳动盈余（表现为不断上升的失业率）和资本盈余（表现为市场上大量没有卖掉而只能亏本处理掉的商品，表现为闲置的生产能力和/或缺少生产性和赢利性投资的货币资本的盈余）"。② 对资本主义社会而言，"吸收过剩资本（过度积累）是首要问题"。③

为了解决过度积累危机，为盈余资本寻找新的投资机会，资本主义必

① 罗伯特·布伦纳：《全球生产能力过剩与 1973 年以来的美国经济史》（下），《国外理论动态》2006 年第 3 期，第 17 页。

② ［美］大卫·哈维：《新帝国主义》，初立忠、沈晓雷译，社会科学文献出版社 2009 年版，第 89 页。

③ David Harvey, "In What Ways Is 'The New Imperialism' Really New?", *Historical Materialism*, Vol. 15, No.3, 2007, p.64.

须通过空间的扩张寻求解决办法，这主要表现为在全球范围内对资源、劳动力和资金进行组织和分配。过度积累理论认为，缺乏赢利性投资的机会是资本主义危机的根本原因，因此在保证持续获利机会方面，获取廉价的投入与获取广大的市场具有同等重要的意义。这就意味着不但应该迫使非资本主义区域开放其贸易（刺激消费），而且应该迫使它们允许资本利用廉价的劳动力、原材料、土地等（投资成本降低）。于是，资本就按照自身发展的逻辑，突破民族国家的界限走向世界，它打破一切狭隘闭塞的自然经济的基础，将资本主义生产方式传播到世界各地，因此它本身也发展成为世界市场总体。对此，马克思精辟地指出："资本一方面具有创造越来越多的剩余劳动的趋势，同样，它也具有创造越来越多的交换地点的补充趋势……从本质上说，就是推广以资本为基础的生产或与资本相适应的生产方式。创造世界市场的趋势已经直接包含在资本的概念本身中。"①

所以，空间生产是指通过地理的扩展来吸收过剩的资本和劳动力，是一种资本的空间修复方式。"一般而言空间生产，特殊来说城市化，成为资本主义治下的大买卖。这是一个重要的途径，资本的剩余在其中得以吸收"。② 资本主义的生产不但是一定空间制约下的物质生产，而且更是一个不断地超越地理空间限制而实现的空间的自我生产过程。"以生产之社会关系的再生产为取向，空间的生产发动了均质化（Homogeneity）的逻辑与重复策略（Strategy of the Repetitive）。"③ 在这个过程中，资本主义生产方式既生产出资本主义社会内部两级化的空间形态，即城市内部的空间分裂和一定区域内的城乡分裂；又在全球范围内拥有不同劳动生产力的地理空间，即发达国家与不发达（Undevelopment）国家，生产出相互分裂的空间形态。发达国家和欠发达（Underdevelopment）国家在空间上的分裂形成流动的、中心—边缘的结构主义空间体系，这种空间分裂在本质上是资本主义生产方式空间维度的外在表现，是资本主义社会真实的空间存在方式和空间存在形态，是资本主义时代资本积累一般规律的空间化表达。对于空间的征服和整合，已经成为资本主义赖以维持的主要手段，空间生产本身

---

①《马克思恩格斯全集》第46卷（上），人民出版社1979年版，第391页。

② David Harvey, *The Enigma of Capital and the Crisis of Capitalism*, London: Profile Books, 2010, p.66.

③ 亨利·列斐伏尔：《空间：社会产物与使用价值》，载包亚明《现代性与空间的生产》，上海教育出版社2003年版，第51页。

已被资本占有并从属于它的逻辑。

事实上，资本积累本身就具有完整的时空意义，空间生产伴随着资本积累的始终。货币转化为资本后，资本的积累过程就是一个时间与空间相统一的过程，资本积累不仅是时间的节约，同时伴随着空间生产的重新规划过程。[①]“积累在一个绝对资本主义环境里是不可能的。……资本从它问世之日起就一直被驱使向非资本主义阶层和民族进行扩张，……资本主义发展只有通过向新的生产领域和新的国家不断扩张才成为可能。”[②]资本已经将空间转化为一种根本的增殖手段、转化为商品，资本通过占有空间以及将空间整合进资本主义的逻辑而得以维持与延续，换言之，空间是资本自身发展逻辑的必然结果。资本的空间生产是资本积累在空间上的一种表现、一个过程、一个规划，“它创建了独特的地理景观，一个由交通和通讯、基础设施和领土组织构成的人造空间，这促进了它在一个历史阶段期间的资本积累，但结果仅仅是必须被摧毁并被重塑，从而为下一阶段更进一步的积累让路。所以，如果说‘全球化’这个词表示任何有关近期历史地理的东西，那它则最有可能是资本主义空间生产这一完全相同的基本过程的一个新的阶段”。[③]

随着资本积累的金融化、全球化，空间生产的自我拓展和结构深化越来越加强。尤其是20世纪70年代以来，“资本主义卷入了一个长期大量投资于征服空间的难以置信的阶段”，[④]空间生产在后福特制生产方式中得到了强化，人们对资本的空间生产格局越来越关注。相比福特制生产方式，后福特制生产方式是一种能及时适应市场需求在数量及构成上的变化的新生产方式，它的一个最大特点是灵活性、适应性强，具有“弹性”。跨国垄断资本以弹性生产为目标，采用外包方式，借助模块关联规则将非核心模块层层外包，把发展中国家的供应商变为扩大投资、提高利润率、降低危机中的不确定性、减少市场风险的有效措施。在福特制生产方式

① 马克思对此进行了详细的说明，分别表现为生产中的时空、流通中的时空，对此作者将另撰文论述。

②［德］罗莎·卢森堡、［苏］尼·布哈林：《帝国主义与资本积累》，柴金如等译，黑龙江人民出版社1982年，第158–159页。

③［美］大卫·哈维：《希望的空间》，胡大平译，南京大学出版社2006年版，第53页。

④ David Harvey, *The Condition of Postmodernity: An Inquiry into the Origins of Cultural Change*, Oxford: Blackwell, 1989, p. 264.

中，采用的是空间相对集中的一体化大规模生产方式，只能依据个别关键生产环节的有效规模作为整个生产系统的设计规模，其他空间有效规模较大的生产环节则不能充分获取最优规模经济利益。在后福特制生产方式中，以工序为对象的产品内国际垂直专业化分工，意味着可以在全球范围内寻找最优越的区位进行相关的产品价值链环节的生产布点，更充分地利用各国资源禀赋差异及各生产工序环节不同的规模经济，降低最终产品平均生产成本，获取更大的专业化生产与分工利益。因此，在国际垂直专业化分工的条件下，把对应不同有效规模的产出区段分离出来，安排到不同空间场合进行生产，则可实现多方面、全过程的规模经济，从而达到节省平均成本和提升资源配置效率的目标。后福特制生产方式下对地方环境的差异、劳动者成本和技能以及税收或者政策环境的考虑和安排，不是既定的，而是通过资本投资的再生产、劳动的地理分工、再生产活动的空间分隔和社会差异的空间控制的动态变迁。

后福特制生产方式的深化，带来了全球生产网络的出现与发展。全球生产网络的形成，体现了跨国垄断资本新的本质特征，反映了以跨国公司为主体的跨国垄断资本战略运作过程中对时间与空间要素的并行运用，即通过对网络不同节点之间的价值链活动进行时空协调，同时追求全球产业竞争所必需的时间（速度）经济与空间聚集经济效应。"生产网络在本质上具有地理性"，[①] 因此，创造"战略集聚"（Strategic Agglomeration），从而主动塑造有利于自身战略意图的新的全球产业空间疆域，本身就是跨国垄断资本战略运作过程中的内生要素。这种基于全球价值链关系所形成的产业特定地理空间构型及其转换，成为跨国公司全球竞争优势的重要来源之一。

三、全球性空间生产的实质

全球性空间生产实质上是资本逻辑在空间的演化，是对剩余资本与剩余产品进行价值实现在空间的延伸，是资本的经济利益通过空间实践扩张而共同逐利并实现其霸权的过程。具体表现在以下几个方面：

① [英] 彼得·迪肯：《全球性转变——重塑 21 世纪的全球经济地图》，刘卫东等译，商务印书馆 2009 年版，第 25 页。

1. 空间生产与社会生产活动、资本逻辑的展开结合在一起

“任何一个社会，以及任何一种生产方式，都会生产出自身的空间。”[①] 正如对时间的生产我们不能仅仅从客观角度来进行解读一样，对空间生产的理解我们也必须从社会实践的角度来进行，客观时空的定义深刻地蕴涵在社会再生产的过程中，“时间和空间的客观概念必定是通过服务于社会生活再生产的物质实践活动与过程而创造出来的”。[②] 空间不是一个空洞和静止的观念，而是具有社会性的内涵，空间里弥漫着社会关系，它不仅被社会关系支持，也生产社会关系和被社会关系所生产。在现代资本的建构中，空间生产与资本的逻辑展开结合在一起。“在一般的金钱经济中，尤其是在资本主义社会里，金钱、时间和空间的相互控制形成了我们无法忽视的社会力量的一种实质性的连接系列。”[③] 空间的生产涉及“资本循环的过程，劳动力、商品和货币资本的流动，生产的空间组织和空间关系的转换，信息的流动和基于区域的阶级联盟之间地缘冲突等”。[④] “那些支配着空间的人可能始终控制着地方的政治，即使对某个地方的控制要首先控制空间，这是一条至关重要的定理。”[⑤] 在这个意义上，任何资本主义生产方式的转变，也是一次空间的重组，并使资产阶级所控制的权力置于各种空间之中。“空间与时间实践在社会事务中从来都不是中立的。它们始终都表现了某种阶级的或者其他的社会内容，并且往往成为剧烈的社会斗争的焦点。”[⑥] 空间生产既受到社会实践的影响和制约，同时又反过来制约和影响社会实践。空间生产不仅是超越物质技术形态和深层次的活动过程，也是调解和形塑经济重建的过程。

2. 空间生产内涵具有多重维度，地理空间与流动空间共同构成新工业空间

后现代意义上的空间生产，不再仅仅是一种地理意义上的空间，而且是一种虚拟的流动空间。随着信息与通信技术的迅猛发展，先进的计算机系统容许全新而强大的数学模型，能够掌握复杂的金融商品，并且能够高

① Henri Lefebvre, *The Production of Space*, Oxford: Blackwell, 1991, p.31.
② [美] 戴维·哈维：《后现代的状况》，阎嘉译，商务印书馆 2003 年版，第 255 页。
③ 同②，第 282 页。
④ David Harvey, *The Urbanization of Capital*, Oxford: Blackwell, 1985, p.33, xvii.
⑤ 同②，第 292 页。
⑥ 同②，第 299 页。

效执行交易，复杂的电信系统即时连接全球的金融中心，线上管理让公司得以跨越国界，在虚拟世界运作，“以微电子为基础的生产促成零件的标准化，以及最终产品能够以量产、弹性生产的方式定制”，[①] 这样就实现了一种流动的空间。以电子通信为基础的流动空间具有三个层次：第一个层次由电子交换的回路构成，在这种网络中，通信网络是基本的空间样貌，任何地方的逻辑与意义都被吸纳进网络；第二个层次由其节点与核心所构成，节点和核心根据它们在网络中的相对重要性形成有层级的组织，这种层级组织保证着一切元素的顺利流动，形成了支配性的逻辑，并分配每个地方独特的角色与权力；第三个层次是占支配地位的管理精英的空间组织，它们操纵了使这些空间得以结合的指导性功能，具有寰宇主义（Cosmopolitan），而民众在一定意义上则是地方的代表。正是这种流动的空间，刺激着地方空间的发展，“区域和网络其实在全球创新的新空间镶嵌里构成了互赖的极点”，[②] 新工业空间得以形成。“新工业空间的特征是其技术与组织能力，可以将生产过程分散到不同区位，同时通过电子通信的联系来重新整合为一体，以及在零组件的制作上具有以微电子为基础的精确性和弹性。再者，生产过程中每个阶段的地理特殊性，都适当地搭配了每个阶段所需要的独特劳动力特性，以及这种劳动力里相当特殊的部分，其生活条件的不同社会与环境特色。”[③] 在这种空间生产的多重维度中，资本不仅可以从具有空间特质的地方物质资源或边缘上的低成本中获得积累，而且“企业能力、风险投资、科学技术的实际知识、社会态度方面的地方差异也成了其中的一部分，而影响与权力的地方网络、地方主导精英（与民族国家的政治相对立）的积累战略，也更深刻地隐含在灵活积累的体制之中”。[④]

3. 空间生产是一个动态过程，同一性与异质性充满辩证发展意蕴

空间生产在资本逻辑的作用下，使各个地方空间障碍崩溃，迎接积累体制在各个地方的布局，从而造成资本对地方生产的同一化趋势。这种同一化是资本在世界发展中地区的资本复制，是一种“复发性的”和系列的

① ［美］曼纽尔·卡斯特：《网络社会的崛起》，夏铸九等译，社会科学文献出版社 2001 年版，第 159 页。
② 同①，第 484 页。
③ 同①，第 477–478 页。
④ ［美］戴维·哈维：《后现代的状况》，阎嘉译，商务印书馆 2003 年版，第 369 页。

“千篇一律”，各种地方性特征的经济均被纳入到全球经济的资本规划之中。然而在同一化过程中，空间界限的逐渐消失却使资本对于空间更加敏感，世界地理的异质性也因此进一步凸显，“场所的特质由此在日益增强的空间的抽象之中处于被突出的地位。积极地创造具有空间特质的各种场所，成了地方、城市、地区和国家之间在空间竞争方面的重要标志”。[①] 这样，资本在全球的空间生产就形成一个“悖论”：“空间障碍越不重要，资本对空间内部场所的多样性就越敏感，对各个场所以不同的方式吸引资本的刺激就越大。”[②] 事实上，这与其说是一个“悖论”，不如说是空间的同一性与异质性的辩证关系在资本逻辑中的有机体现，并且随着资本逻辑的演进，每个地方不断创造发展着自己新的特点，在同一性与异质性的冲突裂变中寻求竞争空间，这样的空间生产成为一个不断的建构与解构过程。资本主义由此按照它自己的面貌建立和重建地理空间和虚拟空间，这是一个由交通和通信、基础设施和虚拟空间构成的人造空间，促使它在下一个历史阶段进行资本积累，但结果仅仅是这些人造空间必须被摧毁并被重塑，从而为下一阶段更进一步的积累开辟新的地理空间和虚拟空间。

4. 空间生产反映着多元关系的复杂化

后福特主义生产方式的普及使空间生产成为资本在全球性流动和扩张的必然结果，对空间生产的分析必须置于世界资本主义体系这一更广泛的语境中来加以理解。在这一广阔的语境中，空间生产呈现出纷繁复杂的多元关系。“资本主义本身是一个矛盾，它的积累运动带来了冲突的解决，但同时，也加重了冲突。”[③] 资本作为使人类社会空间的矛盾和危机拓展到全球规模的始作俑者，资本的全球拓展并不是一个利益均沾的历史过程，它的最大受益者是少数资本主义发达国家，资本的全球性空间生产过程，同时也是落后民族和国家逐渐被边缘化的历史进程。正如在《共产党宣言》中马克思概括为三个“从属于”，即“未开化和半开化的国家从属于文明的国家”、“农民的民族从属于资产阶级的民族”、“东方从属于西方”，[④] 哈维用一个去时间性的概念——“剥夺性积累”来表示，“剥夺性积累”的重要性正在不断上升（表现为自由主义与私有化的国际主义政治的勃兴），

---

①② ［美］戴维·哈维：《后现代的状况》，阎嘉译，商务印书馆 2003 年版，第 370 页。

③ ［德］卢森堡：《资本积累论》，彭尘舜等译，三联书店 1959 年版，第 376 页。

④《马克思恩格斯文集》第 2 卷，人民出版社 2009 年版，第 36 页。

它已经作为一种解决方案与世界不同地区周期性的以掠夺为目的资产贬值结合了起来，这是新自由主义所极力主张的结果，这是一种“新帝国主义”。对于这种“新帝国主义”，哈维指出：“我们面前并不存在一种奇异的帝国主义，而是存在一系列通过过剩资本的不均衡地理分布而传播的不同的帝国主义实践。这使我认识到，如果要确认到底新帝国主义‘新’在何处，我们就要坚持一个极为重要的原则：循着资本过剩去追寻从属于过剩资本的吸收或贬值，而又以地理和领土为基础的实践。”[①] 实践证明，在1950~1973年资本主义的“黄金时期”，世界最富裕地区与最贫穷地区之间的人均GDP差距从15∶1减少到13∶1，但在垄断—金融资本时期，情况则相反，到20世纪末，这个差距又增加到19∶1。“一个不受限制的资本流动的世界金融体系不仅没有解决，反而强化了国际经济秩序中的南北问题，并使南方国家负债累累。”[②]

在发达国家内部，空间生产使资本家与工人的关系不断两极化发展，“生产资料越是大量集中，工人也就越要相应地聚集在同一个空间，因此，资本主义的积累越迅速，工人的居住状况就越悲惨。随着财富的增长而实行的城市‘改良’是通过下列方法进行的：拆除建筑低劣地区的房屋，建造供银行和百货商店等用的高楼大厦，为交易往来和豪华马车而加宽街道，修建铁轨马车路，等等；这种改良明目张胆地把贫农赶到越来越坏、越来越挤的角落里去”。[③] 发达国家内部空间生产的不平衡导致城市居民不同的生活机会，导致收入不平等的加深和社会正义困境。1989~2007年间，美国前5%的富翁所持财富总额的比例从59%上升至62%，远远超过其余95%的国民的财富。

空间生产不仅是发达国家与落后国家、先进民族与落后民族、资本家与农民、资本家与工人之间关系的载体，同时也是人类与自然关系的载体。资本积累的深入，促使资本对于自然空间的控制也在不断加剧，对自然空间的过度利用最终必然导致人与自然关系的全面紧张化。“这种积累一直靠全球环境不断被系统地剥夺其自然财富得以维持。环境被蜕变成了

---

① David Harvey, “In What Ways Is ‘The New Imperialism’ Really New?”, *Historical Materialism*, Vol. 15, No.3, 2007, p.70.

② Robert Wad, “Choking the South-World Finance and Underdevelopment”, *New Left Review* (38), March-April 2006, pp.115-127.

③《马克思恩格斯文集》第5卷，人民出版社2009年版，第757-758页。

索取资源的水龙头和倾倒废料（经常是有毒废料）的下水道。所以，过去500年的历史实际是一个不可持续发展的历史。”① 资本逻辑在一路凯歌行进中却潜伏着巨大的生态危机。人与自然的关系最终由人与人的关系来决定，因此面对生态危机，“应该责备的不仅仅是个性‘贪婪’的垄断者或消费者，而且是这种生产方式本身：处在生产力金字塔之上的构成资本主义的生产关系”。②

5. 空间生产加剧全球的不平衡性发展

资本积累在推行资本主义生产方式、拓展资本权力结构、塑造同质化全球空间的同时，也使全球空间呈现多样化不平衡发展，充满了对立和矛盾。“空间的生产，全新的劳动区域分工的形成，新的和更便宜的合成资源的开发，作为资本积累动态空间的新地域的开拓，以及资本主义社会关系和制度安排对先前社会结构的渗透，都为吸收资本盈余和劳动盈余提供了重要的途径。然而，这种地理扩张、重组和重构经常会威胁已经固定在空间中但还没有实现的价值。”③ 由于受追求利润最大化和竞争所驱使，个体资本家总是寻求在空间结构中获取竞争优势（区位优势、资源优势等），从而资本总是被推动着向那些低成本或高利润的空间位置转移，使得资本主义的生产、交换、分配和消费永远处于不平衡状态，并通过资本空间扩张产生了不平衡的地理发展。“竞争行为促使破坏性技术动态的强大推动力渗入资本主义经济（正如个体资本家通过采纳先进技术来寻求竞争优势一样），因而资本家在寻求有利（例如低成本）位置时，便在资本主义活动的空间分配中产生了一种永远变动和不稳定的状态。”④ 即使空间位置具有某种垄断优势，资本逻辑的发展也必然会产生“不平衡地理发展”，这是以利润为中心的资本积累体制的必然结果。国际贸易和国际分工存在着严重的不平等，不平衡性发展突出体现为资本的全球空间结构中的中心区域—边缘区域之间的二元化结构，中心与边缘之间不断加大的差距是帝国主义世界体系整体动力学的一个必然产物。“内在地建基于区域的或空间

---

① [美] 约翰·贝拉米·福斯特：《生态危机与资本主义》，耿建新、宋兴无译，上海译文出版社2006年版，第74页。

② [英] 戴维·佩珀：《生态社会主义：从深生态学到社会正义》，刘颖译，山东大学出版社2005年版，第133页。

③ [美] 大卫·哈维：《新帝国主义》，初立忠、沈晓雷译，社会科学文献出版社2009年版，第94–95页。

④ 同③，第79页。

的各种不均等，这是资本主义继续生存的一个必要手段。资本主义存在本身就是以地理上的不平衡发展的支撑性存在和极其重要的工具性为先决条件的。”

四、从福特制到后福特制——资本积累方式的转变

资本主义经济发展的动态并非只是市场现象，而是更广泛地受到各种社会制度制约的资本积累方式。作为一种资本积累方式，福特制主要以刚性积累过程为特征，以大批量生产和大批量流通并行的体制达到经济增长。其经济增长的逻辑是，通过大批量生产与大批量流通纵向一体化结合起来的规模经济达到实质生产能力的扩大，因为生产能力的扩大而增加所有工人的工资，工资增加则带来更大的消费能力，这种消费能力的提高消化了大批量生产所需要的市场。企业依靠这种积累体制获得更大利润，并进行技术和设备投资以进一步提高其生产能力。这种良性循环并非自然而然生成的，而是通过某些政策干预而维持其运作，也即为了确保由利润转化而来的投资增长和工人购买力的增长相配合，需要凯恩斯主义宏观经济政策实施国家干预以维持有效需求。

福特制的目的是扩大为机器和资本立法的社会基础，使之真正成为社会的形式、经济的形式和调节意识的行动规则。法律的形式和权力的完美结合就是在社会范围内树立起来的权威。这是企业权威的直接元素。当权威成为社会的普遍发展因素时，对应的权力也就直接统治着财产。于是，金融资本和工业资本在社会内部结合并统一起来。资本开始成为资产阶级社会的支配一切的权力。最终，泰勒制到福特制的发展转向促使资本家作为具体的联体资本家（而不仅仅是抽象的总体资本家）行使掌控社会生产权力、经济权力乃至政治权力的职责。这就是国家干预主义（国家成为资产阶级管理整个社会的事务委员会）和经济调节主义（促成工厂制作为主导的社会生产方式和严格的组织社会学类型的统一化）的结合，后来的理论形态就是凯恩斯主义。资本家由个体行动真正走向集体行动，由单纯的行动走向意识形态化。它因此标明资本整体进行社会治理的时代开始来临，标志着资本主义生产方式以完全的意义被历史地确立和巩固起来。尽管如此，在资本主义生产方式的社会中，社会分工的无政府状态和企业内部分工的专制的互相制约状况，并未得到根本性改变。一方面，社会劳动

生产力的发展是资本的历史任务和历史权利，结果，资本主义生产神奇地发展了社会的生产力；另一方面，资本治理和契约范围随资本主义生产的范围和规模一同扩大，结果，资本主义神奇地塑造了一个个权威控制下的不平等合约。相对于泰勒制，福特制中的资本主义企业更为巨大，企业和市场、生产和流通之间的协调关系更为复杂和具有对立化的性质；并且由于资本权力在生产、分配上的统一，资本权威完全深入生产领域、流通领域和消费领域，致使生产和消费的关系从来没有像现在这样复杂而敏感：一方面，可以说消费依赖于生产，消费是生产的直接要素，另一方面，生产又严重地依赖于消费，因为它的任何一次新的扩张均以消费的扩张为直接动力。这种发展隐藏着深深的危机。马克思的“预言”并没有过时。

福特制一方面使资本主义社会生产力继续得到急速发展，另一方面不断积累着社会性的结构矛盾，到20世纪60年代末期，福特主义生产模式面临着空前的危机。由于福特主义生产方式是以僵硬化的装配作业线为基础，产品标准化、过程机械化，因此其产品的特点是品种整齐划一，很难适应市场的需求取向变化。然而，随着消费者日渐追求差异化商品的时代来临，这种生产模式就会出现生产能力和市场容量的落差。福特制生产方式表现出批量化生产系统内长期大批固定投资的僵化，阻碍了计划的弹性和不同消费市场的稳定增长。同时，发达国家生产能力扩大出现“瓶颈”，许多产品和生产技术皆已进入成熟期，很难再有突破性增长，这种情况造成原有的通过科技和设备研发而提高生产能力的方式出现困难。另外，在国际上开拓新市场的努力也没有太大的成效，因为许多发展中国家受限于沉重外债和较低的国民收入，因此不具备对发达国家产品的购买力。企业在缺乏新市场的前景下，投入技术研发的意愿也随之降低，从而对生产能力的提高更加不利，因此形成一种恶性循环。除此之外，企业开始出现以裁员来适应生产力下降及利润降低的现实，此举进一步加剧了社会消费能力的普遍紧缩，也导致恶性循环的开始。

福特主义的生产与流通基本上以发达国家内部的生产和流通为主，随着发达国家经济情况的恶化，福特主义的生产流程开始分化，部分厂商将生产流程最标准化的后段外移，这就造成外围地区的工业化。外围地区的工业化，基本上是基于廉价劳动力，其生产是断裂的，主要在供应发达国家的市场，而无内部市场。在这样的国际分工格局下，发达国家与欠发达国家壁垒分明，核心、外围或半外围的区分仍然清楚。然而，随着福特主义的瓦解，以及发达国家，特别是新兴工业化国家的兴起，以及逐渐形成具有内部市场的外围福特主义，一个随着后福特主义阶段的更新的国际分工格局出现。在此阶段，世界分成美、欧、日和各自邻近地区的三大块，这三大块之间互相竞争，而且在三大块之内，也各自形成了内部的次级世界分工，有中心和外围地区出现。在中心—外围的分工格局中，跨国公司成为连接不同地区表现资本弹性生产的纽带，这些跨国公司不仅包括生产组织，也包括流通组织。由于弹性生产、跨国合作和资本流动的快速发展，新的国际分工已不再像过去那么区位分明，而是在不同地方以不同的方式生产相类似的产品，全球化因此意味着全球的区域化，而在各大区域内又有内部分化和分工，各小区域以各自的特色生产又在国际上竞争。

后福特制创造了以柔性生产体系和个性化、多样性消费特征结合为功能目标的弹性外包制。这种外包的核心内容是，努力将关键性的经济业务（核心业务）和决策保留在中心，而将非关键性的经济业务和决策不断地推向外围（以分解或打包的形式），并且采用全球性采购和销售，缩短了资本的周转时间，减少了生产过剩，提高了资本效率。其发展网络组织的目的是为了形成与核心竞争力有关的结构控制，而与设计、研发、生产和销售有关的工作团队或特定任务团队的组建则是隶属这一目的的一种副产品。归根结底，企业外包的实质性目的决定其更多地仰仗于形式层面运作，而无实质性内容，也就是说工人具有识别自己能力的形式，却没有保护自己真实权利的实质。由于这种普遍存在的适用性，弹性外包被广泛运用来增强资本治理的柔韧性、灵活性，协调生产和消费的矛盾，直至将消费（市场需求）重新带回组织生产的过程中来。这种扩展包括以组建企业网络为中心的弹性专业化生产和企业集群，以组织模块化为内容的专业分工和动态联盟，乃至以网络和模块化的互补结合为依托和内容的硅谷式生产以及创新型组织。

与福特制生产方式所激起国家反市场反应的凯恩斯主义浪潮不同，后福特制生产方式的国际分工与全球市场网络的深化，引发了国家的共谋。“尽管仍然是一个管理型国家，但它的管理与其说是反对市场，不如说是保卫市场。……因而，社会就处于来自经济和国家的双重威胁之下。”[①] 这

① [美] 麦克·布洛维：《公共社会学》，沈原等译，社会科学文献出版社 2007 年版，第 70 页。

说明在后福特制生产方式下，不仅劳工权利而且社会权利需要同时被保护乃至武装起来。因此，与其说后福特制是对福特制的替代，不如说是对福特主义生产危机的消化、调整乃至克服。从根本上说，后福特制不是预示着一个新的经济时代的形成，而是新的经济调节和治理时代的产生。

后福特主义时代，资本的策略不仅表现在宏观政策上国家的共谋，在微观上也突出地反映了资本的霸权。后福特制资本主义的"弹性"主要表现在跨国公司灵活地在世界范围内转换生产和交换地点，资本主义采用新技术后获得了更大的弹性空间，"这些新技术赋予资本和生产难以想象的机动性，因此生产的地区似乎总是在不停地转换，以便寻找资本对抗劳工的最大优势，同时尽量避免社会和政治干涉（这就是所谓的弹性生产）"。①跨国资本可以更灵活地不断趋向那些可以榨取别国工人阶级最大剩余价值的地方。正是在生产地点的灵活转移中，跨国资本通过当地政府的支持，取得了在第三世界国家和地区的合法性，"于是新型的'弹性生产'使得不必再依靠高压来统治国内和国外（殖民地）的劳工，至于那些对资本的需求没有反应的人们或地区，或因距离遥远不能及时反应的，则被彻底排除在外了"。②跨国资本以一种更温和、更隐蔽的方式实现了霸权。同时，跨国公司为销售其产品，在全球范围内开拓市场，为了达到这一目的，"他们首先必须把握住社会、政治和文化关系的全部复杂性"。③这就意味着跨国公司必须了解所在的当地的消费者的消费习惯和各种文化因素，同时将当地的文化因素打碎和资本主义文化杂糅在一起，灵活地生产出当地的消费需求和消费方式、灵活地销售其产品。因而，在获取经济利益的同时，跨国资本按照资本的生产和产品的销售来改造、吞并、抹杀了别的地方文化，实现了用资本主义的文化来同化别的地方性文化的文化霸权目的。这些公司又与中心地区的国家遥相呼应，"跨国公司并不像其表面上所显出的那样无家可归，因为它们的权力在某些措施上依赖国家行为；最强有力的公司恰恰是那些与世界体系的核心国家相认同的公司，这一点绝非偶然"。④

---

①［美］阿里夫·德里克：《跨国资本时代的后殖民批评》，王宁等译，北京大学出版社 2004 年版，第 150 页。

② 同①，第 153 页。

③ 同①，第 156 页。

④［美］阿里夫·德里克：《后革命氛围》，王宁等译，中国社会科学出版社 1999 年版，第 18 页。

五、全球商业革命与流通组织的系统集成

在后福特制生产方式下，由于限制公司发展的诸多因素得以取消，贸易壁垒在全球范围内大幅下降，贸易自由化、金融自由化程度加深，信息技术以及交通运输领域的迅速发展极大提高了公司在全球范围内集散信息、经营决策以及调动资源的能力和效率，从而掀起了全球并购浪潮，由此促成了全球商业革命（Peter Nolan，1995、1999、2002）。

按照诺兰的观点，这次的全球商业革命具有三个特征：一是基于规模经济与范围经济的跨国公司重组并购浪潮过程中形成的高度产业集中；二是由全球价值链中的核心公司（即“系统集成者”，System Integrator）对全球范围内的复杂商业活动进行的计划与协调；三是在系统集成过程中，通过瀑布效应（Cascade Effect），对价值链的各个层面所产生的集约压力。[①]

全球商业革命是一个资本不断优化的过程。在大企业主导的全球企业之间的横向、纵向及综合性并购过程中，分散决策的市场竞争空间逐渐被压缩，从价值链的整体性视角对全部商业活动及其动态的考察成为必然。所谓“价值链”，即“一个产品或服务从构思设计起，经过各种生产阶段和销售环节，送到最终消费者手中，直至使用后进行最后处置的整个过程中全部商业活动”。[②] 全球价值链在地理空间上的碎片化与功能集约化的辩证统一过程，事实上就是资本积累模式不断调整的过程，就是资本全球化深度与广度、实体与虚拟扩张的过程。

在全球商业革命中，作为系统集成者的核心公司在全球价值链中不断加大的采购力度和不断加强的计划功能使公司的界限变得非常模糊，而且计划和协调的功能超出了产权法上所界定的公司的界限，公司之间的关系也超出了单纯的价格关系，核心公司和外延公司（External Firm）之间形成牢固的长期伙伴关系。为了实现和维护规模经济与范围经济，系统集成者必须考虑整个价值链的利益，以便在整个系统内最大限度地降低成本。系统集成者开始渗透到产业价值链的上下游，深入到价值链中其他公司的

---

① [英] 彼得·诺兰：《全球商业革命——产业集中、系统集成与瀑布效应》，刘春航、张瑾译，南开大学出版社 2007 年版，第 2–3 页。

② 同①，第 2 页。

业务活动中，开始涉足于这些公司从长期规划到对日常生产和交付的周密控制中，并通过以大规模订单压低成本、严格的技术与商业标准等控制和协调产业价值链上下游的供应商，促使集约优势在产业链的不同层面开始扩散，形成“瀑布效应”。这样，全球商业结构中的次级系统集成者（Subsystem Integrator）也不断地剥离非核心业务，并购核心业务来优化资产组合，巩固自身在产业链中的次级核心地位。

对于跨国流通组织而言，随着全球零售市场上竞争压力的不断加剧，价值链的透明度和流通组织对它的控制能力成为了流通组织竞争优势的重要因素。在后福特制生产方式下，发达国家的流通组织通过对供应链的改造、对信息技术的应用，以及与顶级供应商的协作加强了其在价值链上的系统集成功能。①无中介式供应链。作为价值链的结构化表现形式，大型跨国零售商逐渐绕过批发商，直接从生产厂家订货，从而将其商品采购成本压缩了3%~4%。[①] 大部分跨国零售商在内部建立了全球采购部门，它们只有在与规模较小的、具有显著地方化色彩的生产组织交易以及直接采购效率较低的情况下才使用分销商或中间商。除了缩短供应链，大型零售商还逐步将业务向上游延伸，开始开发自有品牌的产品。零售商直接参与产品开发和采购，除了使供应链上各个环节的成本变得更加透明外，也大幅度提高了零售商对整个供应链的控制能力。②信息技术的深度应用。先进的信息技术提高了大型零售商对销售的预测和监控能力，也大大加强了其对供应链的管理能力。如前所述，沃尔玛等大型流通企业对信息技术的深度应用和推广是其保持买方市场势力的重要工具。③与供应商之间的战略联盟关系。快速响应市场变化的竞争战略，要求大型零售商与大型供应商确立战略联盟关系，加强协作，提高企业核心竞争力，外包非核心业务，共同抵御市场风险。宝洁公司与沃尔玛的战略联盟是大型零售商与优质供应商合作的典范。凭借这种协作，沃尔玛公司的每个业务部门每年都会为宝洁公司提供商业战略计划与市场行情预测，与宝洁公司分享销售、盈利和存货目标以及未来市场决策，从而达到了双赢的效果。需要说明的是，这种战略联盟关系是一种强强合作，大型零售商与供应商之间存在相互发展的空间才使这种合作成为可能，双方因为功能互补才具有了合作的缘

① Pankaj Ghemawat，Ken A. Mark，Stephen P. Bradley，*Wal-Mart Stores in 2003*，Boston：Harvard Business School Pub.2004.

由，强资本是不可能和弱资本合作的。

大型零售商巨大的采购能力和系统集成活动对生产企业产生了巨大的压力，迫使其不断进一步集中，这就进一步加剧了全球中心—外围的经济格局。

六、流通组织的网络空间性质

近些年，网络零售交易发展非常迅速，2010 年我国网络零售超过5000 亿元，同比增长 100%，2011 年网上零售交易额达 8059.8 亿元，同比增长 55%，2012 年 12 月底，网络零售额大幅上涨，交易规模达 13205 亿元，同比增长 64.7%，网络零售额已经占到了当年社会消费品零售总额的 6.3%，而这个比例数据在 2011 年仅为 4.4%。有权威人士预计，到 2015 年我国规模以上企业运用电子商务的比例达到 80%以上，用电子商务完成进出口贸易额占到当年进口贸易额的 10%，网上零售额要超过 3 万亿元。[①]

面对这种形势，跨国零售商加快进军在华网上零售业务，标志性的事件是沃尔玛收购网商“1 号店”股份。业界人士认为，这一事件反映出沃尔玛希望成为“网上网下”两栖零售商，而选择参股收购，与沃尔玛自建网上销售渠道一直不够成功有关。此外，由于亚马逊在美国的线上业务一直压制着沃尔玛，而亚马逊数年前已通过收购“卓越网”潜入中国网销市场，这使得沃尔玛在发展网销渠道上不敢再长时间的迟疑计较。分析人士指出，沃尔玛目前在“1 号店”只有少量股份，但如果这块“试验田”效果不错，不排除沃尔玛会增资控股，甚至会收购业绩显著、价值更高的本土网商。

网络空间是一个复杂的、毫不相关的、多维的借助于计算机技术的虚拟空间，其新奇的空间发展根植于网络空间为大量的实体和关系同时并存提供的可能性。网络技术改变了流通组织的方式，使得对日益缩短的行为阶段和“时间对空间的征服”的更准确的控制成为可能。网络技术中的互联网（Internet）、局域网（Intranets）、外部网（Extranets）等技术的应用，极大地改变了流通组织形式，出现了企业对企业（B2B）、企业对个人

① 数据来自联商网。

（B2C）以及个人对个人（C2C）等新的电子商务组织模式，[①] 并将物流组织中的信息流作为独立的部分分离出来。

然而，网络空间并不是超越资本与劳动、市场与政府、公共与私人的中性的第三空间，它是这些不同力量、制度和领域之间斗争展开的新领域。最典型的例子就是具有超级运动能力的金融资本与产业资本的分离——前者在抽象的流动空间中运动，后者仍旧需要稳定在某个地点上。同样的矛盾也出现在个别金融资本，产业资本和商业资本的循环及其相互关系上，因为每一种循环都以不同的方式依赖物质的市场空间与概念化市场空间之间的复杂关系。但是，更多的经济活动转移到网络空间，开辟领土依旧是资本的根本。全球城市网为金融资本和国际生产商的服务提供了这种领土化的“坐标”。对于商业资本来说，它可能是创新环境、商业区域等，也可以是物质基础设施。即使电子商务也需要这样的服务设施。这样，一种正在出现的全球化的、知识驱动的后福特主义全球网络化并不标志着对空间障碍的最终超越；相反，它影响着不同经济层面运动发展动力学和不变性之间新的越来越复杂的关系。

第三节　跨国流通组织中的劳动关系

一、劳动对资本的形式隶属

当资本刚刚使劳动从属于自己的时候，资本并不关心劳动过程的技术性质，而是遇到什么样的劳动过程就采用什么样的劳动过程。资本主义诞生之初的生产方式本身与前资本主义相比，还没有发生什么太大的变化。“劳动过程从属于资本，资本家作为管理者、指挥者进入这个过程；这个

① 这方面的文献可以参考：Clarence Woudsma，“Understanding the Movement of Goods，not People：Issues，Evidence and Potential”，*Urban Studies* Vol. 38 No.13，December 2001，pp.2439－2455；Stephen M. Rutner，Brian J. Gibson，Susan R. Williams，“The Impact of the Integrated Logistics Systems on Electronic Commerce and Enterprise Resource Planning Systems”，*Transportation Research Part E：Logistics and Transportation Review*，Vol.39，No.2，March 2003，pp.83–93.

过程对资本家来说，同时又是直接剥削他人劳动的过程。我把这称为劳动对资本的形式上的从属。”① 从技术上看，劳动过程完全同封建社会末期一样，只不过现在是作为从属于资本的劳动过程罢了。资本主义的形式规定本身尽管没有改变前资本主义劳动过程的技术性质，但是在形式上、在劳动过程内外都发生了一些变化。“资本关系作为通过延长劳动时间来榨取剩余劳动的强制关系——这种强制关系并不是建立在任何人身统治关系和人身依附关系之上的，而是单纯从不同经济职能中产生出来的……但是特殊资本主义生产方式还有榨取剩余价值的其他方式。”②

首先，资本家和工人之间是纯粹的货币关系，资本家只是作为劳动条件的所有者而使工人在经济上处于从属于自己的地位，这并不是政治的和社会上固定的统治和从属关系。在资本主义关系中，前资本主义条件下对生产的各种限制随着政治的、社会的束缚的消失而消失了，资本（货币）可以任意跟任何种类的劳动交换，从而也可以任意跟任何种类的劳动条件交换。这种形式使劳动条件所有者和工人之间的关系本身变为纯粹的买卖关系或货币关系，使剥削关系从一切家长制的和政治的或者还有宗教的混合物中脱离出来。

其次，工人的客观劳动条件（生产资料）和主观劳动条件（生活资料），是作为资本，作为被他的劳动能力的买者所垄断了的东西与他相对立。生产过程中的统治和从属关系代替了生产过程中的从前的独立性，资本已经在一定的从属的职能中存在，但还没有在它的占统治地位的、决定一般社会形式的职能中存在，还不是劳动的直接购买者和生产过程的直接占有者。

最后，资本必须具有一定量的最低限度的资本，以便雇佣一定数量的工人，这些工人所生产的剩余价值足够作为资本家个人消费的收入和积累基金，从而使资本家本人解脱直接的劳动，只作为资本家来工作，只作为劳动过程的监督者和指挥者来执行处于价值增殖过程中的资本的、好像具有意志与意识的职能，从事劳动过程的指挥工作和生产出来的商品的交易。

在形式隶属的情况下，为了获得更多的剩余价值，资本家尽可能延长

①《马克思恩格斯文集》第 8 卷，人民出版社 2009 年版，第 500 页。
② 同①，第 502 页。

劳动过程，使得劳动变得更紧张，劳动更具有连续性，劳动在利害攸关的资本家的监视下变得更有秩序。“①发展着统治和从属的经济关系，因为劳动能力是由资本家消费的，从而是受资本家监督与管理的。②发展着劳动的巨大连续性与强度，以及劳动条件使用上的更大的节约，因为一切努力都是为了使产品只代表社会必要劳动时间（或者不如说，更少的劳动时间）；不仅对于生产产品时所使用的活劳动是如此，而且对于作为已使用的生产资料价值、作为构成价值的要素加入到产品中去的对象化劳动也是如此。”[①]

这些措施本身并不能改变实际劳动过程本身的性质，并不能改变实际劳动方式的性质，只不过获得了与以前生产方式中的形式不同的另一种形式，然而这种形式却提高了劳动连续性和劳动强度，以一种比较有利于增加生产的形式进行的。剩余价值以绝对剩余价值的方式才能生产出来，因此与这种生产剩余价值的唯一形式相适应的是劳动对资本的形式上的从属，“它是所有资本主义生产过程的一般形式；但是，它同时又是与发达的特殊资本主义生产方式并列的特殊形式；因为特殊资本主义生产方式包含劳动对资本的形式上的从属，而劳动对资本的形式上的从属则完全不一定要包括特殊资本主义生产方式”。[②] 就形式上的从属来看，资本的生产性起初仅仅在于强迫进行剩余劳动。资本主义生产是一种没有预先决定和预先被决定的需要界限所束缚的生产，随着资本主义的发展，“资本主义生产的规律……表现为资本家互相施加的一种强制和对工人施加的一种强制，因此它事实上表现为对于资本家和工人双方的资本规律。劳动的社会自然力并不是在价值增殖过程本身中发展的，而是在现实的劳动过程中发展的。”[③]

二、劳动对资本的实际隶属

随着劳动对资本的形式隶属发展，资本发展出一种新的强制的关系规定：“①在生产过程中，资本发展成为对劳动，即对发挥作用的劳动力或

① 《马克思恩格斯文集》第8卷，人民出版社2009年版，第507页。
② 同①，第500页。
③ 同①，第539–540页。

工人本身的指挥权。②资本发展成为一种强制关系，迫使工人阶级超出自身生活需要的狭隘范围而从事更多的劳动。作为别人辛勤劳动的制造者，作为剩余劳动的榨取者和劳动力的剥削者，资本在精力、贪婪和效率方面，远远超过了以往一切以直接强制劳动为基础的生产制度，[①] 即主要是延长工作日、提高劳动强度这种形式的剩余价值的生产，不是劳动力维持正常状态决定工作日的界限，相反地，是劳动力每天尽可能达到最大量的耗费决定工人休息时间的界限。”[②] 特别是，这种延长工作日所导致的工人体力和智力的衰退、夭折、过度劳动的折磨，并不取决于个别资本家的善意和恶意，因为商品价值由社会必要劳动时间决定这一点，是通过商品变得便宜和商品不得不按同样有利的条件进行生产而表现出来的。

随着同时雇用的工人人数的增加，工人们的反抗也加剧了：工人长期积累的经验和技能也迫使资本家无法真正充分地控制生产过程的节奏和速度；工人阶级不断增长的反抗迫使国家强制缩短劳动时间，强行规定工厂正常的工作日。这些表明剩余价值的生产不能进一步通过延长工作日来增加，而资本为压制工人们的反抗所施加的压力也必然增加。对于由必要劳动变成剩余劳动而生产剩余价值来说，资本只是占有历史上遗留下来的或者说现存形态的劳动过程，并且只延长它的持续时间，就绝对不够了。必须变革劳动过程的技术条件和社会条件，从而变革生产方式本身，以提高劳动生产力，通过提高劳动生产力来降低劳动力的价值，从而缩短再生产劳动力价值所必要的工作日部分。[③] 生产力的发展，主要来源于发挥着作用的劳动的社会性质、社会内部的分工以及自然科学的发展。

价值等于物化在产品中的社会必要劳动时间，只要资本家的产品的个别价值低于其社会价值，从而可以在其产品的个别价值以上出卖，对资本家而言，剩余价值就创造出来了。因此，资本有一种趋势，就是在直接使用活劳动时，把它缩减为必要劳动，并且利用劳动的各种社会生产力来不断缩减生产产品所必要的劳动，因而尽量节约直接使用的活劳动；它还有一种趋势，要在最经济的条件下使用这种已经缩减到必要程度的劳动，也

---

① 《马克思恩格斯文集》第 5 卷，人民出版社 2009 年版，第 359 页。

② 同①，第 306 页。

③ “劳动生产力的提高，我们在这里一般是指劳动过程中的这样一种变化，这种变化能缩短生产某种商品的社会必需的劳动时间，从而使较小量的劳动获得生产较大量使用价值的能力。”（《马克思恩格斯文集》第 5 卷，人民出版社 2009 年版，第 366 页）

就是说，要把所使用的不变资本的价值缩减到它的最低限度。“在资本主义生产方式中，这一点成了不以个别资本家的意志为转移的规律。而且这个规律只有在包含另一个规律时才能实现，还有另一个规律就是：生产规模不是决定于既定的需要，相反，产品量决定于生产方式本身所规定的和不断增长的生产规模。生产的目的是使单个产品等包含尽可能多的无酬劳动，而这一点只有通过为生产而生产才会达到。一方面，只要以过小规模进行生产的资本家物质化在产品中的劳动量多于社会必要劳动量，这一点就表现为规律。因此，这一点表现为价值规律的恰当实现，而这个价值规律只有在资本主义生产方式的基础上才能充分发展。但是另一方面，这一点又表现为各个资本家的内在动力：他们为了突破这个规律或者机智地控制这个规律使之有利于自身，力图把自己商品的个别价值降低到该商品的社会决定的价值以下。”①

“劳动的社会生产力，或直接社会的、社会化的（共同的）劳动的生产力，由于协作、工场内部的分工、机器的应用，总之，为了一定的目的而把生产过程转化为自然科学、力学、化学等的自觉的应用，转化为工艺学等的自觉的应用，正像与这一切相适应的大规模劳动等一样，与在不同程度上孤立的个人劳动等相对立的社会化劳动生产力的这种发展，以及随之而来的科学这个社会发展的一般成果在直接生产过程中的应用……资本关系本身中所包含的神秘性，现在比只存在劳动对资本的形式上的从属时所发生的和能够发生的情况向前大大发展了。另一方面，在这里也只有通过直接生产过程本身的变革和劳动社会生产力的发展，资本主义生产的历史意义才会明显地表现出来（专门地表现出来）。”② 价值由社会必要劳动时间决定的规律，既会使采用新方法的资本家感觉到，他必须以低于商品的社会价值来出售自己的商品，又会作为竞争的强制规律，迫使他的竞争者也采用新的生产方式，“相对剩余价值的生产也可以被看做是劳动对资本的实际上的从属的物质表现”。③

劳动的新方式在社会生产力基础上的经常的变化，以及与此相应的使用价值的多样化，特别是交换价值的现实发展，整个社会内部的不断发展的、不因任何特定生产部门本身的固定化而受到限制的分工，使得资本主

①《马克思恩格斯文集》第 8 卷，人民出版社 2009 年版，第 519 页。
②③ 同①，第 505 页。

义生产方式的整个现实形态不断变化，因而产生出特殊的工艺和资本主义生产方式，只有在这种生产方式的基础上并随着这种生产方式的发展，与资本主义生产过程相适应的、各生产当事人之间的，特别是资本家与雇佣工人之间的生产关系，才逐渐发展起来。

三、劳动对资本的实际隶属发展了资本主义生产关系

不管劳动过程在工艺或技术上以什么方式进行，劳动对资本的形式上的隶属的一般特征在资本主义各个阶段是始终存在的。在此基础上，一种在工艺方面和劳动过程的现实性质与条件上都发生了变化的生产方式——资本主义生产方式建立起来了。资本主义生产方式一经产生，劳动对资本的实际上的从属就发生了。随着劳动对资本的实际上的从属，在生产方式本身，在劳动生产率上，在资本家与工人的关系上，都发生了完全的革命。

社会劳动生产力发展了，随着大规模劳动的发展，科学和机器在直接生产中的应用也发展了。“一方面，现在形成为特殊生产方式的资本主义生产方式，创造出物质生产的已经变化的形态。另一方面，物质形态的这种变化又构成资本关系发展的基础，所以资本关系的适当的形态是与劳动生产力的一定发展程度相适应的。”① 以社会劳动为基础的所有这些对科学、自然力和大量劳动产品的应用本身，表现为剥削劳动的手段，表现为占有剩余劳动的手段。随着机器生产的发展，劳动条件在工艺方面也表现为统治劳动的力量，同时又代替劳动，压迫劳动，使独立形式的劳动成为多余的东西。客观的劳动条件，作为表现社会财富的集中的生产资料，变得更加发达，而这种情况完全表现在社会结合劳动的生产条件的规模与效果上。因而，劳动的客观条件表现为属于资本而同劳动对立的力量。工人处在这种资本主义联系之外时，就变得无能为力，他的独立的生产能力被破坏了。

单个资本家手中的一定的和不断增长的资本最低限量，一方面是特殊资本主义生产方式的必要前提，另一方面又是特殊资本主义生产方式的经常结果。资本主义社会劳动生产力的发展，使得许多直接协作的工人的共

---

①《马克思恩格斯文集》第 8 卷，人民出版社 2009 年版，第 517 页。

同劳动条件本身，可以实行一种与小规模生产中劳动条件的分散性根本不同的节约；“因为这些共同生产条件的效率并不要求它们的数量和价值按比例同样增长。不管它们的绝对价值量增长得多么大，它们的共同的、同时的运用总是会降低它们的相对价值（就产品来说）。”① 因而，资本主义生产方式的发展，不仅导致物质生产量的提高，而且促进了生产部门及其分支的增加与多样化。特别是随着资本主义生产的发展，产品的交换价值相应地发展起来，产品作为交换价值发挥作用或实现为交换价值的范围也相应地发展起来。

一切社会劳动生产力都表现为资本的生产力。因为随着劳动对资本的实际上的隶属或特殊资本主义生产方式的发展，变成总劳动过程的实际执行者的并不是单个工人，而是日益以社会的规模结合起来的劳动能力。互相竞争总和构成一台总生产机器的各种劳动能力，以极其不同的方式参加直接的商品形成过程，这种使单个的劳动能力纯粹作为形成总工厂的总劳动能力的特殊器官执行职能的社会结合，却不属于工人，而是作为资本主义的组织同工人相对立，强加在工人身上。这种劳动的社会生产力或社会劳动的生产力，在历史上只有随着特殊资本主义生产方式才发展起来，从而表现为资本主义关系的内在的东西，表现为跟资本关系不能分开的东西。“资本家作为处于自己增殖过程中的资本的代表——生产资本的代表，执行一种生产职能，这种职能恰恰就在于管理和剥削生产劳动。”② 这种监督和剥削生产劳动的职能，主要表现在疯狂追求利润的欲望、迫使人们尽可能便宜地生产商品的竞争和节约不变资本的使用上。

积累过程本身是资本主义生产过程的一个内在要素。积累过程包含着重新创造出雇佣工人，包含着实现和增大现有资本的手段，这或者是使从前尚未被资本主义生产所支配的那一部分人口，如妇女和儿童，从属于资本，或者是使由于人口自然增长而增多的大量工人从属于资本。进一步分析表明，“资本会根据自己的剥削需要来调节劳动力本身的这种生产，即受资本剥削的人群的生产。所以，资本不仅生产资本，它还生产不断增长的大量工人，即这样一种材料，资本只有借助于这种材料才能作为追加资本发挥作用。因此，不仅劳动在日益扩大的规模上生产着作为资本同自己

---

①《马克思恩格斯文集》第8卷，人民出版社2009年版，第520页。

② 同①，第531页。

相对立的劳动条件，而且资本也在日益扩大的规模上生产着自己所需要的生产的雇佣工人”。[①]

四、后福特制生产方式下流通组织的本国劳资关系

在跨国流通组织中，沃尔玛作为世界财富 500 强多年的第一名，引起了人们对它的强烈兴趣。在沃尔玛的本国领土——美国，服务业从业人员近几年增长非常快，据 2000~2010 年美国劳工统计局（Bureau of Labor Statistics）的《职业就业与工资报告》（Occupational Employment and Wages）统计，在此期间，美国制造业就业人数下降了 340 多万人；商业、金融、医疗保健、教育与培训以及食品提供等职业都增加了 100 万人左右。在就业人数超过 70 万的十大细分职业序列中，售货员和收银员分别为 430 万人、330 万人，占据第一名和第二名。[②]

流通组织就业的增加只是一个总量概念，如果我们进行个量及结构性分析的话，就会发现跨国流通组织作为资本载体的本国劳动关系奥秘。据密苏里大学的经济学家 Basker Emek 的研究发现，在一个特定的国家，每开一家沃尔玛门店的第二年就能创造出 100 个零售工作。但是，其中有50 个会在之后的五年内消失，从而只是增加了 50 个工作机会。[③] 研究调查了 1977~1999 年全国近 1800 个郡开业的 2000 家沃尔玛门店，在沃尔玛开业后的五年内大小商店相继关门，这正好可以解释为什么沃尔玛开业一年后就业锐减。需要注意的是第一年增加的 100 个岗位远少于一家典型的沃尔玛超市的岗位数量，这说明了一些商店很快就退出了市场。研究也考察了沃尔玛的另一个竞争领域——批发业的就业情况变化，发现一旦沃尔玛进入，批发行业就会减少 20 个岗位。

除了就业变化，还有学者通过对 3000 个郡的研究发现，在 1987~1999 年那些有很多沃尔玛连锁商场的地区，比起仅有少数或没有沃尔玛商场的

---

①《马克思恩格斯文集》第 8 卷，人民出版社 2009 年版，第 543-544 页。

② Audrey Watson, “An Overview of U.S. Occupational Employment and Wages in 2011”, (EB/OL) http://www.bls.gov/opub/btn/volume-1/an-overview-of-occupational-employment-and-wages-in-2011.htm.

③ Emek Basker, “Job Creation or Destruction? Labor Market Effects of Wal-Mart Expansion”, *The Review of Economics and Statistics*, Vol.87, No.1, February 2005, pp.174-183.

地区，拥有更快的增长速度（或更慢减幅）的贫穷率。[①] 通过比较教育、就业率和人口等因素，研究者还发现，每增加一家沃尔玛分店与0.2%增幅的贫穷率有着统计上的关联。笔者认为，在20世纪90年代，较之那些没有沃尔玛的地区，沃尔玛的出现很明显造成了美国家庭贫穷率的上升。笔者甚至假设，贫穷的产生有一部分原因来自于，在沃尔玛工作的员工们享受的工资比从前从事的工作还要少。表5-1是沃尔玛在美国的雇员收入情况。

表5-1　美国零售业雇员的平均年收入（2004年）[②]

	全国	纽约
沃尔玛		
所有雇员	19226美元	无信息
平均小时制雇员	17285美元	无信息
全职小时制雇员	18992美元	无信息
兼职小时制雇员	8634美元	无信息
所有零售商		
所有雇员	24023美元	25518美元
折扣店雇员（e.g. Kmart and Target）	18898美元	18578美元
批发店、购物中心雇员（e.g. Costco and BJ's）	22101美元	21781美元
超市雇员（e.g. Stop and Shop，Pathmark，Whole Foods）	19699美元	18097美元
大型零售商		
所有雇员	24647美元	24839美元
所有大型私有雇主		
所有雇员	42839美元	55832美元

资料来源：Annette Bernhardt et al.，2005.

从表5-1可以看出，2004年沃尔玛所有雇员的平均年收入是19226美元，如果按小时付薪的话，全职小时制雇员工资为18992美元，兼职小时制雇员为8634美元，平均小时制雇员工资为17285美元。在一般的零售商中，雇员的平均年收入是24023美元，如果在纽约的话，由于物价等因

① Stephen J.Goetz and Hema Swaminthan，"Wal-Mart and County-Wide Poverty"，*Social Science Quarterly*，Vol.87，No.2，June 2006，pp.211-226.

② Annette Bernhardt，Anmol Chaddha and Siobhan McGrath，"What Do We Know about Wal-Mart? An Overview of Facts and Studies for New Yorkers"，(EB/OL) http：//www.policyarchive.org/handle/10207/bitstreams/8702.pdf. August 2005.

素，人力资本会更高。对于大型零售商，雇员的平均年收入一般达到24647美元，这显然高于沃尔玛的雇员工资。如果和其他行业的私有企业的员工相比，沃尔玛雇员的工资就更低了，仅相当于其他行业私有企业雇员工资的45%。因此，沃尔玛雇员的平均年收入不仅低于普通的中小零售商、大型零售商，更低于其他行业的大型私有企业雇员，这与沃尔玛连续多年蝉联财富500强之首的身份是不相符的。这正是纽约人不接受沃尔玛的原因，尽管沃尔玛是世界最大的零售连锁公司，纽约是美国最大的零售市场，但是几十年来，两者井水不犯河水。在纽约人看来，沃尔玛是集恶之大成者：工资过低、侵犯劳工权益、阻挠成立工会、压低供货商价格间接造成血汗工厂……

在沃尔玛内部，即使是职位比较高的员工，与全国其他零售业的同等职位的员工工资相比，也是比较低的。如表5-2所示，无论是销售助理、收银员，还是团队领导、守夜员的工资都低于全国零售业从事此种工作的平均水平。其中，销售助理的平均年收入仅占零售业从事此种工作的全国平均工资的65%，收银员的平均年收入占零售业从事此种工作的全国平均工资的74%，团队领导的平均年收入占零售业从事此种工作的全国平均工资的63%，只有守夜员的工资略低于平均水平，差距不大。

表5-2 沃尔玛不同职位工资情况考察（2004年）①

职位	小时制工资的平均底薪（美元）	占所有小时制员工的比例（%）	女性比例（%）	平均年收入（美元）	零售业此种工作的全国平均工资（美元）
销售助理	7.05	23	64	14787	22760
收银员	7.20	19	88	12818	17220
团队领导	8.01	8	76	23572	37170
守夜员	7.85	6	51	19302	19780

资料来源：Annette Bernhardt et al.，2005.

在医疗保险方面，沃尔玛目前在美国有3700多家分店，在美员工人数为130万，但是仅有61万员工享受医疗保险援助，仅占全美员工的47%。沃尔玛在华盛顿州的员工中，仅有20%在领取公共医疗保险援助，

① Annette Bernhardt，Anmol Chaddha and Siobhan McGrath，“What Do We Know about Wal-Mart? An Overview of Facts and Studies for New Yorkers”，（EB/OL）http：//www.policyarchive.org/handle/10207/bitstreams/8702.pdf. August 2005.

其他员工不得不自掏腰包缴纳医疗保险等费用。沃尔玛的海外大约 200 万的员工更难享受这种福利。如表 5-3 所示，沃尔玛雇员的覆盖比例、对员工所提供的医疗保险的质量都比较低，而员工在医疗保险中需承担的保险费部分却与全国一般大型零售行业员工承担的部分不相上下，相同的支出却没有带来相同的保障。

表 5-3 沃尔玛的医疗保险情况①

	沃尔玛	与其他公司相比
1. 覆盖的员工比例		
员工医疗保险计划覆盖的员工比例	估计 41%~49%	·2004 年，全美 61%的员工在公司获得医疗保险 ·在所有的大公司，比例为 68% ·在所有的零售公司，比例为 48%
员工获得医疗保险资格需等待的时间	全职小时制员工需等待 6 个月；兼职工作者需等待 2 年，而且不能获得家庭保险	总体来说，只有私营企业 6%的员工需要等待 6 个月或更长
2. 所提供医疗保险的质量		
公司在医疗保险上的花费	2002 年，沃尔玛平均为每位医疗保险覆盖下的员工花费 3500 美元	·2002 年，美国公司平均为医疗保险覆盖下的员工花费 5646 美元 ·批发或零售贸易产业的平均花费为 4834 美元 ·2004 年，沃尔玛的主要竞争对手之一，好市多公司为每位员工平均花费将近 5735 美元
被医疗保险排除在外的服务和处方	· 以下一般被排除在外：流感，眼部检查和脊椎治疗；例行检查（健康检查）；戒烟及戒酒活动；避孕药 · 医疗保险在第一年不覆盖女性预防性检查。医疗保险在第一年不覆盖精神健康和药物滥用情况，一年后有条件覆盖 ·在第一年，沃尔玛的医疗保险一般不覆盖预先存在情况的治疗，处方药保险的覆盖也是有条件限制的	避孕药被排除在保险外曾引起了一场诉讼案，因为雇主赞助的医疗保险计划内，有将近 80%的员工接受到这方面的保险

① Annette Bernhardt, Anmol Chaddha and Siobhan McGrath, "What Do We Know about Wal-Mart? An Overview of Facts and Studies for New Yorkers", (EB/OL) http://www.policyarchive.org/handle/10207/bitstreams/8702.pdf. August 2005.

续表

	沃尔玛	与其他公司相比
3.员工需支付的花销		
保险费开支	员工的家庭保险费每月为133~264 美元；个人保险费每月为 33~72 美元	2004 年，在任何雇主赞助的医疗保险计划里，覆盖下的员工平均每月的家庭保险费为 222 美元，个人保险费为 47 美元
员工需承担的保险费份额	沃尔玛员工需为医疗保险支付 1/3 的费用	·一般在大型零售行业，员工承担 1/3 的费用 ·美国大公司内，员工平均承担 20%的费用。沃尔玛的主要竞争对手之一，好市多公司，员工承担 8%的费用 · 2002 年，美国 28%的工人不需支付任何费用，因为公司为他们支付了全部的保险费用
免赔额和共同保险	免赔额在 350~1000 美元间不等。到达免赔额数后，员工开始负责共同保险，这一般最高等同于保险费用的 20%	1000 美元的免赔额是常规的 3 倍，大约 90%的零售业（以及其他所有公司）的免赔额为 310 美元或更少

资料来源：Annette Bernhardt et al.，2005.

在成本导向的作用下，沃尔玛不断削减员工福利，员工的正常权益无法得到保证。据报道，沃尔玛公司 2011 年 10 月 21 日宣布，为控制医疗保险成本的增长，将缩小对新招聘兼职员工的医保覆盖，对新招聘的每周工作不到 24 小时的兼职员工将不再提供医疗保险。对于每周工作 24 小时至 33 小时的新的兼职员工，公司为其提供的医疗保险将不包含配偶，但仍包含子女。① 由于员工工资过低、缺少足够的医疗保险，员工与公司之间纠纷不断，劳资冲突不断上演，主要体现在加班、非法报复行为、工伤赔偿、种族和性别歧视、童工、残障人士歧视以及供货商和承包商等方面的问题，如表 5-4 所示。

五、后福特制生产方式下流通组织的全球劳资关系

积累过程本身是资本主义生产过程的一个内在要素。积累过程包含着重新创造出雇佣工人，包含着实现和增大现有资本的手段，这或者是使从

① 《沃尔玛拟采取措施削减医保成本》，证券时报网（www.stcn.com）(EB/OL)，http：//kuaixun.stcn.com/content/2011-10/21/content_3744552.htm。

表 5-4 沃尔玛的雇佣劳动诉讼记录情况①

加班	·沃尔玛在超过 19 个州面临 40 多起有关薪资和工作时间的共同诉讼。诉讼主要针对公司要求员工在法定时间以外的时候工作并且不提供法定休息的行为。在新墨西哥和科罗拉多等州，沃尔玛遭到了超过 69000 名工人针对公司要求员工在不支付薪水的情况下加班的指控。2002 年 12 月，俄勒冈的一个陪审团判定 400 名员工在一个类似的案件中胜诉 ·沃尔玛内部的一名审计人员发现在 128 家门店里，仅 2000 年 7 月的一周，就有 60767 例员工没有在规定时间休息，15705 例员工在用餐时间工作的情况
非法报复行为	·国家劳动关系委员会（NLRB）自 1995 年以来已经处理了 60 起针对沃尔玛的投诉。这些投诉主要有关于沃尔玛非法对试图组织员工的人进行打击报复，手段主要有非法解雇、监视、恐吓和威胁 ·其中的一起投诉是由于一名员工向职业安全与卫生管理局举报了沃尔玛不安全的工作环境，而被告知公司面临的一切罚款都将从员工奖金中扣除
工伤赔偿	·在 2000 年 华盛顿的劳工关系部门曾威胁说要接管沃尔玛的员工报酬索赔事宜。劳动关系部发现沃尔玛几次三番地拒绝了员工提交的事故报告或赔偿金支付的要求，他们对要求不作回应，无故拖延支付，过早终止合同，“算错”赔偿金，不做记录，并且无视受伤员工获得时间损失补偿的权利。报告最后指出在 1994~2000 年公司一共面临 66 项罚款，总计 31000 美元
种族和性别歧视	·2002 年，肯塔基州人权委员会要求沃尔玛支付 40000 美元，因为公司解雇了一对混血人种的夫妇，因为公司认为他们违反了裙带关系政策，而白种人夫妇则可以不管这类政策而继续他们的关系 ·2001 年的一起诉讼指出沃尔玛常年歧视女性，同样的工作支付给男性员工的薪水要多于女性，并且男性员工比女性员工得到更快的提升。这项指控覆盖了 150 万现在和过去的员工，并且如果指控成功，将成为美国历史上最大的一起集体诉讼
童工	·沃尔玛的一名内部审计人员发现 2000 年 7 月的一周内，在 128 间门店中 1371 例未成年人工作到很晚，或是在上学时间工作，或是一天内工作很多小时的情况 ·沃尔玛最近为一起诉讼向联邦劳工部支付了 135540 美元。这起案件指控公司在 1998~2002 年由于让青少年工人操作链锯，废纸打包机和叉车等危险机械而违反了阿肯色州、康奈狄格州和新罕布什尔州的儿童劳动法
残障人士歧视	·在与就业机会均等委员会（EEOC）的一份和解协议中，沃尔玛为自己在 1994~1998 年由于要求应聘者填写与残障有关的信息，而违反美国残疾人法案的行为，支付了 680 万美元 ·沃尔玛在 2001 年支付了超过 600 万美元解决 EEOC 对其不雇佣残疾人的指控 ·在一起最近发生在纽约长岛的案件中，陪审团裁定沃尔玛要付给一名患有大脑麻痹的员工 750 万美元。在他开始做制药助理的第二天，沃尔玛将他调离了该职位并且安排他去停车场收拾手推车和捡垃圾，因此而违反了美国残疾人法案

① Annette Bernhardt，Anmol Chaddha and Siobhan McGrath，“What Do We Know about Wal-Mart? An Overview of Facts and Studies for New Yorkers”，（EB/OL） http：//www.policyarchive.org/handle/10207/bitstreams/8702.pdf. August 2005.

续表

供货商和承包商	·2005 年 3 月，沃尔玛花了 1100 万美元用于解决美国移民海关总署的调查。调查注意到沃尔玛没能要求自己的清洁承包商遵守移民法。一起集体诉讼指出这些清洁工的收入低于最低工资标准并且总是不能如期拿到薪水。清洁工们还指出他们没有得到工伤补偿而且经常彻夜被锁在商场里 ·2001 年审计员们报告说超过一半的沃尔玛供货商违反了当地法律甚至是沃尔玛自己的标准，例如，使用童工和不能保证工作场所的安全。1/3 的供货商“严重”违反法律

资料来源：Annette Bernhardt et al.，2005.

前尚未被资本主义生产所支配的那一部分人口，如妇女和儿童，从属于资本，或者是使由于人口自然增长而增多的大量工人从属于资本。进一步分析表明，“资本会根据自己的剥削需要来调节劳动力本身的这种生产，即受资本剥削的人群的生产。所以，资本不仅生产资本，它还生产不断增长的大量工人，即这样一种材料，资本只有借助于这种材料才能作为追加资本发挥作用。因此，不仅劳动在日益扩大的规模上生产着作为资本同自己相对立的劳动条件，而且资本也在日益扩大的规模上生产着自己所需要的生产的雇佣工人”。[①] 在积累过程中，劳动概念和执行的分离一样适用于流通组织中的工人，管理部门取得了对流通劳动的绝对控制，劳动者成为一个工具而已，在这些方面，流通组织中的工人与生产组织中的工人并没有任何不同，正如布雷弗曼所言：“零售工作人员大体上成为类似工厂机械操作工那样的人，其类似的程度是任何人从来都想象不到的。”[②]

后福特制生产方式下，资本的流动性远胜于劳动力的流动性。全球化以国际劳动分工的形式在全球层面实现产业扩展和重组，生产要素在全球范围得到重新配置，新的全球性的生产、交换、消费、分配体系产生并逐步形成了全球性的生产流通系统。这个过程与全球金融市场的开放与整合、商品和服务市场的全球拓展分布、跨国公司的经济渗透密切相关。跨国公司通过多重生产环节、多层次空间尺度的联系，形成以跨国公司为载体的全球生产网络和远较以前复杂的全球分工格局。在全球生产网络的拓展中，发达国家大型流通组织纷纷在发展中国家开设新店，利用全球采购系统，整合全球市场空间，把不计其数的国外劳动力纳入到劳动市场的竞

①《马克思恩格斯文集》第 8 卷，人民出版社 2009 年版，第 543–544 页。

② [美] 哈里·布雷弗曼：《劳动与垄断资本》，方生等译，商务印书馆 1979 年版，第 330–331 页。

争当中。

从表面上看，与福特制不同，后福特制的流通组织强调的是让管理和流通体系更具柔性或弹性，以便更好地应对市场竞争。尤其是在流通组织中，流通行为是一种互动服务，通过与消费者的深入而精准的沟通和交流来挖掘利润，工作具有情感、美学色彩，这种互动服务是关键因素。因此，无论雇佣人员自身技术水平如何，跨国流通企业更加立足企业长远发展规划，注重培养具有一定专业技能和充分自主控制权的雇佣劳动者，加强劳动者的个人特质、态度、性格品质或者倾向方面的认同，使企业员工具有相当的自主控制权，以便实现对市场的精准把握和流通过程的快速调整；强调保持与流通相关活动（如设计、顾客服务等）的整体一致性、缩短产品周期以及利用微电子技术来发展企业间网络对适应消费者需求变化的重要性。

然而事实却是，在流通组织与生产组织组成的跨国生产网络中，“微笑曲线”两端高附加值的创新研发和销售服务逐渐集中于中心企业，核心和边缘劳动力结合起来，建立了一个结构化的劳动控制网络，形成工人阶级的分裂和分散化（Working-Class Atomization or Fragmentation）。如果说福特主义时代的工人是“大众工人”（Mass Worker），则后福特主义时代由于资本的全球化，工人成为“社会工人”或“社会化工人”（Social Worker or Socialized Worker）。[①] 工人阶级由传统的生产的一体化分散到了社会的各个层面。[②] 如果说福特主义时代，工人劳动意味着劳动者与劳动资料的分离的话，则后福特主义时代由于跨国流通组织在全球的布展，工人的劳动被严格地整合进了公司的信息体系之中，并在自主劳动的幻象下受制于自己所在子公司的劳动过程之中。这个劳动过程是由资本的力量策划的，用以打散（Decompose）原来的社会主体即大众工人的组织或构成，消解工人的凝聚能力，剥夺工人已获得的利益。例如，沃尔玛就被称为“工会公敌”，其严格压缩内部用工成本、冷酷打压工人力量的做法倍受诟病。工人阶级的构成在历史的劳资冲突中总是处于不断的解构（The Decompositional

① Steve Wright, *Storming Heaven: Class Composition and Struggle in Italian Autonomist Marxism*, London: Pluto Press, Chapter 8, 2002.

② Finn Bowring, “From the Mass Worker to the Multitude: A Theoretical Contextualisation of Hardt and Negri's Empire”, *Capital & Class*, Vol. 28, No.2, Summer 2004, pp. 101-132.

Forces）与重构（the Recompositional Possibilities）过程中，后福特制也不例外。

一方面，在后福特制中，由于工作性质本身使流通企业对劳动力技术要求不高，工人不需要多少技能就能上岗，跨国流通企业在空间的拓展中大量使用临时工、兼职工。在中心—外围的非对称格局中，跨国流通组织的资本家不断采取行动，通过破坏工人团结、分化工人队伍、摧毁工人组织、粉碎工人反抗等形式，以“解构（Decompose）”工人阶级的构成和力量。[①] 在劳资关系方面，跨国流通组织具有更强的将劳资冲突整合为劳资双方在资方控制下进行“合作”的能力。[②] 后福特制下的不同国家和地区的工人更加原子化、分层化、碎片化，核心劳动力群体规模不断缩减，边缘劳动力群体规模急剧膨胀，强资本弱劳工的劳资关系得到了进一步强化。甚至“资方—工人的冲突被转变成了工作组织所导致的竞争与团体内部的斗争。将等级的支配转变为横向的对抗……”，[③] 在这种情况下，“个体只不过是执行资本主义关系逻辑”。[④] 共同的客观利益在现实中无从发挥作用，因为真正对工人起作用的是他们为企业意识形态所统摄和影响的主观体验的利益，这些利益不但各自迥异，而且和资方主导的企业利益趋向一致。“在垄断资本主义之下，个体精神中抵抗资本主义支配结构的能力却被剥夺了。”[⑤]

另一方面，跨国流通企业用“电子全景监控”（Electronic Panopticon）技术来替代直接控制，充当了回归认同形体的角色。由于在产品销售中难以再用机器来规范、控制工人的行为，而且劳动成果的鉴定更加复杂，难以量化，管理者需要用新的方式和手段来实现生产目标。在后福特制管理控制去形体化（Disembodying）、员工认同趋于片段化和模糊化的背景下，跨国流通组织的管理者反而需要通过电子全景监控视频画面来监视员工的行为。即使在流通产业发达的英国和美国，“管理层仍然不信任工人。大部分的管理仍然是传统的，控制仍然是工作过程中不可或缺的、关键的要

---

① 尽管沃尔玛2007年在中国开始建立工会，然而通过这些年来的迅猛发展，建立工会这种方式又何尝不是沃尔玛在中国攻城略地的一个筹码？

② 谢富胜：《分工、技术与生产组织变迁》，经济科学出版社2005年版，第259页。

③［美］迈克尔·布若威：《制造同意——垄断资本主义劳动过程的变迁》，李荣荣译，商务印书馆2008年版，第80页。

④⑤ 同③，第182页。

素，不同的是，监督上开始采用各种电子技术”。[①] 这种方式不仅没有得到员工的认同，反而招来了员工的极大反感。正是这些破坏工人阶级整体性的措施产生了新一轮的工人斗争，从而形成权力重构的社会历史条件和前提。

这样，后福特制生产方式下跨国流通组织所主张的管理理念和认同的管理实践，如自动化生产、对员工的电子监控，弹性生产团队等，只不过是对福特制进行了一些表面性的粗浅修饰，并没有触及福特制劳动分工的本质。从某种意义上说，这些新的管理技术或手段加剧了分工的碎片化，强化了对员工的控制，并且实际削弱了员工自治。[②] 更具体地说，在新的组织形态下，传统的规训手段失去了用武之地，但规训的实质丝毫没变，只不过规训的对象不再是员工的行为，而是员工的思想、情感和身份认同（Maravelias，2007）。[③]

所以，在劳动与资本关系的解构与重构中，资本的逻辑并没有发生变化，“‘资本’是一个社会整体层次上的一种更系统、更规则的异化能力运作的结果。它有规律地选择人类的目标以便和自己的目标（价值的自身价格）一致，并且有规律地约束所有的人类追求，而这与这种非人类的追求是一致的”。[④] 后福特制生产方式中的流通组织的全球拓展，使“我们不仅看到了资本是怎样进行生产的，而且看到了资本本身是怎样被生产出来的，资本作为一种发生了本质变化的关系，是怎样从生产过程中产生并在生产过程中发展起来的。一方面，资本改变生产方式的形态，另一方面，生产方式的这种被改变了的形态和物质生产力的这种特殊发展阶段，是资本本身形成的基础和条件，是资本本身形成的前提。”[⑤]

---

① 谢富胜、周亚霆：《知识经济与资本主义劳动过程》，《教学与研究》2012 年第 4 期，第 65 页。

② Moor，L. and Littler，J.，“Fourth Worlds and Neo-Fordism：American Apparel and the Cultural Economy of Consumer Anxiety”，*Cultural Studies*，Vol. 22，No.5，2008，pp.700-723.

③ Maravelias C.，“Freedom at Work in the Age of Post-Bureaucratic Organization”，*Ephemera*，Vol. 7，No.4，2007，pp.555-574.

④ 托尼·史密斯：《1861-1863 年手稿中关于机器问题的论述》，载［意］理查德·贝洛菲尔，罗伯特·芬奇：《重读马克思——历史考证版之后的新视野》，徐素华译，东方出版社 2010 年版，第 163 页。

⑤《马克思恩格斯文集》第 8 卷，人民出版社 2009 年版，第 392 页。

第六章 跨国流通组织在中国的扩张与中国应对规制

跨国流通组织正凭借其国际水准服务、先进管理方式、强势产品和资本运作手段、新型业态等优势，像潮水一样大规模、全方位地涌入中国，迅速扩大市场份额，对中国产业链形成巨大影响。

第一节 跨国流通组织在中国的发展

一、跨国零售企业进入历程回顾

跨国零售企业进入中国市场的过程是与中国流通业对外开放的历程相伴而生的。1983 年 9 月，国务院发布的《中华人民共和国中外合资经营企业法实施条例》第六十四条规定，合营企业在中国销售产品，由商业、物资部门向合营企业订购。这样，随着国外商品陆续进入中国市场，开始推动了中国流通领域的对外开放。到了 1990 年 12 月，外经贸部发布了《中华人民共和国外资企业法实施细则》，其中第四条规定，国内商业、对外贸易等行业禁止设立外商独资企业；第四十六条规定，外资企业有权依照批准在中国销售该企业生产的产品，也可以委托中国的商业机构代销。这一时期一直持续到 1992 年 7 月，政府政策基本上是禁止外商在中国开办独资或合资的零售、批发企业，但外商投资的生产企业可在中国国内销售部分产品。

1. 试点起步阶段

由于零售业自身的特点，中国政府到1992年才真正拉开零售业对外开放的序幕。为促进第三产业的发展，1992年7月中国国务院第一次正式批准在北京、上海、天津、广州、大连、青岛六个城市和深圳、珠海、汕头、厦门、海南五个经济特区试办1~2个中外合资或合作经营的企业，经营范围为百货零售业和进出口商品业务，中方必须控股51%以上。由于市场准入和政府审批程序等方面的严格规定，大部分外资零售企业态度谨慎。从1992年至1995年10月前，世界知名零售企业只有沃尔玛一家，其余大多为港资或海外华资背景企业。这一阶段总的来说，中国零售业对外开放的程度较低，跨国零售企业正忙于考察、研究东道国的政策及市场，而中国本土零售企业仍处于“昏睡”阶段，市场化程度不强。

2. 逐步开放阶段

1995年10月，为推行连锁经营发展的需要，国务院批准在北京试办两家中外合资的连锁商业企业：万客隆和伊藤洋华堂。这标志着中国零售业的对外开放由零售环节延伸到了批发环节。在这期间，各地方政府亦以各种形式越权自行批准了若干家中外合资零售企业。1999年6月，国务院批准了《外商投资商业企业试点办法》，零售业合资合作范围扩大到所有省会城市、自治区和计划单列市，允许省会城市及其他城市试办1~2家中外合资或合作商业企业，经济中心城市、商贸中心城市可增设1~2家，允许外商开办连锁店，股权比例经国务院特批亦可超过51%。这是我国流通领域对外开放跨出的具有历史性意义的一步。其间经国家正式批准的外商投资零售商业企业有49家，但各地越权审批的达到326家。

2001年7月，上海一百集团和日本丸红株式会社共同投资组建了第一个中外合资批发企业——上海百红商业贸易有限公司，标志着中国批发业的正式对外开放。最后是开始有条件地允许外资控股商业企业。规定可由外方控股的商业企业有三种：一是只有3家以下分店的合营商业企业；二是连锁专卖店、专业店、便民店（这两类企业中方股份只要不低于35%即可）；三是外方大量采购国内产品，并能借助国际分销网络扩大中国产品出口的合资企业经国务院批准后也可以由外方控股。《外商投资商业企业试点办法》为跨国零售集团提供了建立流通企业的政策保障。

这一时期结束，为了抢占战略制高点，包括沃尔玛、家乐福、麦德龙等零售巨头在内的跨国零售企业纷纷进入中国市场，有的甚至不惜违规抢滩设点，“跑马圈地”。据商业联合会《中国零售业白皮书》披露，到2001年底，限额以上外商投资零售企业在我国已发展到362家，分布在国内20多个省、市，主要集中在上海、北京、深圳、广州、南京、杭州等大中城市，全球50家最大的零售企业已有2/3进入了中国。中国本土零售企业也开始苏醒过来，在国家政策的阶段性保护下，以近乎疯狂的热情占领市场、拓展地盘。

3. 快速发展阶段

2001年12月11日，中国正式加入世界贸易组织（WTO）。中国政府郑重承诺：2002年前零售业允许外商控股；2003年前取消合营公司的数量、地域、股权比例和企业设立方式方面的限制；2004年前，经营少数重要商品和仓储式超市业态的30家店铺以上的连锁企业，仍必须由中方控股，取消其他一切限制。为了与即将到来的全面开放的市场接轨，2004年4月16日，商务部颁布了《外商投资商业领域管理办法》，在第十七、十八条除对部分产品有所限制，以及在开放的时间上略有先后以外，无论是流通领域的经营形式、经营的地域，还是经营的范围都全面开放，而且在二十二条中明确提出取消批发地域限制，同时废止1992年制定的《外商投资商业企业试点办法》。

在实践中，中国正式加入WTO后，在原有地域开放的基础上，立即开放了郑州与武汉，进一步开放了跨国零售企业的业务范围。2003年我国开放了所有省会以及重庆和宁波。在这一时期，跨国零售企业加快进军中国市场的步伐，完成其在中国市场的战略部署。中国本土零售企业也很好地利用了这最后的政策性保护的机会，进一步加快了占领市场的步伐，提高了企业的竞争能力，为下一阶段更为残酷的市场竞争打下了坚实的基础。

4. 激烈竞争阶段

2004年12月11日，中国完全取消跨国零售企业在地域、股权和数量等方面的限制。零售业的全面开放引爆了跨国零售企业的大规模进入，跨国零售企业在中国快速扩张，加快向中西部地区和二、三线城市转移，跨国零售企业的经营策略也做出调整，独资零售企业数量明显增加，并购成为主要投资方式。2008年9月以来，外资零售门店审批权下放省级商务部门。由此，中国流通领域的对外开放进入了一个全方位、多层次、跨地域的激烈竞争时代。外资零售业对外开放进程如表6-1所示。

表 6-1 1992~2004 年间外资零售业对外开放进程

年份	地域限制	备注	投资方式	备注
1992	批准北京、上海、天津、广州、大连、青岛和五个经济特区为零售业对外开放首批试点城市	可试办 1~2 家外商投资企业	以合资或合作方式进行投资，独资形式被严格禁止	中方必须控股 51%以上，不得经营批发业务，进口商品比例不得超过 30%
2001	立即开放郑州和武汉	北京和上海合资零售企业各不超过 4 家，其他城市不超过 2 家	合资或合作方式	1999 年以后，外资的持股比例上限已经提高到 65%
2003	开放所有省会城市、重庆和宁波	—	合资或合作方式	—
2004	地域限制被完全解除	—	允许独资	—

二、跨国零售企业在中国的扩张特征

1. 店面增速快，数量众多

2005 年，商务部批准设立的外资企业达 1027 家，这个数字是前 12 年批准设立的外资商业零售企业总数的 3 倍。2005 年以来，各外资零售企业在华纷纷扩大投资，外资零售业在华投资的步伐更是日益加剧。其中，以全球零售业巨头沃尔玛为例，其在华投资的发展最为迅速，目前已经成为在华门店数最多的企业，且其门店数量由 2005 年底的 56 家增加至 2011 年底的 267 家，增加了将近 5 倍。其他零售业在华的门店数增加也不缓慢，先后都以加速度增加在华投资开店的数量，特易购门店数增长 38.0%，易买得门店数增长 35.0%，而家乐福 2011 年门店数增加到 203 家，增幅较大。从图 6-1 可以看出，沃尔玛、家乐福这两家跨国流通企业的门店总数都超过 200 家，近两年来新增门店都在 30 家左右。

2. 分布区域更为广阔

自我国取消外资零售业在华投资的股权和地域限制后，外资零售业在华的投资不仅更加迅猛且逐步加大了对二级城市和中西部省会以及主要城市的投资，实现在中国的整体布局战略。2011 年，沃尔玛、家乐福、大润发、麦德龙已在全国各个地区安营扎寨，除了较为发达的华东、华北、华南、华中、东北等地区，经济较为落后的西南、西北等地区也都实现了空

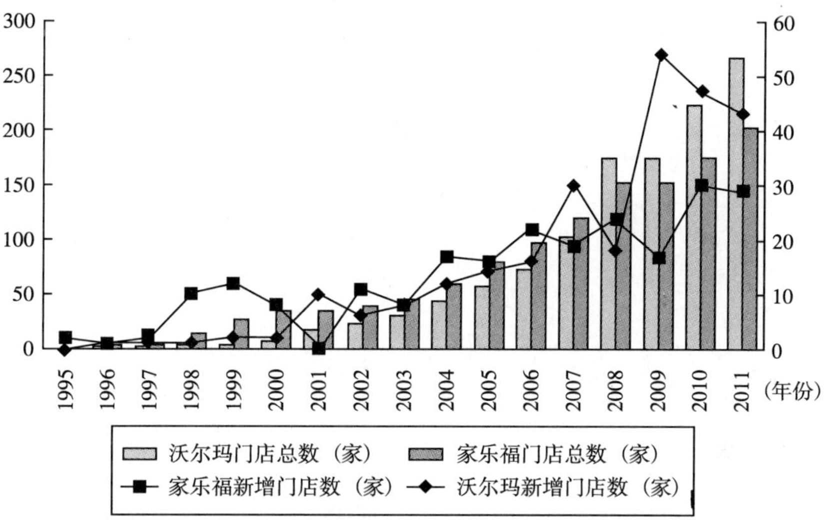

图 6-1　沃尔玛与家乐福历年在中国的新增与累计门店数

间扩张，如表 6-2 所示。其中，沃尔玛、家乐福扩张速度尤为迅猛，沃尔玛至今已在我国 25 个省、市、自治区开设门店 267 家，家乐福不甘示弱，也在我国 25 个省、市、自治区开设门店 203 家，如表 6-3 所示。

表 6-2　中国主要外资零售企业空间布局

超市名称	2011 年新开门店数（家）	现有门店数（家）	全国布局（家）						
			华东地区	华北地区	华南地区	华中地区	东北地区	西南地区	西北地区
沃尔玛	43	267	74	26	65	35	20	42	4
家乐福	29	203	67	35	28	17	25	28	3
大润发	42	185	117	6	26	11	20	2	3
乐天玛特	13	95	79	9	—	—	7	—	—
卜蜂莲花	5	72	34	8	16	6	—	5	3
麦德龙	5	54	28	4	9	5	3	3	2
欧尚	5	45	38	4	—	—	—	3	—
永旺	3	30	7	3	20	—	—	—	—

注：数据来源于联商网，现有门店数量统计截止到 2011 年 12 月 31 日。联商网家乐福统计数据将山东省归为华北地区。

表 6-3 沃尔玛与家乐福在中国的扩张

沃尔玛					家乐福				
进入年份	进入省区	首先进入城市	截至 2011 年门店数（家）	截至 2011 年城市数（家）	进入年份	进入省区	首先进入城市	截至 2011 年门店数（家）	截至 2011 年城市数（家）
1996.08	广东	深圳	46	13	1995.12	北京	北京	18	1
1999.02	云南	昆明	12	7	1995.12	上海	上海	22	1
2000.04	辽宁	大连	10	3	1996.11	广东	深圳	20	5
2001.11	福建	福州	17	9	1997.10	天津	天津	5	1
2002.07	黑龙江	哈尔滨	5	3	1998.01	重庆	重庆	6	1
2002.04	吉林	长春	5	2	1998.11	湖北	武汉	8	2
2003.06	湖南	长沙	10	6	1999.01	辽宁	沈阳	15	5
2003.08	江西	南昌	10	7	1999.09	四川	成都	13	3
2003.09	山东	济南	8	5	1999.10	江苏	南京	25	9
2003.12	天津	天津	2	1	1999.11	浙江	宁波	8	4
2004.01	江苏	南京	22	17	1999.12	山东	青岛	4	2
2004.04	广西	南宁	3	2	2002.06	湖南	长沙	4	2
2004.05	贵州	贵阳	6	3	2002.09	云南	昆明	8	2
2004.11	湖北	武汉	15	4	2002.12	黑龙江	哈尔滨	8	3
2005.03	山西	太原	5	4	2004.02	新疆	乌鲁木齐	3	1
2005.05	北京	北京	8	1	2004.12	安徽	合肥	8	5
2005.06	重庆	重庆	10	1	2005.09	福建	福州	5	3
2005.07	上海	上海	12	1	2006.02	河南	郑州	4	3
2005.12	安徽	芜湖	15	8	2006.11	海南	海口	3	1
2006.06	浙江	金华	17	9	2007.02	陕西	西安	0	0
2006.09	四川	成都	14	12	2007.11	吉林	长春	2	1
2007.04	河北	廊坊	4	3	2010.09	河北	唐山	10	4
2007.10	陕西	西安	4	1	2010.12	贵州	贵阳	1	1
2007.12	河南	洛阳	6	4	2011.09	江西	南昌	1	1
2010.12	内蒙古	包头	1	1	2011.11	山西	太原	2	1

资料来源：数据来源于联商网，现有门店数量统计截止到 2011 年 12 月 31 日。

3. 独资化趋势明显

独资是外资零售业目前在华投资的一大趋势。2005 年后，我国政府取消了对外资零售企业的股权限制，外资零售企业进入中国市场的方式越来越与国际趋同，独资、并购成为外资零售企业扩张方式的重点，强调对合资公司的控制权。以 2005 年我国商务部批准设立的 1027 家外资企业为例，其中外资独资商业企业共 625 家，占新批企业数量的 61%。目前沃尔玛和英国零售巨头 TESCO 开设的分店中，几乎 100%采取的是独资形式，外资零售业在华独资化倾向加剧。①

4. 零售业态以连锁超市为主向多业态综合发展

由于外资零售企业在业态选择的灵活性和先进性，在华的先进业态几乎都是由外资零售企业率先选用的，所以外资零售企业几乎囊括了所有业态，便利店、折扣店、超级市场、仓储会员店、百货店、专业店、专卖店等都具备，零售业态相当灵活。但同时也可以看出，外资零售业的发展几乎都是在以大型综合超市作为主力业态的基础上，进一步向便利店及综合百货方面发展。外国零售企业在进入我国市场初期，其业态上几乎都选择了超级市场模式，但随着时间的推移，其建立的专业店、便利店等在迅速增加。

5. 在华外资零售业企业效益良好

外资零售企业的经营效益普遍好于内资企业，尤其在净利润率和销售额方面外资零售企业明显占优势。近几年内资企业零售利润率几乎没有上升，而外资企业的利润率自 2004 年后增长迅速。截至目前，我国零售企业平均毛利率水平在 7%左右，平均纯利水平不到 2%；而国外大型零售企业的毛利率一般都在 10%左右，纯利也有 3.4%。2010 年零售百强中，外资企业有 19 家，比 2009 年多 2 家。19 家外资企业门店数合计相比 2009 年，零售百强中外资零售企业门店数增长 20.5%，比整体水平高 7.8%，按可比口径计算增长 13.8%，提高 1.1%。19 家外资企业零售额同比增长 23.9%，比整体水平高 2.1%，如图 6-2 所示。

在 2010 年“全球零售企业 250 强”中，我国最大流通企业百联集团居第 90 位，零售额为 100.9 亿美元（包含非零售业务收入），仅相当于沃尔玛的 1/40、家乐福的 1/12、麦德龙和特易购的 1/10，如图 6-3 所示。

---

① Arieh Goldman，“The Transfer of Retail Formats into Developing Economies：The Example of China”，*Journal of Retailing*，Vol.77，No.2，Summer 2001，pp.211-242.

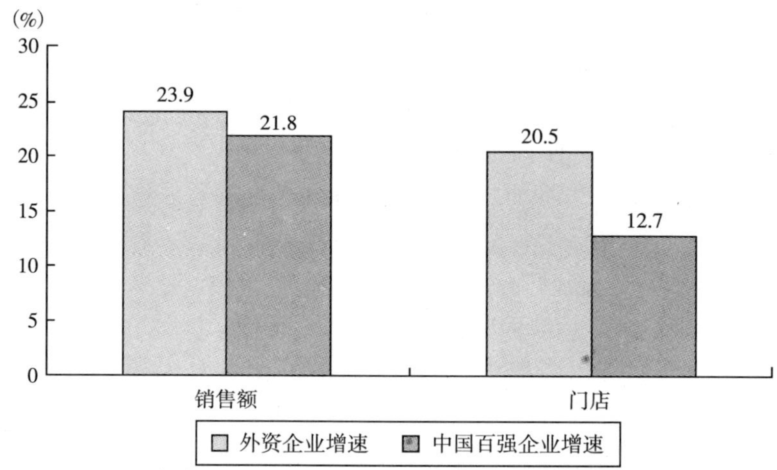

图 6-2 外资零售企业与中国零售百强企业增速比较

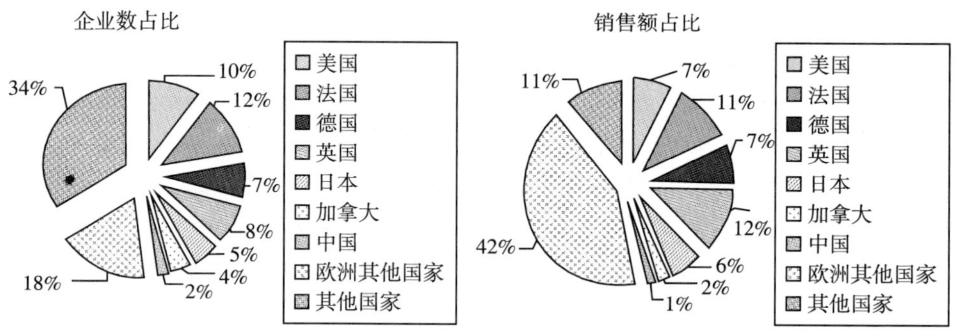

图 6-3 2010 年外资零售企业与中国零售企业的比较

资料来源：Deloittc Global Powers of Retailing 2010.

总体来说，外资零售企业加速在中国的扩张速度，同时也加快了竞争方式的转变：①涉足大型商业地产，投资开发大型商业地产，除自用外，还出售和出租，扩大利润；②扩张将更多地转向收购区域性的连锁企业；③加快向三四线城市的扩张；④加强网上销售；⑤加快发展自有品牌。预计在未来 3~5 年内，中国零售业 60%的市场将由 3~5 家世界级零售巨头掌握，30%的市场将由中国国家级零售巨头把持，而剩下 10%则掌握在国内地区性零售巨头手中。今后 15 年，全球经济的主战场在中国，中国市场的潜力以及潜力的爆发速度，超过世界上任何一个国家。中国的零售业将有着巨大的发展空间，同时国内零售业的竞争将会十分惨烈，内资零售企业面临着巨大的生存压力。

三、外资流通企业超速扩张对我国经济的影响

跨国流通企业的优势地位是客观存在的事实，人们需要理性认识跨国流通企业对中国经济的影响，正确区分什么是客观的使用支配地位，什么是滥用支配地位。人们既要看到它们对我国经济发展的促进作用，如创造就业、带动制造业发展、促进零售市场繁荣、引进先进的零售管理经验等，也不能忽略外资流通企业非正常扩张带来的负面作用，如在带动制造业发展的同时也在销蚀我们的制造业、在创造就业的同时也在制造失业、在繁荣流通市场的同时也在垄断市场等。

1. 改变了我国流通行业的产业生态，导致本土流通企业经营困难

大量外国流通企业纷纷涌入，外资流通企业为了抢占市场份额，大都采取了低成本扩张策略，使原本微利的中国流通企业陷入亏损的危险境地，造成了我国本土流通企业市场份额的下降。外资流通企业凭借着资金、技术、管理等方面的优势进军中国市场，给当前既无规模优势又无资本实力的国内本土流通业带来极大冲击。使中国流通市场竞争日趋白热化，又由于市场规则的缺失，大型流通企业的价格行为、促销方式等都得不到有效制约与规范，无序的恶性竞争（如价格大战）不可避免，导致中国流通业整体利润率进一步下滑，进入微利甚至零利润时代。跨国流通巨头在进入中国市场的前 3~5 年内准备以不盈利来抢占市场，其强大的竞争实力足以发动让国内本土流通企业亏损倒闭的价格大战。以深圳沃尔玛为例，由于采取天天廉价的策略，每天推出的特价品价格要便宜几十元甚至上百元，这样使同地区商场平均销售额下降 5%~10%，利润率呈明显下滑趋势，更导致传统百货企业经营效益一落千丈。我国本土流通企业无论是在经营规模、管理还是技术水平、硬件设施上都与外资流通巨头有着巨大的差距，难以与之抗衡，其必然结果就是相当一部分本土中小流通企业因竞争失利而破产倒闭。外资流通巨头所到之处，都会出现“开了一家大卖场，死了周围一大片”的现象。即使我国中国连锁百强第 1 名——苏宁电器集团与沃尔玛和家乐福也相差很远，2010 年沃尔玛在中国连锁百强中名列第 9 名、家乐福在中国连锁百强企业中名列第 7 名，它们各自的销售规模相当于苏宁电器集团的约 1/4（见表 6-4），但是从全球角度来看，苏宁电器仅相当于沃尔玛的约 6%，家乐福的约 19%（按 2010 年人民币对

美元汇率平均水平 6.7695 计算）。

表 6-4　2010 年苏宁电器集团与沃尔玛、家乐福的规模比较

	苏宁电器集团	沃尔玛		家乐福	
		全球	在华	全球	在华
门店数量	1342 家	8445 家	219 家	11000 多家	182 家
销售规模	1562.23 亿元人民币	4082.14 亿美元	400 亿元人民币	1214.52 亿美元	420 亿元人民币
净利润		143.35 亿美元		4.54 亿美元	
排名	中国连锁百强企业第 1 名	世界 500 强企业第 1 名	中国连锁百强企业第 9 名	世界 500 强企业第 22 名	中国连锁百强企业第 7 名

资料来源：中国连锁经营协会网站、财富中文网站，及沃尔玛、家乐福公司网站。

2. 加剧了制造商对流通企业的依赖，使我国传统制造企业被边缘化

流通企业发展到一定程度就会发生整合和并购，就会涉及企业的资金和管理实力的较量，以区域发展为主的本土流通企业无法与外资相比。流通企业关系着渠道流通，外资一般通过并购控制流通渠道，再反过来控制消费品行业，应引起高度注意。长此以往，越来越多的销售份额将被越来越少的流通企业所拥有，而最赚钱的商品也往往集中在极少数品牌上，这样就使得制造商日益依赖大型流通企业，从而不断增强流通企业的市场势力。同时，随着大型流通企业在我国加速扩张，制造商出现转型和分化：少数著名制造商正在发展成一种空壳化的制造商，一种纯粹的品牌运营商；而越来越多的制造商则要么成为大型流通企业的外包订单接受者，要么成为大型制造商的外包订单接受者，而自己的原有品牌最后不得不放弃。总之，外资流通企业在我国的快速扩张必然加剧我国制造商对它们的依赖。

3. 流通企业与制造商之间的关系复杂化

外资企业通过对中心城市流通主渠道的控制，不断挤压上游供应商利润空间，造成供应商关系空前紧张。一方面，流通企业在相当大程度上影响着绝大多数制造商的生产经营，从而对这些企业的业绩和利润产生不容忽视的影响，它们与这些制造商之间是控制与被控制的关系，店大欺客的局面将在所难免。另一方面，由于那些拥有著名品牌的大型制造商有着强大的市场影响，且数量较少，两者之间比较容易形成某种合作关系，有实力与大型的著名制造商谈判的零售商也越来越少，这样的格局将导致制造商和零售商之间纵向关系的复杂化。

4. 经济安全埋下严重隐患

除了上述经济影响之外，如果国内出现突发、异常事态，如严重疫情、自然灾害等，通常会导致国内重要商品供应紧张和市场剧烈波动。外资在流通业加快扩张以后，将引发政府调控能力弱化、上游产业失控，从而导致国家经济安全等问题。2003 年我国出现“非典”疫情后，一些城市的商品被抢购一空，当政府决定紧急征调外资零售企业的商品时，这些企业却表示需要向国外总部请示。此外，外资并购与国有企业的“合谋”造成国资流失和超经济垄断，更有可能威胁到国家经济安全。这是因为，外资进入绝非来送礼的，而是来牟利的，除了巨额采购带走源源不断的高额垄断利润之外，外资进入流通业，促使中国各个产业结构和区域经济结构的各种失衡与差距更加恶化。

第二节　中国制定规制的原则

一、公平竞争和公平交易原则

在市场经济中，公平和效率有时是相互背离的，但很多情况下公平竞争是效率的来源，如果在一个市场中，违反公平竞争原则就会损害效率。所以，零售业在制定政策时，应当首先考虑维护公平竞争的问题。当前，中国零售业不公平竞争现象很多：一是来源于政府。为了选择一些发展较快、规模较大的零售企业，政府在制定政策的时候往往有所偏向，而这实际上就已经背离了公平竞争原则，对零售业的发展不一定有积极的作用。二是来源于企业。随着外资企业大规模进入，中国零售企业得到快速发展，在某些区域一些外资企业和本土大型零售企业初现垄断端倪，拥有强大市场势力的零售企业会使用各种纵向控制策略损害小型零售企业和制造商的利益，进而损害竞争和交易的公平性以及社会福利。因此，在制定零售业政策时应当考虑如何确保零售市场企业的公平竞争。

二、零售业发展的原则

人们可以从两个方面衡量零售业发展水平：一是要看零售业能否满足消费需求和社会需求；二是要看零售业运行的市场效率。从近几年中国零售业的发展来看，中国零售业获得了巨大发展；但是从整体水平来看，与西方发达国家相比，仍有较大的差距。从零售业市场运行效率来看，中国零售业的市场绩效还有待改进，还不能极大地满足消费者的需求和社会需求，必须结合中国的具体国情，制定出一套适合中国零售业进一步发展和完善的制度。

三、符合市场经济原则和 WTO 原则

零售企业的行为有可能违背市场经济原则，存在买方市场势力，造成价格扭曲，如在某些具有市场势力的企业通过收取通道费、年终返点、转售价格控制等手段，使得零售价格被扭曲的现象常有发生，而这种行为违背了市场经济原则，在制度中必须要加以设计。另外，中国在 2001 年加入 WTO，在设计零售业政策的时候也应当考虑对 WTO 所作的承诺，必须符合 WTO 的基本原则。

第三节　中国应对跨国流通组织买方市场势力的规制

一、提高我国流通产业的“有效竞争力”的政府规制

与家乐福、沃尔玛等国外流通企业相比，一方面，我国流通企业零散度高、规模化程度低；另一方面，又面临着市场竞争机制不健全、企业缺乏竞争力的问题。这就形成了商贸流通领域的“马歇尔冲突”。长期以来，经济学家们不断探索克服“马歇尔冲突”的方法。1940 年，克拉克在

《有效竞争的概念》中提出了“有效竞争”的概念。“有效竞争”是将规模经济和市场竞争活力有效协调，形成一种有利于长期均衡的竞争格局。有效竞争一般具有三个特征：一是有效竞争是一种适度竞争，有别于过度竞争和竞争不充分；二是有效竞争要求竞争收益大于竞争成本；三是处于有效竞争状态的企业，其生产规模应满足最小规模经济的要求。因此，有效竞争是适度规模和适度竞争的有机结合，是解决流通领域中所产生的“马歇尔冲突”的有效途径。如何提高流通产业的有效竞争力？从政府规制的角度至少应明确以下基本思路：一是建立扶持本土流通企业走规模化、集团化、连锁化发展的长效机制；二是规制政策动态性地扶持中小流通企业发展战略；三是鼓励流通企业提高流通效率。基于上述思路，政府提高流通产业有效竞争力的具体规制包括：

1. 立法规制

加紧出台流通产业急需的法律、法规。流通业立法，是我国政府流通产业规制的立足点。为协调流通产业发展过程中出现的竞争与规模效益、对外开放与本国产业发展、国家利益与地方利益等方面的矛盾冲突，政府有必要建立与内需市场直接相关的“流通产业振兴规划”，加快建立和健全流通业的法律法规：一是完善流通市场出台《城市商业网点规划管理办法》，以促进城市商业功能布局和业态布局更加合理化，避免城市商业设施的重复建设和商业业态的恶性竞争；二是在《商品交易市场管理条例》的基础上，出台全国性的《中华人民共和国商品交易市场法》，以指导我国近 8 万家各类商品交易市场、200 多个国家的中国商贸城；三是制定《电子商务法》，规范网上交易、身份认证、支付安全等，为无店铺销售提供保障；四是制定保护中小流通企业的法律制度。目前，我国虽然已经出台《中小企业促进法》，但我国中小流通企业、特别是微型企业的发展仍然不理想，应制定专门的保护中小流通企业的法律。此外，还应抓紧出台《融资租赁法》以推进我国融资租赁业务的发展，完善《破产法》使流通企业破产清算程序统一规范。

2. 经济秩序规制

规范零售商纵向约束行为，整顿市场经济秩序。随着我国商贸零售业的发展和零售商的纵向控制力逐渐增强，政府应加强对市场经济秩序的规范，打击各种市场竞争中的违法违规行为，如取缔无卫生许可证、无营业执照、无经营许可证的经营主体；以涉及危害人体健康安全的商品、城乡结合区域和农村地区为重点，加强对流通商品质量的监督检测；加大对消费品市场、小商品批发市场和批发市场的整治力度，狠抓大案要案查处，严厉打击制售假劣及价格欺诈的违法活动；加大对商标侵权行为的查处力度以及消费品的虚假宣传和不正当竞争行为的打击力度；健全流通市场监督体系；加强对知识产权的保护；等等。尤其应尽早出台《商业同业损害》行业性推荐标准，还要认真研究一些新型销售模式，及早警示消费者，保护消费者的切身利益。

3. 行业协会自律

培育流通领域各级行业协会，充分发挥流通市场中介组织的作用，引导流通企业完善自我管理。行会、商业协会等中介组织是流通产业发展中不可缺少的部分。我国转型期随着市场经济发发展以及流通规制机构职能的转变，行业协会等中介组织将在流通规制中发挥越来越重要的作用。以日本为例，若有企业要进入流通领域，它必须向当地的商工会、商工会议所等行业团体申请。日本的《大店立地法》规定，申请者的基本手续为：提出兴建大型商店的申请，向当地居民做出说明；居民和自治团体发表意见；自治团体和建店者进行协商；自治团体的劝告等。日本开放流通产业多年，而外资却很少独立开店，与行业协会在进入规制中的独特作用有极大关系。

4. 政府引导流通企业转变发展方式，推进流通产业现代化水平的提高

长期以来，我国流通产业发展比较粗放，与流通业发达国家相比，我国流通产业发展水平较低，尚不能满足国民经济及社会发展的要求，迫切需要政府加以规制和引导，以促进发展方式转变。首先，要规制引导流通产业调整与优化产业结构，促进流通产业结构合理化。其次，规制流通企业面向国际市场推进经营管理方式的创新。最后，政府还需制定规制政策鼓励流通企业发展连锁经营、物流配送、电子商务等，不断推进流通方式现代化。

二、提高我国制造业的“产业升级”的政府规制

跨国零售集团的买方市场势力，使得发展中国家从事产品制造的企业只能获得微薄的利润，难以进行技术创新和品牌建设投资，无法形成自主知识产权和自主品牌，因此在全面开放条件下加快推动中国产业升级是走

出“低水平均衡陷阱”的唯一出路。在产业升级中，面对发达国家生产企业强大的研发实力、较高生产技术水平以及处于全球价值链的高端的品牌和服务，中国制造业必须进行战略联盟。

战略联盟是由两个或两个以上有着对等经营实力的企业（或特定事业和职能部门），为达到共同拥有市场、共同使用资源等战略目标，通过各种协议、契约而结成的优势互补、风险共担、要素水平式多向流动的合作伙伴关系或松散的组织形式。当今世界著名企业无不推崇采用战略联盟作为新时代的竞争手段。例如，美国的 IBM 与英特尔、日本的索尼与东芝。战略联盟中的企业之间形成的合作竞争机制能够促进相互学习，实现技术创新，从而使企业不断占领市场，进而获得长期的竞争优势。中国制造商的战略联盟可以从几个方面构建：一是制造商建立研发联盟，即共同研制开发新技术和新产品，满足新的市场需求。二是制造商建立虚拟制造的联盟形式，即盟主将其生产制造功能强化，把本企业最具优势、附加值最高的生产制造能力留给自己，而将其余的生产制造能力以合同协议方式转包为联盟企业中的其他成员完成，以降低产品的生产成本。三是建立共同销售联盟，即在销售产品的过程中结成联盟，不仅采用联合推广的方式推出产品，分摊流通费用，而且采取拒绝供应的方式，共同抵制跨国零售集团，限制其买方势力。例如，上海炒货协会对抗家乐福的进场费。四是供应链联盟，即制造商与本土零售商通过整合形成的一种合作竞争的分工制度安排。它不仅可以获得规模经济、范围经济的运营效应，而且可以抑制过度竞争，通过强强联合共同维护竞争秩序，并与跨国零售巨头进行竞争。这些方式都可以提高中国制造商的谈判能力，从而弱化跨国零售买方势力，扩大利润空间，提高研发水平，增强企业竞争力，不断地推动产业升级。

三、加强对外资流通企业的规制管理

1. 政府引导，转变观念，改革地方政府的招商引资考核指标

近些年，由于地方利益的驱动，一些地方政府违规审批外资建店，并且在土地、税收、扩张区域和商业网点等方面对其实施超国民待遇。造成这一现象的原因：一方面，规制部门存在观念上的误区，认为“外来的和尚好念经”；另一方面，地方政府为满足招商引资考核指标、搞“形象工

程”。因此，要解决这一问题，需要在观念转变和考核指标改革上下功夫。

2. 借鉴欧美发达国家经验，规范外资流通业的进入规制

在积极引入外资流通企业和借鉴其管理经验的同时，也要有合理的进入规制。例如，澳大利亚政府虽然鼓励国内市场开展竞争，但对外资进入本国流通业仍然实行限制政策，政府规定合资商业企业的外方比例不得超过 35%，商业上市公司的股票也不能转卖给外国投资者。在此政策下，澳大利亚最大的两家商业连锁企业——马亚和沃尔沃斯都曾与美国企业合资，至今企业仍使用美国企业的商号，但美方由于不能控股已经卖掉股份退出合资。澳大利亚对外资的严格限制政策，为本国商业企业发展创造了良好的条件。

3. 完善相关法律法规

近年来，外资流通企业相继出现了掠夺性定价、恶意并购、价格欺诈等违规、违法行为。从这一系列的违法行为中，我们应该进一步建立和完善对外资流通企业规制的法律法规。

首先，加强行业性立法的明确性和惩戒力度，没有严格的法律法规就不能保证公平的市场交易秩序。按照我国《价格法》规定，2011 年初对沃尔玛、家乐福的处罚是，对存在价格欺诈行为的部分超市仅没收违法所得，并处违法所得 5 倍罚款；没有违法所得的或无法计算违法所得的，最高处以 50 万元的罚款，这样的处罚力度显然较轻。对于跨国巨头家乐福来说，50 万元也许仅相当于其一天的营业额，显然不能起到震慑犯罪、以儆效尤的作用。在家乐福的家乡法国，这种虚构原价、不履行价格承诺、低标高结等价格欺诈行为基本上是不会出现的。因为这种行为如果一旦发生，超市门店将会受到非常严厉的处罚。在美国等其他国家也大多如此。这就说明了为什么家乐福在中外会出现如此大的反差。在我国，商家的违法成本太低，侵犯消费者权益成本太低，而个体消费者维权成本却极大。

其次，完善配套法规和条例，增强法律法规的可操作性。要能精细地了解违法者违法的过程，包括它们的经营理念、业务流程、管理制度，由此才能制定出针对性强的法律法规。比如，对社会各界一直以来关注的由于零售商向供货商收取“通道费用”而引发的日益紧张的供销关系，国家早就出台了《零售商与供货商交易管理办法》，然而“通道费用”问题依然存在。究其原因，是我国制定的“管理办法”缺乏可操作性，零售商能

够按照“管理办法”的要求巧妙地合并收费名目，大规模零售商对中小供货商取得了优势地位。

最后，建立流通领域外资并购风险防范机制。除了加紧完善《反垄断法》、《反不正当竞争法》等相关法律法规外，还应建立起适合中国国情的并购行为评价体系和标准，内容应主要包括外资并购对市场形成垄断的可能性、外资并购对产业结构升级政策的影响以及外资并购对中小流通企业发展的影响等。

参考文献

阿里夫·德里克:《后革命氛围》，王宁等译，中国社会科学出版社 1999 年版。

阿里夫·德里克:《跨国资本时代的后殖民批评》，王宁等译，北京大学出版社 2004 年版。

爱德华·W. 苏贾:《后现代地理学》，王文斌译，商务印书馆 2009 年版。

安德烈·冈德·弗兰克:《依附性积累与不发达》，高铦、高戈译，译林出版社 1999 年版。

安德烈·贡德·弗兰克:《白银资本》，刘北成译，中央编译出版社 2008 年版。

安德鲁·芬伯格:《技术批判理论》，韩连庆、曹观法译，北京大学出版社 2005 年版。

安德鲁·格林:《放纵的资本主义》，孙杰、靳继东译，东方出版社 2009 年版。

安东尼奥·葛兰西:《狱中札记》，曹雷雨等译，中国社会科学出版 2000 年版。

安娜·格兰多里:《企业网络：组织和产业竞争力》，刘刚等译，中国人民大学出版社 2005 年版。

奥利弗·E.威廉姆森:《企业的性质——起源、演变和发展》，姚海鑫、邢源源译，商务印书馆 2007 年版。

奥利弗·E.威廉姆森:《资本主义经济制度》，段毅才、王伟译，商务印书馆 2002 年版。

包亚明:《现代性与空间的生产》，上海教育出版社 2003 年版。

保罗·巴兰、保罗·斯威齐:《垄断资本》，南开大学政治经济系译，商务印书馆 1977 年版。

保罗·巴兰:《增长的政治经济学》，蔡中兴、杨宇光译，商务印书馆 2000 年版。

保罗·克鲁格曼:《地理和贸易》，张兆杰译，北京大学出版社 2002 年版。

保罗·克鲁格曼:《萧条经济学的回归》，刘波译，中信出版社 2012 年版。

保罗·斯威齐：《资本主义发展论》，陈观烈、秦亚男译，商务印书馆 1997 年版。
鲍尔斯等：《理解资本主义：竞争、统制与变革》，孟捷等译，中国人民大学出版社 2009 年版。
鲍伶俐：《资本逻辑、技术逻辑与经济空间生成机制》，《上海财经大学学报》2010 年第 3 期。
北尾吉孝：《“价值创造”的经营》，王金译，商务印书馆 2000 年版。
彼得·迪肯：《全球性转变——重塑 21 世纪的全球经济地图》，刘卫东译，商务印书馆 2007 年版。
彼得·诺兰、刘春航、张瑾：《全球商业革命：产业集中、系统集成与瀑布效应》，南开大学出版社 2007 年版。
彼得·诺兰、张瑾、刘春航：《全球商业革命、瀑布效应以及中国企业面临的挑战》，《北京大学学报》（哲学社会科学版）2006 年第 3 期。
陈硕颖：《当代资本主义新型生产组织形式——模块化生产网络研究》，《当代经济研究》2011 年第 4 期。
陈硕颖：《模块化生产网络背景下的劳资关系研究》，《教学与研究》2011 年第 5 期。
陈叶盛：《调节学派理论研究》，中国人民大学出版社 2012 年版。
陈甬军、胡德宝：《中国的买方垄断势力研究》，《产业经济评论》2008 年第 4 期。
程恩富：《程恩富选集》，中国社会科学出版社 2010 年版。
程恩富：《应对资本主义危机要超越新自由主义和凯恩斯主义》，《红旗文稿》2011 年第 9 期。
程恩富：《政治经济学现代化的四个学术方向》，《学术月刊》2011 年第 7 期。
程恩富：《中国经济学现代化的创新原则与发展态势》，《政治经济学评论》2010 年第 1 期。
大前研一：《M 型社会：中产阶级消失的危机与商机》，刘锦秀等译，中信出版社 2007 年版。
大卫·M.安德森、B.约瑟夫·派恩：《21 世纪企业竞争前沿——大规模定制模式下的敏捷产品开发》，冯涓等译，机械工业出版社 1999 年版。
大卫·哈维：《大卫·哈维谈资本的逻辑与全球金融危机》，禚明亮译，《国外理论动态》2010 年第 1 期。

大卫·哈维：《希望的空间》，胡大平译，南京大学出版社 2006 年版。

大卫·哈维：《新自由主义化的空间》，王志弘译，群学出版有限公司 2008 年版。

大卫·哈维：《新帝国主义》，初立忠、沈晓雷译，社会科学文献出版社 2009 年版。

大卫·哈维：《资本之谜》，陈静译，电子工业出版社 2011 年版。

戴维·哈维：《后现代的状况》，阎嘉译，商务印书馆 2003 年版。

戴维·柯茨：《资本主义的模式》，耿修林、宗兆昌译，江苏人民出版社 2001 年版。

戴维·佩珀：《生态社会主义：从深生态学到社会正义》，刘颖译，山东大学出版社 2005 年版。

丹尼尔·F.斯普尔伯：《市场的微观结构——中间层组织与厂商理论》，张军译，中国人民大学出版社 2002 年版。

道格拉斯·凯尔纳、斯蒂文·贝斯特：《后现代理论——批判性的质疑》，张志斌译，中央编译出版社 2011 年版。

董烨然：《大零售商逆纵向控制合约选择与零供企业收益比较》，《管理世界》2012 年第 4 期。

福格尔：《经济学要与时俱进》，载吴敬琏编《比较》（5），中信出版社 2003 年版。

菲歇尔：《利息理论》，陈彪如译，上海人民出版社 1999 年版。

费尔南多·恩里克·卡多佐、恩佐·法勒托：《拉美的依附及发展》，单楚译，世界知识出版社 2002 年版。

费明胜：《跨国零售企业在华空间扩张战略实证研究》，《经济学动态》2008 年第 3 期。

弗莱蒙特·E.卡斯特、詹姆森·E.罗森茨韦克：《组织与管理》，李注流等译，中国社会科学出版社 2000 年版。

弗兰克·韦伯斯特：《信息社会理论》（第三版），曹晋等译，北京大学出版社 2011 年版。

格罗斯曼、E.赫尔普曼：《全球经济中的创新与增长》，何帆等译，中国人民大学出版社 2009 年版。

高峰：《论“生产方式”》，《政治经济学评论》2012 年第 2 期。

哈里·布雷弗曼：《劳动与垄断资本》，方生等译，商务印书馆 1979 年版。

哈罗德·德姆塞茨：《企业经济学》，梁小民译，中国社会科学出版 1999 年版。
胡才珍：《精粹世界史：20 世纪科技革命与世界历史进程》，中国青年出版社 1999 年版。
胡海峰：《福特主义、后福特主义与资本主义积累方式》，《马克思主义研究》2005 年第 3 期。
胡钧：《胡钧自选集》，中国人民大学出版社 2007 年版。
胡乐明：《当代西方马克思主义经济理论研究的新取向》，《当代经济研究》2011 年第 9 期。
胡乐明等：《国家资本主义与"中国模式"》，《经济研究》2009 年第 11 期。
霍普金斯、伊曼纽尔：《转型时代世界体系的发展轨迹：1945–2025》，吴英译，高等教育出版社 2002 年版。
霍奇逊：《现代制度主义经济学宣言》，北京大学出版社 1993 年版。
贾根良：《法国调节学派制度与演化经济学概述》，《经济学动态》2003 年第 9 期。
杰夫·豪：《众包：群体力量驱动商业未来》，牛文静译，中信出版社 2011 年版。
科斯等：《财产权利与制度变迁》，刘守英等译，上海三联书店、上海人民出版社 1994 年版。
卡丽斯·鲍德温、金·克拉克：《设计规则——模块化的力量》，张传良等译，中信出版社 2006 年版。
郎咸平：《产业链阴谋Ⅰ》，东方出版社 2008 年版。
罗杰斯·霍林斯沃思等：《当代资本主义：制度的移植》，许耀桐等译，重庆出版社 2001 年版。
郎咸平：《产业链阴谋Ⅱ》，东方出版社 2008 年版。
郎咸平：《沃尔玛的产业链图谋》，《商周刊》2009 年第 18 期。
劳尔·普雷维什：《外围资本主义：危机与改革》，苏振兴、袁兴昌译，商务印书馆 1990 年版。
李陈华：《流通企业规模效率研究》，经济科学出版社 2010 年版。
李其庆：《法国调节学派评析》，《经济社会体制比较》2004 年第 2 期。
理查·哈默尔：《沃尔玛王朝：从优秀到卓越的经营之道》，沈葳译，天津科学技术出版社 2004 年版。
理查德·贝洛菲尔、罗伯特·芬奇主编：《重读马克思——历史考证版之后的新视野》，徐素华译，东方出版社 2010 年版。
理查德·坎蒂隆：《商业性质概论》，余永定、徐寿冠译，商务印书馆 1997 年版。
理查德·拉明：《精益供应》，高文海译，商务印书馆 2003 年版。
列宁：《列宁选集》（第一、三卷），人民出版社 1960 年版。
林金忠：《企业组织的经济学分析》，商务印书馆 2004 年版。
林周二：《流通革命》，史国安、杨元敏译，华夏出版社 2000 年版。
刘刚：《后福特制》，中国财政经济出版社 2010 年版。
刘向东：《中国流通产业增长方式的转型——基于流通增长方式转换模型的实证分析》，《管理世界》2009 年第 2 期。
刘元春：《交易费用分析框架的政治经济学批判》，经济科学出版社 2001 年版。
卢卡奇：《关于社会存在的本体论》（下卷），白锡堃等译，重庆出版社 1993 年版。
卢森堡：《资本积累论》，彭尘舜等译，上海三联书店 1959 年版。
卢森贝：《〈资本论〉注释》，赵木斋、朱培兴、李延栋译，生活·读书·新知三联书店 1963 年版。
鲁品越：《资本逻辑与当代现实》，上海财经大学出版社 2006 年版。
路易斯·普特曼、兰德尔·克罗茨纳：《企业的经济性质》，孙经纬译，上海财经大学出版社 2009 年版。
罗宾逊：《全球资本主义论：跨国世界中的生产、阶级与国家》，社会科学文献出版社 2009 年版。
罗伯特·W.考克斯：《生产、权力和世界秩序：社会力量在缔造历史中的作用》，林华译，世界知识出版社 2004 年版。
罗伯特·布伦纳：《全球生产能力过剩与 1973 年以来的美国经济史》（下），《国外理论动态》2006 年第 3 期。
罗莎·卢森堡、尼·布哈林：《帝国主义与资本积累》，柴金如等译，黑龙江人民出版社 1982 年版。
马尔科·扬西蒂、罗伊·莱维恩：《共赢——商业生态系统对企业战略、创新和可持续性的影响》，王凤彬、王保伦译，商务印书馆 2006 年版。
马克思、恩格斯：《马克思恩格斯全集》（第 3、4、12、13、19、20、21、23、24、25、26、29、31、36、39、46、47 卷），人民出版社 2009 年版。
马克思、恩格斯：《马克思恩格斯文集》（第 2、5、6、7、8 卷），人民出版社 2009 年版。

马克思、恩格斯:《马克思恩格斯选集》(第 1 卷),人民出版社 1995 年版。

马克思:《剩余价值理论》(第 1 册),人民出版社 1975 年版。

马克斯·韦伯:《经济行动与社会团体》,康乐、简惠美译,广西师范大学出版社 2004 年版。

马格林:《老板们在做什么——资本主义生产中等级制度的起源和功能》,《政治经济学评论》2009 年第 1 期。

迈克尔·波特:《竞争优势》,陈小悦译,华夏出版社 1997 年版。

迈克尔·布若威:《制造同意——垄断资本主义劳动过程的变迁》,李荣荣译,商务印书馆 2008 年版。

迈克尔·迪屈奇:《交易成本经济学》,王铁生、葛立成译,经济科学出版社 1999 年版。

迈克尔·哈默、詹姆斯·钱皮:《改革公司:企业革命的宣言书》,胡毓源译,上海译文出版社 1998 年版。

迈克尔·库斯马诺、延岗健太郎:《超越精益思想》,高文海译,商务印书馆 2004 年版。

麦克·布洛维:《公共社会学》,沈原等译,社会科学文献出版社 2007 年版。

曼纽尔·卡斯特:《网络社会的崛起》,夏铸九等译,社会科学文献出版社 2003 年版。

曼纽尔·卡斯特:《网络星河:对互联网、商业和社会的反思》,郑波、武炜译,社会科学文献出版社 2007 年版。

孟捷:《马克思主义经济学的创造性转化》,经济科学出版社 2001 年版。

孟捷:《马克思主义经济学范式中的生产方式与资源配置方式》,《教学与研究》2000 年第 6 期。

钱德勒:《大企业和国民财富》,柳卸林等译,北京大学出版社 2004 年版。

乔治·斯蒂格勒:《价格理论》,施仁译,北京经济学院出版社 1990 年版。

青木昌彦、安藤晴彦:《模块时代:新产业结构的本质》,周国荣译,上海远东出版社 2003 年版。

青木昌彦:《比较制度分析》,周黎安译,上海远东出版社 2001 年版。

全秋梅:《沃尔玛上海"裁员风波"折射工会缺位》,《第一财经日报》2007 年 11 月 8 日。

琼·罗宾逊、约翰·伊特韦尔:《现代经济学导论》,陈彪如译,商务印书馆

1982 年版。
萨米尔·阿明：《不平等的发展》，商务印书馆 1990 年版。
萨米尔·阿明：《资本主义的危机》，社会科学文献出版社 2003 年版。
塞斯特·杜玛、海因·斯赖德：《组织经济学》，原磊、王磊译，华夏出版社 2006 年版。
盛洪：《现代制度经济学》（上、下卷），北京大学出版社 2003 年版。
石奇、孔群喜：《消费网络效应与专业零售商买方势力规制》，《中国工业经济》2009 年第 10 期。
石奇、岳中刚：《零售商对制造商实施纵向约束的机制和绩效评价》，《中国工业经济》2008 年第 5 期。
石原武政、加藤司：《商品流通》，吴小丁等译，中国人民大学出版社 2004 年版。
史蒂文·L.戈德曼、罗杰·N.内格尔、肯尼思·普瑞斯：《灵捷竞争者与虚拟组织》，杨开峰等译，辽宁教育出版社 1998 年版。
斯大林：《斯大林选集》（上、下），人民出版社 1979 年版。
斯蒂芬·P.罗宾斯：《组织行为学》，孙健敏、李原译，中国人民大学出版社 1997 年版。
斯科特·拉什、约翰·厄里：《符号经济与空间经济》，王之光、商正译，商务印书馆 2006 年版。
宋宪萍：《分工与流通组织的演进》，北京理工大学出版社 2011 年版。
宋宪萍：《后福特制生产方式下的生产与流通》，《经济问题探索》2007 年第 12 期。
宋宪萍：《马克思主义经济学的流通组织理论研究》，《教学与研究》2009 年第 3 期。
宋宪萍：《资本逻辑视阈中的全球性空间生产研究》，《马克思主义研究》2012 年第 6 期。
宋玉华等：《美国新经济研究》，人民出版社 2002 年版。
宋则、李蕊：《外资在流通业超速扩张值得高度警觉》，《商业经济与管理》2007 年第 3 期。
唐·泰普斯科特、安东尼·D.威廉姆斯：《维基经济学——大规模协作如何改变一切》，何帆、林季红译，中国青年出版社 2007 年版。
特奥托尼奥·多斯桑托斯：《帝国主义与依附》，杨衍永等译，社会科学文献出版社 1999 年版。
藤田昌久、保罗·克鲁格曼、安东尼·J.维纳布尔斯：《空间经济学》，梁琦主译，中国人民大学出版社 2011 年版。
田村正纪：《流通原理》，吴小丁、王丽译，机械工业出版社 2007 年版。
托马斯·孟、尼古拉斯·巴尔本、达德利·诺思：《贸易论》，顾为群等译，商务印书馆 1982 年版。
汪浩：《通道费与零售商市场力量》，《经济评论》2006 年第 1 期。
汪旭晖、李飞：《跨国零售商在华战略及本土零售商的应对》，《中国工业经济》2006 年第 2 期。
汪旭辉：《零售国际化：动因、模式与行为研究》，东北财经大学出版社 2006 年版。
王平、赵亚平：《跨国零售滥用市场优势地位的规制评述》，《北京工商大学学报》（社会科学版）2008 年第 6 期。
威廉·拉佐尼克：《车间的竞争优势》，徐华、黄虹译，中国人民大学出版社 2007 年版。
威廉·拉让尼克：《创新魔咒——新经济能否带来持续繁荣》，黄一义、冀书鹏译，上海远东出版社 2011 年版。
维斯库斯等：《反垄断与管制经济学》（第四版），陈甬军等译，中国人民大学出版社 2010 年版。
巫景飞、李骏阳：《〈零售商供应商公平交易管理办法〉有效性分析与经济学反思》，《商业经济与管理》2008 年第 11 期。
吴清萍、忻红：《零售商买方势力定义辨析》，《产业经济研究》2009 年第 3 期。
吴清萍、忻红：《我国零售商买方势力的反垄断规制研究》，《商业经济与管理》2008 年第 10 期。
吴绪亮：《纵向市场结构与买方抗衡势力研究》，《产业经济研究》2010 年第 1 期。
吴易风：《论政治经济学或经济学的研究对象》，《中国社会科学》1997 年第 2 期。
吴易风：《马克思主义经济学和西方经济学》，经济科学出版社 2001 年版。
小艾尔弗雷德·D.钱德勒：《看得见的手——美国企业的管理革命》，重武译，商务印书馆 2004 年版。
小艾尔弗雷德·D.钱德勒：《企业规模经济与范围经济》，张逸人等译，中国社会科学出版社 1999 年版。
谢富胜、宋宪萍：《从形式隶属到实际隶属：马克思的劳动过程理论》，《当代经济研究》2012 年第 5 期。
谢富胜：《分工、技术与生产组织变迁》，经济科学出版社 2005 年版。
谢富胜：《控制和效率》，中国环境科学出版社 2012 年版。
谢富胜等：《马克思主义危机理论和 1975~2008 年美国经济的利润率》，《中国社会科学》2011 年第 3 期。
徐从才：《流通革命与流通现代化》，中国人民大学出版社 2009 年版。
亚当·斯密：《国民财富的性质和原因的研究》（上、下），郭大力、王亚南译，商务印书馆 2005 年版。
晏维龙：《马克思主义流通理论当代视界与发展》，中国人民大学出版社 2009 年版。
杨蕙馨、冯文娜：《中间性组织研究》，经济科学出版社 2008 年版。
杨小凯、黄有光：《专业化与经济组织》，经济科学出版社 1999 年版。
杨小凯、张永生：《新兴古典经济学与超边际分析》，社会科学文献出版社 2003 年版。
仰海峰：《政治经济学批判中的历史唯物主义》，《中国社会科学》2010 年第 1 期。
伊曼纽尔·沃勒斯坦：《现代世界体系》（第一卷、第二卷），高等教育出版社 1998 年版。
余斌：《马克思恩格斯关于资本主义的基本思想及其当代意义》，《马克思主义研究》2011 年第 1 期。
余斌：《西方马克思主义还是其他——评罗默的所谓马克思主义经济哲学》，《政治经济学评论》2011 年第 4 期。
袁武聪等：《中国大型零售企业规模扩张方式的选择》，《中国零售研究》2009 年第 1 期。
约瑟夫·派恩：《大规模定制》，操云甫等译，中国人民大学出版社 2000 年版。
约翰·贝拉米·福斯特：《生态危机与资本主义》，耿建新、宋兴无译，上海译文出版社 2006 年版。
约翰·贝拉米·福斯特等：《21 世纪资本主义的垄断和竞争》（上），《国外理论动态》2011 年第 9 期。
约翰·贝拉米·福斯特等：《21 世纪资本主义的垄断和竞争》（下），《国外理论动态》2011 年第 10 期。
约翰·福斯特:《演化经济学前沿：竞争、自组织与创新政策》，贾根良、刘刚译，高等教育出版社 2005 年版。
约翰·肯尼斯·加尔布雷思:《美国资本主义：抗衡力量的概念》，王肖竹译，华夏出版社 2008 年版。
约翰·伊特韦尔等:《新帕尔格雷夫经济学大辞典》，陈岱孙主编译，经济科学出版社 1996 年版。
约瑟夫·熊彼特：《经济分析史》（一、二、三卷），朱泱等译，商务印书馆 1996 年版。
约瑟夫·熊彼特：《资本主义、社会主义与民主》，吴良健译，商务印书馆 2004 年版。
詹姆斯·P.沃麦克等：《改变世界的机器》，沈希瑾等译，商务印书馆 2003 年版。
詹姆斯·P.沃麦克等：《精益思想》，沈希瑾等译，商务印书馆 2008 年版。
张闯：《中国城市间流通网络结构及其演化：理论与实证》，人民出版社 2010 年版。
张凤超：《新马克思主义批判视阈下的空间命运》，《马克思主义研究》2012 年第 1 期。
张昊、唐成伟、骆毅：《零售寡头横向竞争对渠道纵向关系的影响》，《产业经济研究》2011 年第 5 期。
张世鹏：《二十世纪末西欧资本主义研究》，中国国际广播出版社 2003 年版。
张夏准：《富国的伪善》，严荣译，社会科学文献出版社 2009 年版。
张夏准：《资本主义的真相》，孙建中译，新华出版社 2011 年版。
张小蒂、赵榄：《基于渠道控制的市场势力构建模式特征分析》，《中国工业经济》2009 年第 2 期。
张宇：《马克思主义的全球化理论及其从经典到现代的发展》，《政治经济学评论》2004 年第 3 期。
张赞、郁义鸿：《零售商垄断势力、通道费与经济规制》，《财贸经济》2006 第 3 期。
庄尚文、赵亚平：《跨国零售买方势力的福利影响与规制思路——以通道费为例的模型分析》，《财贸经济》2009 年第 3 期。
宗会明等：《物流组织特征、空间表现和形成机制研究的西方地理学视角》，

《世界地理研究》2008 年第 9 期。

Akshay R. R., Humaira M., "The Price of Launching a New Product: Empirical Evidence on Factors Affecting the Relative Magnitude of Slotting Allowances", *Marketing Science*, Vol.22, No.2, Spring 2003, pp.246-268.

Alan Freeman, "What Makes the U.S. Profit Rate Fall?" [EB/OL], http://mpra.ub.uni-muenchen.de/14147/1/MPRA_paper_14147.pdf. 2009.

Andrea Galeotti, José Luis Moraga-González, "Platform Intermediation in a Market for Differentiated Products", *European Economic Review*, Vol.53, No.4, May 2009, pp.417-428.

Andrew Kliman, "The Persistent Fall in Profitability Underlying the Current Crisis: New Temporalist Evidence" [EB/OL], http://akliman. Squarespace. com, October 17.2009.

Andrew Kliman, "Masters of Words: A Reply to Michel Husson on the Character of the Latest Economic Crisis" [EB/OL], http://www. marxist humanist initiative.org/economic-crisis, February 19.2010.

Annette Bernhardt, Anmol Chaddha and Siobhan McGrath, "What Do We Know about Wal-Mart? An Overview of Facts and Studies for New Yorkers" [EB/OL], http://www.policyarchive.org/handle/10207/bitstreams/8702. pdf. August 2005.

Arieh Goldman, "Transfer of a Retailing Technology into the Less Developed Countries: The Supermarket Case", *Journal of Retailing*, Vol.57, Summer 1981, pp.5-29.

Arieh Goldman, "The Transfer of Retail Formats into Developing Economies: The Example of China", *Journal of Retailing*, Vol.77, No.2, Summer 2001, pp.211-242.

Audrey Watson, "An Overview of U.S. Occupational Employment and Wages in 2011" [EB/OL], http://www.bls.gov/opub/btn/volume-1/an-overview-of-occupational-employment-and-wages-in-2011.htm.

Bennett Harrison, *Lean and Mean: The Changing Landscape of Corporate Power in the Age of Flexibility*, New York: Guilford Press, 1997.

Bob Jessop, "State and Regulation: Theoretical Perspectives on the European

Union and the Failure of the Lisbon Agenda", *Competition & Change*, Vol.10, No. 2, June 2006, pp.141-161 (21).

Bob Jessop, *The Future of the Capitalist State*, Cambridge: Polity Press, 2002, pp. 42-53.

Bowersox Donald J. and Closs David J., *Logisitical Management: The Integrated Supply Chain Process*, New York: McGraw-Hill. 1998.

Can Erutku, "Buying Power and Strategic Interactions", *Canadian Journal of Economics*, Vol.38, No.4, November 2005, pp.1160-1172.

Charles Fishman, *The Wal-Mart Effect*, New York: Penguin Books, 2006.

Chris Harman, "Not all Marxism Is Dogmatism: A Reply to Michel Husson" [EB/OL], http://www.isj.org.uk/index.php4?id=613&issue=125. 2010.

Christopher J. MacAvoy et al., "Enforcement Policy Regarding Slotting Allowances" [EB/OL], http://www.ftc.gov/bc/slotting/comments/009christopherjmacavoy.pdf, 2000.

Chung-Chi Hsieh and Cheng-Han Wu, "Coordinated Decisions for Substitutable Products in a Common Retailer Supply Chain", *European Journal of Operational Research*, Vol.196, No.1, July 2009, pp.273-288.

Clarence Woudsma, "Understanding the Movement of Goods, Not People: Issues, Evidence and Potential", *Urban Studies*, Vol.38, No.13, December 2001, pp.2439-2455.

David Harvey, "In What Ways Is 'The New Imperialism' Really New?", *Historical Materialism*, Vol.15, No.3, 2007, pp. 57-70 (14).

David Harvey, *The Condition of Postmodernity: An Inquiry into the Origins of Cultural Change*, Oxford: Blackwell, 1989.

David Harvey, *The Enigma of Capital and the Crisis of Capitalism*, London: Profile Books, 2010.

David Harvey, *The Urbanization of Capital*, Oxford: Blackwell, 1985.

David Martin Gordon, Richard Edwards and Michael Reich, *Segmented Work, Divided Workers: The Historical Transformation of Labor in the United States*, NewYork: Cambridge University Press, 1982.

Eduardo Schwartz and James E. Smith, "Short-Term Variations and Long-Term Dynamics in Commodity Prices", *Management Science*, Vol.46, No.7,

July 2000, pp.893–911.

Elizabeth M.M.Q. Farina et al., "Supermarkets and Their Impacts on the Agrifood System of Brazil: The Competition among Retailers", *Agribusiness*, Vol.21, No.2, Spring 2005, pp.133–147.

Emek Basker, "Job Creation or Destruction? Labor Market Effects of Wal–Mart Expansion, *The Review of Economics and Statistics*, Vol.87, No.1, February 2005, pp.174–183.

Emek Basker, Michael Noel, "The Evolving Food Chain: Competitive Effects of Wal–Mart's Entry into the Supermarket Industry", *Journal of Economics & Management Strategy*, Vol.18, No.4, Winter 2009, pp.977–1009.

Finn Bowring, "From the Mass Worker to the Multitude: A Theoretical Contextualisation of Hardt and Negri's Empire", *Capital & Class*, Vol. 28, No.2, Summer 2004, pp.101–132.

Galbraith, J.K., *American Capitalism, The Concept of Countervailing Power*, Boston: Houghton Mifflin, 1952.

George J. Stigler, "The Economist Plays with Blocs", *The American Economic Review*, Vol. 44, No. 2, May 1954, pp.7–14.

George Stalk Jr., Alan M. Webber, "Japan's Dark Side of Time", *Harvard Business Review*, Vol.71, No.4, July–August 1993, pp.93–102.

Greg Shaffer, "Slotting Allowances and Resale Price Maintenance: A Comparison of Facilitating Practices", *RAND Journal of Economics*, Vol.22, No.1, Spring 1991, pp.120–135.

Hans–Theo Normann, B. J. Ruffle and C. M. Snyder, "Do Buyer–Size Discounts Depend on the Curvature of the Surplus Function? Experimental Tests of Bargaining Models", *RAND Journal of Economics*, Vol.38, No.3, Autumn 2007, pp.747–767.

Hao Wang, "Slotting Allowances and Retailer Market Power", *Journal of Economic Studies*, Vol.33, No.1, 2006, pp.68–77.

Henri Lefebvre, *The Production of Space*, Oxford: Blackwell, 1991.

Hunter, Alex, "Notes on Countervailing Power", *Economic Journal*, Vol. 68, No. 269, March 1958, pp.89–103.

Jean–Charles Rochet and Jean Tirole, "Platform Competition in Two–Sided

Markets", *Journal of the European Economic Association*, Vol.1, No.4, June 2003, pp.990–1029.

Kenneth Kelly, "The Antitrust Analysis of Grocery Slotting Allowances: The Procompetitive Case", *Journal of Public Policy & Marketing*, Vol.10, No.1, Spring 1991, pp.187–198.

Kokkoris Loannis, "Buyer Power Assessment in Competition Law", *World Competition*, Vol.29, No.1, 2006, pp.139–164.

Leslie M. Marx, Greg Shaffer, "Slotting Allowances and Scarce Shelf Space", *Journal of Economics & Management Strategy*, Vol.19, No.3, Fall 2010, pp.575–603.

Maravelias C., "Freedom at Work in the Age of Post–Bureaucratic Organization", *Ephemera*, Vol. 7, No.4, 2007, pp.555–574.

Markus Hesse and J. Rodrigue, "The Transport Geography of Logistics and Freight Distribution", *Journal of Transport Geography*, Vol.12, No.3, September 2004, pp.171–184.

Markus Hesse and J.–P. Rodrigue, "Global Production Networks and the Role of Logistics and Transportation", *Growth and Change*, Vol.37, No.4, December 2006, pp.499–509.

Michael E. Porter, *The Competitive Advantage of Nations*, New York: The Free Press, 1990.

Moor, L. and Littler, J., "Fourth Worlds and Neo–Fordism: American Apparel and the Cultural Economy of Consumer Anxiety", *Cultural Studies*, Vol. 22, No.5, 2008, pp.700–723.

Nicholas Kaldor, *Causes of Growth and Stagnation in the World Economy*, NewYork: Cambridge University Press, 1996.

Oliver E. Williamson, *Markets and Hierarchies: Analysis and Antitrust Implications*, New York: The Free Press, 1975.

Oliver E. Williamson, "Transaction–Cost Economics: The Governance of Contractual Relations", *Journal of Law and Economics*, Vol. 22, No.2, October 1979, pp. 233–261.

Oliver E. Williamson, *The Economic Institutions of Capitalism*, New York: The Free Press, 1985.

Oliver Hart and John Moore, "Property Rights and Nature of the Firm", *Journal of Political Economy*, Vol. 98, No.6, Dec. 1990, pp.1119-1158.

Øystein Foros and Hans Jarle Kind, " Do Slotting Allowances Harm Retail Competition?" *The Scandinavian Journal of Economics*, Vol.110, No.2, June 2008, pp.367-384.

Pankaj Ghemawat, Ken A. Mark, Stephen P. Bradley, *Wal-Mart Stores in 2003*, Boston: Harvard Business School Pub, 2004.

Patricia L. Nemetz and Louis W. Fry, "Flexible Manufacturing Organizations: Implications for Strategy Formulation and Organization Design", *The Academy of Management Review*, Vol.13, No.4, October 1988, pp.627-638.

Patrick Bolton and Giacomo Bonanno, "Vertical Restraints in a Model of Vertical Differentiation", *Quarterly Journal of Economics*, Vol.103, No.3, 1988, pp.555-570.

Patrick Rey and Jean Tirole, "The Logic of Vertical Restraints", *The American Economic Review*, Vol.76, No.5, December 1986, pp.921-939.

Patrick Rey and Jean Tirole, "A Primer on Foreclosure", *Handbook of Industrial Organization*, Vol. 3, Chapter 33, 2007, pp.2145-2220.

Patrick Rey and Thibaud Vergé, " Bilateral Control with Vertical Contracts", *The RAND Journal of Economics*, Vol.35, No.4, Winter 2004, pp.728-746.

Paul Dobson and Michael Waterson, " Retailer Power: Recent Developments and Policy Implications", *Economic Policy*, Vol.14, No.28, April 1999, pp.133-164.

Paul W. Dobson, Roger Clarke et. al., "Buyer Power and It's Impact on Competition in the Food Retail Distribution Sector of the European Union", *Journal of Industrial & Competition and Trade*, Vol.1, No.3, September 2001, pp. 247-281.

Peter Bronsteen, Kenneth G.. Elzinga and David E. Mills, "Price Competition and Slotting Allowances", *The Antitrust Bulletin*, Vol.50, No.2, Summer 2005, pp.267-284.

Peter Kraljic, "Purchasing must Become Supply Management", *Harvard Business*

Review, September–October 1983 (5): 109–117.

Peter Nolan, *China and the Global Business Revolution*, Palgrave MacMillan, 2001.

Pierpaolo Battigalli, Chiara Fumagalli, Michele Polo, "Buyer Power and Quality Improvements", *Research in Economics*, Vol.61, No.2, June 2007, pp. 45–61.

Poon, J.P.H., E.R.Thompson, et al., "Myth of the Tirad? The Geography of Trade and Investment 'Blocs'", *Transactions of the Institute of British Geographers*, Vol. 25, No. 4, December 2000, pp.427–444.

Poul Ove Pedersen, "Freight Transport under Globalisation and Its Impact on Africa", *Journal of Transport Geography*, Vol.9, No.2, June 2001, pp. 85–99.

Robert Howard, "Can Small Business Help Countries Compete?" *Harvard Business Review*, November–December 1990, pp.88–103.

Robert Innes, Stephen F. Hamilton, "Naked Slotting Fees for Vertical Control of Multi-product Retail Markets", *International Journal of Industrial Organization*, Vol.24, No.2, March 2006, pp.303–318.

Robert Wad, "Choking the South–World Finance and Under Development", *New Left Review* (38), March–April 2006, pp.115–127.

Roberto Roson. "Two–Sided Market: A Tentative Survey", *Review of Network Economics*, Vol.4, No.2, June 2005, pp.142–160.

Roman Inderst and Christian Wey, "Buyer Power and Supplier Incentives", *European Economic Review*, Vol.51, No.3, April 2007, pp.647–667.

Roman Inderst and Tommaso M. Valletti, "Buyer Power and the Waterbed Effect", *Journal of Industrial Economics*, Vol.59, No.1, March 2011, pp.1–20.

Ronald Coase, "The Nature of the Firm", *Economica*, Vol. 4, Issue 16, November 1937, pp. 386–405.

Ronald W. Cotterill, "Market Power in the Retail Food Industry: Evidence from Vermont", *Review of Economics and Statistics*, Vol.68, No.3, August 1986, pp.379–386.

Ronald W. Cotterill, "The Food Distribution System of the Future: Convergence

Toward the US or UK Model?" *Agribusiness*, Vol.13, No.2, March-April 1997, pp.123-135.

Sanford J. Grossman and Oliver D. Hart, "The Costs and Benefits of Ownership: A Theory of Vertical and Lateral Integration", *Journal of Political Economy*, Vol.94, No.4, August 1986, pp.691-719.

Sara Fisher Ellison, Christopher M. Snyder, "Countervailing Power in Wholesale Pharmaceuticals", *Journal of Industrial Economics*, Vol.58, No. 1, March 2010, pp.32-53.

Shapiro Roy D., "Get Leverage from Logistics", *Harvard Business Review*, Vol.62, May-June 1984, pp.119-126.

Stephen J.Goetz and Hema Swaminthan, "Wal-Mart and County-Wide Poverty", *Social Science Quarterly*, Vol.87, No.2, June 2006, pp.211-226.

Stephen M. Rutner, Brian J. Gibson, Susan R. Williams, "The Impact of the Integrated Logistics Systems on Electronic Commerce and Enterprise Resource Planning Systems", *Transportation Research Part E: Logistics and Transportation Review*, Vol.39, No.2, March 2003, pp.83-93.

Steve Wright, *Storming Heaven: Class Composition and Struggle in Italian Autonomist Marxism*, London: Pluto Press, Chapter 8, 2002.

William S. Comanor and Patrick Rey. "Vertical Restraints and the Market Power of Large Distributors", *Review of Industrial Organization*, Vol.17, No.2, September 2000, pp.135-153.

Wheeler S., *Hirsh E.*, *Channel Champions: How Leading Companies Build New Strategies to Serve Customers*, San Francisco, Calif: Jossey-Bass, 1999.

Winter, Sydney G., "On Coase, Competence, and the Corportion", In Oliver Williamson and Sidney Winters, eds., *The Nature of the Firm: Origins, Evolution, and Development*, New York: Oxford University Press, 1991.

Wujin Chu, "Demand Signaling and Screening in Channels of Distribution", *Marketing Science*, Vol.11, No.4, Fall 1992, pp.327-347.

Yannis Bakos and Evangelos Katsamakas, "Design and Ownership of Two-Sided Networks: Implications for Internet Platforms", *Management Information Systems*, Vol.25, No.2, Fall 2008, pp.171-202.

Yuko Aoyama, Samuel Ratick & Guido Schwarz, "Organizational Dynamics of the U.S. Logistics Industry: An Economic Geography Perspective", *The Professional Geographer*, Vol.58, No.3, 2006, pp.327-340.

Zhiqi Chen, "Dominant Retailers and the Countervailing-Power Hypothesis", *RAND Journal of Economics*, Vol.34, No.4, Winter 2003, pp.612-625.

Zhiqi Chen and Hong Ding, "Downstream Competition and the Effects of Buyer Power" [EB/OL], http: //www.webmeets.com/files/papers/earie/2012/146/ChenDingBuyerPoweAug2012.pdf.

索 引

J

K

L

M

Q

S

后　记

时间就如一缕阳光，不经意间博士后工作就结束了。在中国社会科学院马克思主义研究院（马研院）的时光成为我生命中的一部分，每每想起，分外温暖和鼓舞。尽管博士后报告从搜集整理文献资料、梳理思路、具体成文，到斟酌修改，历时三年，我仍然忐忑不安，不断修改，唯恐有何纰漏，尤其是这本拙作能得到专家的认可而入选《中国社会科学博士后文库》更是我莫大的荣幸。本书仍欠成熟，只能诚惶诚恐地拿出来，等待大家的斧正和批评。无论如何，本书的暂时完成，只是我研究工作的阶段性结束，更标志着新的研究征程即将开始。研究之路无止境，现在的我已没有完成博士论文时的如释重负，不管前面有多少积累不足的掣肘和能力不及的迷茫，我会始终在路上。

本书是在我以前研究基础上的一个延伸性研究，主要对后福特制生产方式下的流通组织进行重点考察，提出买方市场势力问题，并从资本的视角对后福特制生产方式下的流通组织买方市场势力进行实质分析。就在本书完成之时，随着研究的深入，我发现在目前表现出来的大型生产组织因为市场的不确定性而无法迅速回应地方和个人的特别需求的情况是暂时的，流通组织买方市场势力只是过剩经济的产物，美国等发达国家很多优秀公司在全球化经济的最前线依然保持着它们的领先地位，尽管我国目前电子商务的主体主要是流通组织、电商，但美国电子商务的主体是各个生产组织。因此，买方市场势力具有一定的过渡性，买方市场势力是市场过剩的表现。随着信息技术的发展，新型组织形式的出现，价值网络、众包、空间生产等新事物将会极大程度改变流通组织的现状，那么流通组织又会呈现何种样态及规律呢，而这也是我下一步研究的方向。今后我将继续对流通组织理论进行研究，尝试对后福特制生产方式下的流通组织理论进行一个建设性拓展。

在博士后工作期间，非常感谢我的合作导师程恩富老师，能够师从程老师，实属三生有幸。作为“我国第四代经济学家的代表之一”、“中国最有创见的经济学家之一”，在理论上，程老师思想解放而不僵化，学风严谨而不“风化”，擅于把握学术精髓，在批判中超越，在比较中创新，针对中国社会的理性反思与经济理论建构，致力于为人类创立新马克思经济学综合学派，其深刻的理论洞察力和创新精神令人震撼；在实践上，程老师饱含对国家和人民的使命感和责任感，紧扣时代脉搏，体察社会重大需求，汇民意、谏真言、献良策，求真、务实，提出了一系列具有社会前瞻性和现实影响力的重大决策。如果说经济学是一门经邦济世之学，它的灵魂是创新，它的价值是富国裕民，那么经济学的本质在程老师那里得到了最好的体现，程老师深刻诠释了中国学者的实践理性和社会良心的时代性格，以及心怀天下、勇当民族脊梁的炽热情愫！在平时的接触中，程老师惜时如金，对任何事情都努力追求最佳和完美，重管理、重实效，我从程老师身上学到的不仅是治学之道，也包括为人处世的视野与胸怀。有师如此，夫复何求？

本书的完成，凝聚着众多师长和学友的厚爱和诚挚帮助。马研院的胡乐明教授、余斌研究员、王中保副研究员、侯为民副研究员、徐文华老师、何冬梅老师，他们对本书提出了很多富有成效的真知灼见，他们不同的学术视角为本书带来了无限的灵感和生机，使我对流通企业的理解更深入一步。特别感谢徐文华老师，从我进站前到进站过程中，前前后后给予了我很多无微不至的关心与帮助，尤其在我面临困难、不知所措的时候，是徐老师的感人肺腑之言让我豁然开朗，听徐老师的话语如沐春风，一扫心中阴霾。马研院的其他各位老师及同门各位同学也给我留下了深刻的印象，马研院浓厚的学术氛围和广阔的学术视野为我今后的学术发展提供了取之不尽的源泉。

同时，还要感谢北京理工大学人文与社会科学学院的各位领导和老师在繁忙的工作中为我提供的理解和支持，他们对我研究工作的认同与肯定成为支撑我不懈努力的力量之源。李健教授、张红峻教授、李林英教授、宋桂芝教授、马秋君副教授、贾利军副教授、张亚彬老师等领导和经济系的同事们给予了我很多关心和便利，学院对学术科研的重视和培养使我受益匪浅。

当然，在我的研究中也少不了我的博士生导师——中国人民大学胡钧教授的指导和帮助，尽管已经毕业多年，但是恩师和师母一直没有停止对我的无私帮助和谆谆教诲，他们就像父母一样给我亲切关怀。恩师对理论的信仰，对名利的淡薄，对真理的追求，都达到了非常高的境界，这种精神鼓励将使我永远铭记。

在对流通组织的研究中，我还非常荣幸地获得教育部人文社会科学研究一般项目青年基金项目——后危机时期跨国流通企业买方市场势力及其反竞争效应研究（11YJC790156）、国家社会科学基金资助一般项目——跨国流通企业纵向控制与中国突破路径研究（12BJL012）。研究是一个一脉相承的过程，这本拙作也是这两个项目的阶段性研究成果，这两个项目对我的持续研究起到了很大的支持作用，同时也是一种巨大的动力，使我更加努力地对流通组织做不同视角和层层深入的研究，在此对项目的资助表示感谢。

我还要感谢我的家人，家人的支持和理解是我永远的动力，我幸运有这样的父母、爱人、妹妹、女儿及其他亲属，他们对我总是默默地奉献着，无论什么时候，什么情况……父母的头发愈加变白了，本该是我照顾他们的时候，而他们却依然对我一如既往地呵护着；爱人承担了本该由我承担的很多家庭义务，日复一日，从无怨言，酸甜苦辣，我们一起经历，个中滋味一起分享；我唯一的妹妹也总是关爱着我这个姐姐，总是替我着想，我有什么事情都和妹妹说，喜也罢，悲也罢，她是我永远的知己，绵绵姐妹情就融化在那一声声问候和随时随地的帮助中；女儿也在我的忙碌中慢慢长大了，懂事可爱的女儿好像突然就长高了，听着她越来越多的班级趣闻故事和越来越有条理的分析，她不知道我听着就像天籁一般；还有很多亲戚、朋友，在我人生路上，庆幸是你们的一分子，有你们，很温暖。感激之情、愧疚之情以及深深的情谊无以言表，我愿用我的一生来爱你们。

宋宪萍

癸巳年春于北京